AKADEMIE WISSENSCHAFTEN UND KÜNSTE
NORDRHEIN-WESTFALEN

ABHANDLUNGEN
DER NORDRHEIN-WESTFÄLISCHEN AKADEMIE DER WISSENSCHAFTEN
UND DER KÜNSTE

Sonderreihe
PAPYROLOGICA COLONIENSIA

Herausgegeben von der
Nordrhein-Westfälischen Akademie der Wissenschaften und der Künste
in Verbindung mit der Universität zu Köln
Vol. XV/3,A

PAPYROLOGICA COLONIENSIA · Vol. XV/3,A

DIE VERKOHLTEN PAPYRI AUS BUBASTOS

Band 3,A
(P.BUB. III 6)

Text

bearbeitet von

Klaus Maresch

Ferdinand Schöningh

In Zusammenarbeit mit der Arbeitsstelle für Papyrusforschung
im Institut für Altertumskunde
der Universität zu Köln
Leiter: Professor Dr. Jürgen Hammerstaedt

Bibliographische Information der Deutschen Nationalbibliothek

Die Deutsche Nationalbibliothek verzeichnet diese Publikation in der Deutschen Nationalbibliographie; detaillierte bibliographische Daten sind im Internet über http://dnb.d-nb.de abrufbar.

Gedruckt auf umweltfreundlichem, chlorfrei gebleichtem und alterungsbeständigem Papier ∞ ISO 9706.

(Verlag Ferdinand Schöningh GmbH & Co. KG, Jühenplatz 1, D-33098 Paderborn)

Internet: www.schoeningh.de

Printed in Germany. Herstellung: Ferdinand Schöningh, Paderborn

ISBN 978-3-506-78618-0

VORWORT

Mit diesem Band wird die Edition der verkohlten Papyri aus Bubastos, die sich in der Kölner Papyrussammlung befinden, fortgesetzt. Die hier publizierten Fragmente sind Bruchstücke einer Rolle von mindestens 53 Kolumnen. Sie wurden im Jahr 231/2 n.Chr. geschrieben und dokumentieren das Ergebnis einer Inspektion (Episkepsis) von Land, das unter staatlicher Verwaltung stand. Die Rolle bietet einen in dieser Form einmaligen Blick auf eine bisher wenig bekannte Region Ägyptens und ist von wirtschafts- und sozialgeschichtlichem Interesse, da sie einen Eindruck vermittelt von den wirtschaftlichen Schwierigkeiten der Zeit Caracallas bis Severus Alexander.

Die Edition wurde durch die Hilfe von verschiedener Seite möglich. Die Grundlage legte Jaako Frösén, der die Rolle im Jahr 1984 öffnete und konservierte. An einer Reihe von Textstellen hat er später auf Grund seiner genauen Kenntnis der zum größten Teil noch unveröffentlichten Papyri dieses Gaus zur Kommentierung beigetragen. Ohne die selbstlose und unermüdliche Hilfe von Dieter Hagedorn hätte der Band nicht das Aussehen, das er jetzt hat. Er hat mich nicht nur vor zahlreichen Fehlern bewahrt, sondern an vielen Stellen, an denen ich ratlos war, das Richtige gefunden. Willy Clarysse danke ich für seine Hilfe bei Lesung und Erklärung von ägyptischen Personennamen, für Unterstützung mannigfacher Art danke ich Wolfgang D. Lebek und Jürgen Hammerstaedt. Besonderen Dank schulde ich auch meinen Kollegen der Kölner Arbeitsstelle für Papyrusforschung, vor allem Charikleia Armoni, die die Arbeit begleitet und in zahllosen Gesprächen gefördert, Thomas Backhuys, der mit bewundernswerter Gewissenhaftigkeit Korrektur gelesen, und Sophie Breternitz, die mit gewohnter Präzision die Photos angefertigt und den Tafelband konzipiert hat.

Köln, im April 2016 Klaus Maresch

Inhalt

Zeichenerklärung

<table>
<tr><td>[αβγδ]</td><td>Lücke durch Beschädigung des Papyrus, ergänzt</td></tr>
<tr><td>[. . . .]</td><td>Vermutliche Anzahl der fehlenden Buchstaben in der Lücke</td></tr>
<tr><td>⟦αβγδ⟧</td><td>Tilgung durch den Schreiber</td></tr>
<tr><td>{αβγδ}</td><td>Tilgung durch den Herausgeber</td></tr>
<tr><td>`αβγδ´</td><td>Von einem Schreiber über der Zeile nachgetragene Buchstaben</td></tr>
<tr><td>‹αβγδ›</td><td>Ergänzung durch den Herausgeber</td></tr>
<tr><td>α̣β̣γ̣δ̣</td><td>Beschädigte Buchstaben, deren Lesung unsicher ist</td></tr>
<tr><td>. . . . .</td><td>Nicht lesbare Buchstabenreste</td></tr>
<tr><td>[]</td><td>Vom Schreiber unbeschrieben gelassenes Spatium</td></tr>
<tr><td>(αβγδ)</td><td>Aufgelöste Abkürzungen</td></tr>
<tr><td>|</td><td>Beginn einer neuen Zeile im Papyrus</td></tr>
<tr><td>→</td><td>Faserverlauf horizontal</td></tr>
<tr><td>↓</td><td>Faserverlauf vertikal</td></tr>
<tr><td>r</td><td>recto</td></tr>
<tr><td>v</td><td>verso</td></tr>
</table>

Für die im Band verwendeten Abkürzungen siehe J. F. Oates, R. S. Bagnall, S. J. Clackson, A. A. O'Brien, J. D. Sosin, T. G. Wilfong und K. A. Worp, Checklist of Editions of Greek, Latin, Demotic and Coptic Papyri, Ostraca and Tablets, Bulletin of the American Society of Papyrologists, Supplement Nr. 9, 2001^{5}, und in neuerer Version im Internet unter

http://papyri.info/docs/checklist

6. Akten zur Episkepsis von Land in staatlicher Verwaltung

P.Köln Inv. B Gruppe 1 Bubastos, 231/2 n.Chr.

Die äußere Beschaffenheit der Rolle

Die unter dieser Publikationsnummer vereinigten Fragmente sind Reste einer verkohlten Papyrusrolle, die von Jaakko Frösén im Jahr 1984 geöffnet und konserviert worden ist. Da von den ersten Kolumnen nur mehr kleine Fragmente erhalten sind, ist am Beginn der Rolle die Zahl der Kolumnen nicht mehr sicher zu ermitteln. Die Kolumnenzählung orientiert sich an den größeren Fragmenten und bleibt spekulativ. Vielleicht war hier ihre Zahl größer als angenommen. Der zweite Teil der Rolle ist weitaus besser erhalten. Hier gibt es bei einer Reihe von Kolumnen vollständige Zeilen. In vielen Fällen ist auch noch das Interkolumnium erhalten, so dass die Abfolge der Kolumnen, die sich bei der Auflösung der Rolle ergab, auch jetzt noch materiell nachvollzogen werden kann. Da der obere oder untere Rand der Rolle immer fehlt, lassen sich über ihre urspüngliche Höhe keine Aussagen machen. Die Höhe der am besten erhaltenen Kolumnen beträgt 13 bis 13,5 cm.

Nicht alle, zum Teil winzigen Bruchstücke, die bei der Konservierung einer bestimmten Kolumne zugeordnet worden sind, ließen sich im Zuge der Bearbeitung in den Text integrieren. Auf den Tafeln des Tafelbandes sind diese unplazierten Fragmente so gut wie immer bei den Kolumnen belassen, die ihnen bei der Konservierung zugewiesen worden sind, auch wenn man (in einigen wenigen Fällen) an ihrer Plazierung Zweifel haben kann. Nur in einem einzigen Fall zeigte sich bei der Bearbeitung, dass ein Bruchstück nachweislich einer falschen Kolumne zugewiesen worden war (s. zu Kol. XXXVII). Manchmal mussten Fragmente innerhalb einer Kolumne verschoben werden. In diesen Fällen wurde die Plazierung in den Tafeln des Tafelbandes so weit wie möglich korrigiert. Die Papyri selbst wurden aber in dem Zustand ihrer Konservierung belassen. Nie wurde also die Position der Fragmente, die in ihrem verkohlten Zustand naturgemäß äußerst brüchig sind, auch materiell verändert. Auf diese Weise ergeben sich nun kleine Divergenzen zwischen den Tafeln, die den Textzustand der

Edition zeigen, und dem Zustand der Konservierung. Die Tafeln des Tafelbandes dokumentieren beides: den Zustand der Konservierung und die Veränderungen, die sich während der Editionsarbeit ergaben.

Bei einer Reihe von kleineren Fragmenten wurde bereits bei der Konservierung keine Entscheidung darüber getroffen, welcher Kolumne sie zuzuordnen sind. Diese nicht lokalisierten Fragmente sind am Ende (ab S. 174) in Auswahl zusammengestellt.

Zur Datierung der Rolle und der Zählung der Regierungsjahre

Die Rolle zerfällt in zwei Teile, die von zwei verschiedenen Händen stammen. Der erste Teil schließt am Ende der Kol. XXV mit einem Datum:

(ἔτους) ια// [Αὐτοκράτορο]ς̣ Καίcαροc Μάρκου Αὐρη[λίου]
[Cεουήρου Ἀλεξάνδ]ρου εὐcεβοῦc εὐτυ(χοῦc) C̣[εβαcτοῦ]

Aber nicht nur der erste Teil ist in das 11. Jahr des Severus Alexander (231/2) datiert, auch der zweite Teil hat in diesem Jahr seine letzte Form bekommen. Auch hier ist das Schlussdatum teilweise erhalten (Kol. LIII 8–11):

(ἔτους) ια[/ Α]ὐτοκράτ[οροc Καίcαροc Μάρκου]
Αὐρη[λίο]υ Cεουήρο[υ Ἀλεξάνδρου]
εὐcεβ[οῦ]c εὐτ[υχοῦc]
Cεβ[αc]τ̣ο̣ῦ [

Auch wenn die beiden Datierungen nicht vollständig erhalten sind, so zeigen sie doch, dass Severus Alexander gemeint ist. Damit lassen sich auch die anderen Datierungen deuten, die in der Rolle erhalten sind. An einer Reihe von Stellen sind behördliche Maßnahmen nach Regierungsjahren datiert, ohne dass ein Herrscher genannt wird (von einer Ausnahme ist noch zu reden). Einerseits gibt es Datierungen vom 1. bis zum laufenden 11. Jahr des Severus Alexander, andererseits Datierungen nach den vorhergehenden Herrschern, die zumindest mit dem 16. Jahr des Septimius Severus einsetzen. Dabei zeigt sich, dass die Zählung der Regierungsjahre des Septimius Severus über Caracalla hinaus fortgesetzt wird. Das ergibt sich aus

Kol. XXV 5, wo ein 26. Jahr erwähnt ist. Das war in dieser Form in den Papyri offenbar bisher noch nicht belegt.[1]

Bereits aus anderen Papyri war jedoch zu erkennen gewesen, dass in Ägypten zur Zeit des Elagabal und später Datierungen nach den beiden Regierungsjahren des Macrinus dadurch vermieden wurden, dass man das 1. Jahr des Macrinus zum 25. und letzten Jahr des Caracalla schlug und das 2. Jahr des Macrinus dem ersten Jahr des Elagabal subsumierte. Demnach galt:

25. Jahr des Caracalla 29. 8. 216 – 28. 8. 217
1. Jahr des Elagabal 29. 8. 217 – 28. 8. 218[2]

Da nun aber in Kol. XXV 5 ein 26. Jahr erhalten ist,[3] das dem ersten Jahr des Elagabal entsprochen haben muss, ist anzunehmen, dass unsere Schreiber die Regierungsjahre des Elagabal generell dadurch bezeichneten, dass sie auch hier die Jahre des Septimius Severus weiterzählten. Das vierte Jahr des Elagabal (220/21) wäre demnach als Jahr 29 bezeichnet worden. Dafür gibt es, wie gesagt, in den Papyri offenbar bisher noch keinen Beleg.[4] Dass dies in unserem Fall aber tatsächlich so gemacht wurde, zeigt sich nicht zuletzt auch dadurch, dass in der Rolle Belege für ein 1., 3., 6., 10. und zuletzt 11. Jahr erhalten sind, die ebenfalls ohne Herrscherangabe stehen. Wären die Jahre des Elagabal als Jahr 1 bis 4 gezählt worden, wären diese Jahre ohne zusätzliche Präzisierung nicht von den ersten Jahren des Severus Alexander zu unterscheiden gewesen. Dass auch diese Jahre ohne Herrscherangabe stehen konnten und trotzdem eindeutig waren, setzt voraus, dass die Jahre des Elagabal nicht gesondert gezählt wurden. Das Fehlen der Herrscherangabe bei den ersten Jahren des Severus Alexander stützt also die

---

[1] Einen Anhaltspunkt für die Datierung der Rolle bietet auch die Erwähnung des Ulpius Primianus, der unter Septimius Severus in den Jahren 195–196 Praefectus Aegypti war. Er muss in Kol. XXXIV 4 als ἡγεμ(ονεύϲαϲ) bezeichnet sein.

[2] P.J. Sijpesteijn, ZPE 13, 1974, 219–225 und L. Koenen, ebd., S. 230. Ferner E. Van 't Dack, Encore la damnatio memoriae de Macrin, in: Romanitas–Christianitas. Untersuchungen zur Geschichte und Literatur der römischen Kaiserzeit Johannes Straub zum 70. Geburtstag am 18. Oktober 1982 gewidmet, Berlin 1982, S. 324–334.

[3] Kol. XXV 5–6 κ̣ϛ (ἔτ.) εἰ[ϲ] | (ἔτη) β. Das Kappa der Jahreszahl habe ich mit einem Punkt versehen, weil es nicht ganz erhalten ist. Es ist aber sicher.

[4] In dieselbe Richtung gehen Datierungen, die nachträglich die Nennung Elagabals zu vermeiden suchen, wie P.Lips. I 9, 16 (= M.Chr. 211; 233 n.Chr.), wo das 4. Jahr des Elagabal auf folgende Weise umschrieben ist: τῷ μετὰ τὸ κε (ἔτοϲ) (= das letzte Jahr des Caracalla) θεοῦ Ϲεουήρου Ἀντωνίνου μεγάλου δ (ἔτει), und für dasselbe Jahr P.Flor. I 56, 12–13 τῷ μετὰ τὴν τοῦ θεοῦ Ἀντωνίνου μεγάλου αὐτοκρ[ατεία]ν̣ δ ἔτει, ferner P.Mich. XIV 676, 10 [τ]ῷ̣ ε (ἔτει) τ̣ῆϲ μετὰ θεὸν Ϲεο[υῆ]ρον Ἀντωνίνον βαϲιλίαϲ.

Vermutung, dass die Regierungsjahre des Elagabal nicht gesondert gezählt wurden.

Nun gibt es freilich auch eine Kolumne, in der offenbar ausdrücklich ein erstes und zweites Jahr des Elagabal genannt ist (Kol. XLVII 3.13.15). In diesem Fall war aber die Nennung Elagabals nicht zu vermeiden, da hier ein Schreiben Elagabals zitiert wird.[5]

In Kol. XLVII 3–4 scheint zu lesen zu sein:

τῷ διελ(θόντι) α (ἔτει) Ἀντωνί[νου . . . .]αλου | τοῦ [μ]εικ(ροῦ).

Auch wenn man die Lesung τοῦ [μ]εικ(ροῦ) anzweifelt, kann Caracalla nicht gemeint sein, da dieser kein erstes Jahr hatte. So bleibt, wenn man nicht allzu weit in die Vergangenheit zurückgehen will, nur Elagabal übrig. Dass man hier tatsächlich nach ihm datiert, ergibt sich aus τοῦ [μ]εικ(ροῦ). Davor kann man erwägen, zu Ἡλιογαβ]άλου oder zu 'Ελαγαβ]άλου / 'Ελεγαβ]άλου zu ergänzen.[6] Ab Z. 5 scheint dann ein Zitat aus einem Schreiben eben dieses Ἀντωνῖνος an den Strategen des Bubastites zu folgen.

Eine kurze Beschreibung des Inhalts der Rolle

Die Aufzeichnungen, die der zweite und besser erhaltene Teil enthält, bieten das Ergebnis einer Inspektion (ἐπίσκεψις) von verpachtetem Land, das unter staatlicher Verwaltung stand, wie sie routinemäßig alle fünf Jahre durchgeführt wurde. Sie sind in das 11. Jahr des Severus Alexander (231/2) datiert, geben aber offenbar von ganz wenigen Ausnahmen abgesehen den Stand des Jahres 6 (226/7) wieder. Das geht aus einem Vermerk hervor, den man in der Regel unter den einzelnen Abschnitten findet: ς (ἔτους) ἕως ι (ἔτους) ὁμ(οίως). Mit diesem Vermerk wurde der Befund des Jahres 6 bestätigt und der vorgefundene Zustand für die Dauer der nächsten fünf Jahre unverändert verlängert, die Verpachtungen also unverändert weitergeführt. Im Jahr 11 wurden dann die Besitzverhältnisse durch ein zweites ὁμ(οίως) abermals bestätigt und fortgeführt. Der Text ist, wie er auf dem Papyrus steht, eine Abschrift. Das zeigen Abschreibefehler, die sich zum Teil nachweisen und zum Teil vermuten lassen. Auch der Vermerk ς (ἔτους) ἕως ι (ἔτους) ὁμ(οίως) wird aus der Vorlage übertragen sein (s. zu Kol. XXXIX 9).

[5] Für die Deutung dieser Stelle verdanke ich die entscheidenden Hinweise D. Hagedorn.
[6] Siehe im Einzelnen unten zur Stelle.

Wie der zweite Teil, so beschäftigt sich auch der erste Teil mit Verpachtungen des Staates von Land, das unter staatlicher Verwaltung stand. Es handelt sich dabei um Ackerland offenbar jeweils einer Dorfflur. Als Verfasser käme demnach ein Dorfschreiber in Frage. Häufig wird dieses Land als ὑπόλογοc bezeichnet. Im zweiten Teil ist dieses Land nicht selten von Privatpersonen dem Staat zediertes Land, ἐκκεχω(ρημένη), oder Land von Staatsschuldnern, das beschlagnahmt worden ist. Welchen Landkategorien dieses Land ursprünglich angehörte, wird nicht gesagt. Dies gilt auch für andere vergleichbare Texte. Es war also, zumindest in diesem Zusammenhang, unerheblich.

Dieses Problemland versuchte man zu verpachten. Dies geschah entweder durch Verpachtung auf Grund eines Pachtangebots vonseiten eines Pachtwilligen oder durch Zuschreibung, ἐπιγραφή. Der in der Rolle erfasste Boden machte natürlich nur einen Teil der Dorfflur aus. Wie groß dieser Anteil war, lässt sich nicht bestimmen.

Beide Rollenteile betreffen dieses vom Staat verwaltete und von den lokalen Behörden zu verpachtende Problemland und unterscheiden sich daher im Sachlichen kaum, im Formalen aber schon. Der erste Teil ist ein nach Pächtern gegliedertes Verzeichnis, der zweite Teil ein Episkepsisbericht. Aber auch wenn der erste Teil nach Personen geordnet ist und der zweite Teil nach Ackerflächen, so scheinen sich doch beide Listen auf eine Inspektion (ἐπίcκεψιc) zu beziehen. Die Beobachtungen, die sich vor allem aus dem besser erhaltenen zweiten Teil gewinnen lassen, lassen sich also wohl im Großen und Ganzen auch auf den ersten Teil übertragen.

Da im Folgenden der besser erhaltene zweite Teil im Vordergrund stehen wird, seien hier einige Eigenheiten des ersten Teils vorwegnehmend etwas ausführlicher beschrieben.

Während die Abschnitte des zweiten Teils die Verpachtungen aus dem unter staatlicher Verwaltung stehenden Land jeweils für ein begrenztes und hinreichend beschriebenes Areal dokumentieren und dabei häufig eine größere Zahl von Teilflächen mit verschiedenen Inhabern in einem Abschnitt zusammenfassen, beschreibt das erste Register immer nur den gepachteten Besitz einer einzigen Person. Daher beginnen die Abschnitte des ersten Teils nicht mit der Nennung eines Areals, sondern mit dem Namen eines gegenwärtigen oder früheren Besitzers. Wir haben also ein nach ὀνόματα gegliedertes Register vor uns. Zu jedem Namen werden Grundstücke genannt, die diesem ὄνομα zugeordnet sind. Soweit erkennbar, handelt es sich dabei immer wieder nicht nur um eine einzige Fläche, sondern um mehrere, die dann gegebenenfalls als τόποι unterschieden werden.

Im Unterschied zur zweiten Liste scheinen die Angaben zur Lokalisierung der Flächen nie über die Nennung der γείτονες hinauszugehen. Das verpachtete Land scheint denselben Landkategorien anzugehören wie die Flächen, die im zweiten Register genannt werden. Wiederholt ist als Herkunftsangabe ἀπὸ ὑπολ(όγου) erhalten. Anderes Land ist zediertes Land, das als ἐκκεχω(ρημένη) oder auch ἐκχω(ρουμένη) bezeichnet wird.

Die ὀνόματα sind nicht alphabetisch geordnet. Bei Verpachtungen nach Pachtangebot ist immer der Name des Bürgen genannt. Diese Angabe fehlt im zweiten Teil.

Der zweite Teil der Rolle (Kol. XXVI–LIII) ist viel besser erhalten. Vergleichbar ist hier P.Pheretnuis, wo ebenfalls das Ergebnis einer Episkepsis von Immobilien, die unter staatlicher Verwaltung stehen, mitgeteilt wird.[7] Während sich jedoch unsere Rolle ausschließlich mit dem unter staatlicher Verwaltung stehenden Ackerland befasst, beschäftigt sich P.Pher. neben landwirtschaftlich genutztem Land vor allem mit Häusern, Wein- oder Gartenland oder ψιλοὶ τόποι, die konfisziert oder zumindest beschlagnahmt sind. Auch diese Objekte wurden verpachtet, und die verzeichneten Geldbeträge sind Einkünfte aus der Verpachtung. Auch in P.Pher. ist von Pachtangeboten die Rede. Die Inspektion erfolgte ebenfalls in einem Fünfjahreszeitraum (*lustrum*). Hier betraf sie den Zeitraum vom Jahr 191/2 (32. Jahr des Commodus) bis zum Jahr 195/6 (4. Jahr des Septimius Severus),[8] das sind fünf Jahre bei inklusiver Zählung. Eine sehr enge Parallele zu P.Pher. und damit auch zu Kol. XXVI–LIII unserer Rolle, ist P.Ross. Georg. II 28 (Arsinoites). Das inspizierte Lustrum umfasste dort ein 23. bis 4. Jahr. Der Papyrus wird daher in die Zeit nach 163/4 datiert.[9]

[7] Zur Deutung dieser Rolle s. die Rezension von D. Hagedorn, Gnomon 69, 1997, 39–46. BL X 162; XI 178–180. Th. Kruse, Der Königliche Schreiber I, S. 548; 550.

[8] P.Pher., S. 5–6.

[9] Andere Parallelen sind P.Flor. I 104 (neu ediert in P.Pher., S. 110–111 = SB XXII 15539; 2./3. Jh.; ZPE 140, 2002, 201–202) und die Immobilienlisten SB XXIV 15930 und 15934 (Arsinoites, 3. Jh.) und SB XXVI 16461 (Oxyrhynchos; Ende 2. Jh.). Vgl. auch P.Oxy. VI 986 (2. Jh.; Arsinoites; Th. Kruse, Der Königliche Schreiber I, S. 301f.; BL VIII 239; IX 182); nicht aber BGU III 734, da der dort wiederholt vorhandene Vermerk ἐπ( ) wohl zu ἐπ(εκρίθη) oder ἐπ(εκυρώθη) aufzulösen ist (nach 235 n.Chr.; Arsinoites; Th. Kruse, Der Königliche Schreiber II, S. 703, Anm. 1997; BL I 63 und 440; X 16).

Zur Lage der Grundstücke

Ob die beiden Rollenteile (Kol. I – XXV, XXVI – LIII), die von zwei verschiedenen Schreibern stammen, zwei verschiedene Dörfer betrafen oder ein und dasselbe, lässt sich nicht sicher entscheiden. Die in den beiden Teilen behandelten Flächen können zumindest nicht weit voneinander entfernt gewesen sein. Denn unter den wenigen Toponymen, die erhalten sind, kommt das Dorf Ταχαψώ(ν) in beiden Teilen vor, ebenso Ψεντίνη. Auch Land der Μυρτίλ(ου) οὐcία ist in beiden Teilen vertreten. Wenn in Kol. VIII 8 und in Kol. XXVII 12 cυνορία Νώεωc gelesen werden darf, dann grenzten Flächen in beiden Teilen der Rolle an dieses Dorf.[10] Zumindest drei Personen scheinen in beiden Teilen genannt zu sein:

Herakleides, Sohn des Chairemon (Kol. XXIII 10 und XLVI 9)
Lakon, Sohn des Nemesâs (Kol. XVIII 9, XXVIII 19, XXIX 12, XXX 4.16, XLVI 21)
Sarapion, Sohn des Dioskoros (Kol. XXV 5 und XXX 6).

Vielleicht ist auch die Familie eines Isâs in beiden Teilen vertreten, da in Kol. XXI 8.9 ein Psosnaus, Vater des Isâs, und in Kol. XXVIII 22 ein Psosnaus, Sohn des Isâs, belegt ist.

Der Τρα(ιανὸc) πο(ταμόc) hingegen ist im ersten Teil nicht sicher erwähnt (s. zu Kol. XII 19), im zweiten jedoch wiederholt. Dass er hier nach Norden floss, zeigen Kol. XLVIII 6 und L 11.20. Demnach ist zumindest das Dorf des zweiten Rollenteils im Süden des Bubastites zu vermuten. Dass auch die im ersten Teil genannten Areale im Süden des Bubastites lagen, könnte sich aus dem dort wiederholt erwähnten Toponym Ἡλίου ergeben. Vielleicht war damit Heliupolis gemeint. Dann grenzte das Dorf des ersten Teiles an Heliupolis oder zumindest an den Heliopolites (s. zu Kol. XII 11).

[10] Der Νωίτηc ist in P.Thmouis 1, Kol. 68–160 wiederholt belegt. Als Grundstückgrenze findet sich cυνορία Νώεωc in Kol. XXVII 12 im Westen eines Grundstücks, in Kol. VIII 8 steht diese Angabe nach einer Lücke und vor λι(βί). In der Lücke wird βορρᾷ gestanden haben, da νότῳ noch in der Zeile davor zu lesen ist und ἀπ(ηλιώτῃ) in der Z. 9 folgte. Das Grundstück befand sich demnach in Kol. VIII 8 südlich und in Kol. XXVII 12 östlich der cυνορία.

DAS LAND
DER UMFANG DER INSPEKTION (EPISKEPSIS)

Eine Antwort auf die Frage, was genau Gegenstand der Episkepsis war, ergibt sich vor allem aus dem zweiten Teil der Rolle. Hier wird ab Kol. XXVI der Zustand der Dorfflur nachgezeichnet, wie er sich den Prüfern bei ihrem Rundgang darstellte. Auf diesem Rundgang bewegte man sich zuerst nach Osten (Kol. XXVII 19, XXVIII 16), dann schritt man mit Abweichungen nach Norden und Süden allmählich nach Westen fort, bis man das Ufer des Τραιανὸϲ ποταμόϲ erreichte, der dort nach Norden floss (Kol. XLVIII 6 und L 11.20). Dieser Eindruck ergibt sich zumindest aus den Angaben, die sich erhalten haben.

Die Aufzeichnungen lassen deutlich erkennen, dass nur ein Teil des Landes, das begangen wurde, auch Gegenstand der Episkepsis war. Welchen Anteil die inspizierte Fläche an der Gesamtfläche hatte, lässt sich nirgends abschätzen. Dass aber der Zustand, den die Aufzeichnungen beschreiben, der einer Krise war, ergibt sich wohl aus einer Reihe von Symptomen. Eine deutliche Sprache sprechen die sehr niedrigen Pachtzinsen. Sie liegen bei dem überwiegenden Teil der Pachten unter einer Artabe pro Arure. Unter diesen ist der Zinssatz von 1/24 Artabe pro Arure der häufigste. Das ist auch für Hypologosland, wie es hier oft vorliegt, ein extrem niedriger Zinssatz. Aber selbst so scheint es schwierig gewesen zu sein, Pächter für diese Flächen zu finden. Denn die Verpachtungstätigkeit scheint seit geraumer Zeit beinahe ganz zum Erliegen gekommen zu sein. Der Bericht vermittelt durchweg den Eindruck der Stagnation. Die Fälle, in denen es Pachtwillige gab, die bereit waren, auf Grund eines Pachtangebots zu pachten, was für die Pachtwilligen immerhin den Vorteil hatte, dass die Pachtdauer auf maximal fünf Jahre beschränkt war, sind in der Minderzahl und liegen meist viele Jahre zurück. Meist wurde hingegen durch Epigraphe, also durch Zuschreibung, Land zugewiesen.[11]

[11] Auf Bemühungen, das Land, das verpachtet wird, zu verkaufen, wird in P.Bub. III 6 nicht hingewiesen. In vergleichbaren Texten wird mitunter das in staatliche Verwaltung genommene und zu verpachtende Land als ἄπρατα (sc. ἐδάφη) bezeichnet. So enthält BGU IV 1091 ein Pachtangebot konfiszierten Landes ἀπὸ ἀπράτων τῆϲ τοῦ ἰδίου λ̣ό̣γ̣ο̣υ̣ ἐπιτροπῆϲ (Z. 13–15). In P.Thmouis 1, Kol. 156, 12–15 wird entsprechendes Land teils zu den ἄπρατα gerechnet, teils als dem Staat zediertes Land bezeichnet: καὶ τῶν κατὰ τὸ κβ (ἔτοc) cειτοφόρων ἰδιωτικ̣ῶ̣ν̣ ὁλεπ̣ιγράφων τὸ μὲν ἐν ἀπράτοιc ἐτάγη, τ̣ὸ δὲ ἐξεχωρήθη.

Das verpachtete oder zu verpachtende Land ist entweder Land von Staatsschuldnern, das anderen Grundbesitzern epigraphiert wird, oder es wird einfach nur als Hypologos bezeichnet, ohne dass man erfährt, auf welche Weise es Hypologos geworden ist. Seltener sind präzisere Angaben, die noch erkennen lassen, wie sich dieses Problemland gebildet hat. Immer wieder genannt wird Land, das ein gewisser Valerius Marcellus dem Staat zediert hat, offenbar deshalb, weil er nicht mehr imstande war, den Forderungen des Staates nachzukommen. Dieses Land wird als ἐκκεχω(ρημένη) ὑπὸ Οὐαλερίου Μαρκέλλου bezeichnet (Kol. XXVI 11, XXXIII 13.19, XXXIV, 19, XXXVI 10.17, XLII 8.15.19, XLVIII 8, L 5).[12] In drei Fällen begegnet Land, das von Teilhabern des Marcellus zediert ist, was unterschiedlich ausgedrückt wird: ἐκκεχω(ρημένη) ὑπὸ τ[ῶν περὶ] Μάρκελλον (Kol. L 14–15), ἐκκεχω(ρημένη) ἀπὸ τῶν περὶ Μάρκελλον (Kol. XLV 6) und ἐκκεχω(ρημένον) ὑπόλ(ογον) τῶ[ν περ]ὶ Μάρκελλον (Kol. XLIX 3). Valerius Marcellus ist aber nicht der einzige, der Land dem Staat zediert hat. In Kol. L 5–6 sind ὑπόλ(ογοι) ἐκκ̣[ε]χω(ρημέναι) ὑπὸ Οὐ̣[αλερ]ίου Φλ̣ά̣[κκο]υ [(ἄρουραι)]αηις̣.[.] erwähnt, die sich ἐν μ̣ι̣[c]θ̣(ώcει) κ̣α̣ὶ̣ δι' ἐπ(ιγραφῆc) befinden. In Kombination findet sich zediertes Land und ὑπόλογοc auch an anderen Stellen: als ἐκκεχω(ρημένον) ὑπόλ(ογον) in Kol. XLVII 20, XLVIII 3.15, und als ὑπόλ(ογοι) ἐκκεχω(ρημέναι) (ἄρουραι) in Kol. XXXIX 6. Auch noch an anderen Stellen wird Land, das Gegenstand der Episkepsis ist, als ἐκκεχω(ρημένη) bezeichnet. Dort ist aber so viel ver-

---

[12] Bei der Wendung ἐκκεχω(ρημένη) ὑπὸ Οὐαλερίου Μαρκέλλου nehme ich wie auch sonst, wenn in der Rolle zediertes Land erwähnt ist, an, dass das so bezeichnete Land von einem Privatmann, hier von Marcellus, dem Staat zediert worden ist. Ich nehme also nicht an, dass Valerius Marcellus oder Valerius Flaccus Funktionäre des Staates waren, die in staatlicher Verwaltung stehendes Land einem Privaten zediert haben. Für diese Auffassung sprechen Stellen in P.Thmouis, so P.Thmouis 1, Kol. 137, 5–8 cειτοφόροc ἰδιωτικὴ ἐπιγραφὴ ἐδηλώθη ἐγ μέρουc μὲν εἶναι χρεώcτου τοῦ φίcκου, ἐγ δὲ τοῦ λοιποῦ ἐκ̣κεχωρῆcθαι εἰc τὸ δημόcιον. P.Thmouis 1, Kol. 151, 2–7: ἑτέραc ἰδιωτικῆc cιτοφόρ[ου] ἐπιγραφῆc μ̣έ̣ροc ἐπὶ τῷ εἶν[αι] χρεωcτῶν τοῦ φίcκου .[. . . .] α. . . .c το̣ῦ̣ ἐμφερομ(ένου) ὑπαρχ[ο. .] ἐν ἀπράτοιc ἐτάγη, τὸ δὲ [λοιπ(ὸν)] τῷ δημοcίῳ ἐξεχωρή[θη]. Die Zusammenstellung mit Land ἐν ἀπράτοιc findet sich auch in P.Thmouis 1, Kol. 156, 12–15: καὶ τῶν κατὰ τὸ κβ (ἔτοc) cειτοφόρων ἰδιωτικ̣ῶ̣ν̣ ὀλεπιγράφων τὸ μὲν ἐν ἀπράτοιc ἐτάγη, τ̣ὸ̣ δὲ ἐξεχωρήθη. Da in P.Thmouis 1, Kol. 151, 7 ausdrücklich gesagt ist, dass das Land τῷ δημοcίῳ zediert worden ist, wird man das auch hier voraussetzen dürfen. Zur ἐκκεχωρημένη (γῆ) s. P.Thmouis 1, Kol. 68–160, S. 19 mit Anm. 6, und Th. Kruse, Der Königliche Schreiber, Band II, S. 665, Anm. 1881 mit weiteren Stellen.

loren, dass Genaueres nicht zu erkennen ist (Kol. XXXI 21, XXXVIII 10, XLI 4).[13]

Neben Großgrundbesitzern wie Valerius Marcellus nennt der Bericht an vielen Stellen andere Staatsschuldner, deren Land zumindest zum Teil anderen Grundbesitzern epigraphiert worden ist. Schöne Beispiele bieten die Kolumnen XXXII und XXXV, wo z.B. wiederholt Land des Didymos, des Sohnes des Tichon, anderen Personen epigraphiert ist.

Die Verpachtungen aus Hypologos, die in unserer Rolle dokumentiert sind, bewirkten offenbar nicht, dass dieses Land aus der Hypologos ausschied. So kommt es, dass man in der Rolle von ὑπόλ(ογος) ἐν μιcθ(ώcει) (Kol. LI 20, vielleicht auch in L 3) spricht oder von ὑπόλ(ογος) ἄφορ(ος) (Kol. XIX 14).[14]

Der an den Staat zu zahlende Pachtzins ist, wie gesagt, in vielen Fällen erstaunlich gering. Oft wird nur 1/24 Artabe pro Arure geschuldet. Dies ist eine symbolische Größe. Zinssätze, die eine Artabe pro Arure übersteigen, sind selten.[15] Bei der Verteilung der Zinssätze kann man keine signifikanten Unterschiede feststellen zwischen Land, das nach einem Pachtangebot verpachtet wurde, und solchem, das zugeschrieben wurde. Auch bei dem nach einem Pachtangebot verpachteten Land gibt es Belege für den Pachtzins von 1/24 Art. pro Arure.[16] Erstaunlich sind aber nicht nur die häufig geringen Zinssätze, erstaunlich ist auch, dass sie im Großen und Ganzen (Ausnahmen sind kaum zu erkennen) zumindest seit dem 6. Jahr (226/7) unverändert beibehalten wurden und im 11. Jahr unverändert weitergeschrieben werden. Diese Zinssätze scheinen fast ausschließlich auch schon im Lustrum des 1. bis 5. Jahres gegolten zu haben. Wenn sie bereits bei der Episkepsis des 6. Jahres übernommen wurden und nun bei der Episkepsis des 11. Jahres so gut wie immer unverändert weitergeschrieben werden, so scheint dies zu

---

[13] Manchmal steht anstelle von ἐκκεχω(ρημένη) nur ἐκχω(ρουμένη), so eindeutig in Kol. XV 10, XXI 16, XXXI 21, XLII 4.5. Da diese Bezeichnungen sehr kursiv geschrieben werden, ist es mitunter kaum zu entscheiden, ob ἐκκεχω(ρημένη) oder ἐκχω(ρουμένη) gelesen werden soll.

[14] Der ὑπόλ(ογος) ἐν μιcθ(ώcει) entspricht offenbar in P.Pher. 144 unter den Anrainerangaben die ὑπόλ(ογος) ἐν ἐπ[ι]δοχῇ. Vgl. P.Pher. 148 ebenfalls unter den Anrainerangaben κοιλ(ὰc) ἐν ἐπιδ(οχῇ).

[15] Der höchste Pachtzins beträgt 4 Artaben pro Arure (Kol. XXVIII 10).

[16] Neben den Quoten gibt es auch einige wenige Stellen, wo einer bestimmten Landgröße pauschal eine Artabenzahl zugeschrieben ist, so in Kol. XXVII 8.10, XXX 5.12, XXXVII 8.10, XXXVIII 4?, LI 7. In diesem Zusammenhang wird mitunter der Terminus ἀπότακτος (sc. φόρος) verwendet, erhalten in Kol. XXVII 5.10, XXX 5.12 und XLIV 9.

zeigen, dass die allgemeine Situation über lange Zeit hinweg unverändert prekär geblieben ist.

Dies erklärt, warum man es im Bericht — im Gegensatz zum Verfahren in P.Pher. — zumeist nicht nötig fand, den vorgefundenen Zustand des Landes zu beschreiben, weder in einer positiven noch in einer negativen Weise. Schwankungen in der Bewirtschaftung sind nie verzeichnet. Man vermisst also Angaben, wie sie in P.Pher. durchweg zu finden sind, wo für den Zustand im vorausgegangenen Lustrum, also für die Jahre 32 (191/2) bis 4 (195/6), zwar oft auch nur pauschale Feststellungen getroffen werden, an vielen Stellen aber doch vermerkt ist, dass es im 3. Jahr wegen ἀβροχία eine Zahlungserleichterung gab. Zwar wird dann auch in P.Pher. in diesen Fällen die Belastung im 5. Jahr unverändert weitergeschrieben, aber das geschieht doch nach einer Prüfung, in der detaillierte Angaben gemacht werden. Das kursorische Verfahren, das in P.Bub. III 6 ab Kol. XXVI zu sehen ist, wirkt umso erstaunlicher, als P.Pher. eine Vorstellung davon gibt, wie ein solches Dokument eigentlich aussehen müsste. Wie P.Pher. deutlich zeigt, bestand der Sinn einer Episkepsis ja nicht nur darin, das Ausmaß des verpachteten Landes festzustellen, sondern auch darin, die Höhe des Pachtzinses auf seine weitere Berechtigung hin zu überprüfen. Offensichtlich waren höhere Zinssätze ganz allgemein nicht durchzusetzen, so dass sich eine Überprüfung ihrer Berechtigung von vornherein erübrigte.

Das mag erklären, warum man kaum Stellen findet, wo etwas über den Zustand des inspizierten Landes verlautet. Unter den Bezeichnungen, die etwas über den Zustand des Landes verraten könnten, findet man für χέρcοc (Ödland) nur drei Belege. Einmal wird aus χέρcοc verpachtet (Kol. XLVI 20), ähnlich muss es in Kol. XXXIII 14 gewesen sein, wo der Zusammenhang nicht geklärt ist, und einmal erscheint χέρcοc als Bezeichnung des angrenzenden Landes (Kol. XXV 16). Angaben, ob Land bewirtschaftet wurde und auf welche Weise, fehlen so gut wie ganz. Auszuscheiden ist Kol. XL 5, wo als Beschreibung von angrenzendem Land der Ausdruck cι(τικὰ) [ἐ]δάφ(η) verwendet wird, offenbar, weil man Präziseres nicht angeben konnte oder wollte. Ähnliches scheint in Kol. LI 23 gestanden zu haben. Ganz singulär ist es daher, wenn in Kol. XXXIX 7, wo ὑπόλ(ογος) ἐκκεχω(ρημένη) inspiziert wird, ein Teil diese Landes als [ ]ευρεθ( ) ἐν cπ̣(ορ̣ᾶ) bezeichnet ist, was im 6. Jahr festgestellt worden sein muss und nun im

11. Jahr einfach übernommen wird.[17] Dem zur Seite stehen einige wenige Stellen, wo inspiziertes Land ausdrücklich als ἄϲπ(οροϲ) bezeichnet zu sein scheint, wenn die Lesung zutrifft (Kol. XXVIII 11, XLIX 4, vgl. auch Kol. XLVII 2).[18] In diesen Fällen hätte es also einer Rechtfertigung bedurft, warum der Pachzins nicht höher war.

Der Episkepsisbericht gab offenbar nur Auskunft über Verpachtungen aus Land, das unter staatlicher Verwaltung stand, soweit für dieses Phoros zu zahlen war. Denn unberücksichtigt blieb, wie einige Stellen zeigen, Brachland, das vermutlich als Weideland diente, für das man Ekphorion zahlte. Solche γῆ ἐν ἐκφορίῳ war also, wie unten genauer zu zeigen sein wird, nicht Gegenstand des Episkepsisberichts.

Der Anteil des berücksichtigten Landes an der Gesamtfläche des Dorfes lässt sich nicht eruieren. Eine vage Vorstellung von den räumlichen Verhältnissen und der Einbettung des inspizierten Landes in die Gesamtfläche des Dorfes ergibt sich allenfalls dadurch, dass die Ergebnisse nach Arealen getrennt vorgelegt werden. Nur in wenigen Fällen schlossen diese unmittelbar aneinander. Eine gewisse Vorstellung von der Dorfflur in ihrer Gesamtheit erhält man vor allem dadurch, dass bei den inspizierten Flächen, wie in solchen Listen üblich, immer die angrenzenden Grundstücke (γείτονεϲ) angegeben werden. Aus diesen Angaben ergibt sich das übliche bunte Bild zersplitterten Landbesitzes mit unterschiedlichsten Besitzrechten. Für das angrenzende Land sind folgende Bezeichnungen belegt: ἀνειλ(ημένη), βαϲιλική, βαϲιλικὴ ἀνειλ(ημένη), δημ(οϲία), ἐκκεχω(ρημένη), ἐκχω(ρουμένη), (γῆ) ἐν ἐκφ(ορίῳ), ἐναφ(έϲιοϲ?), ἐωνη(μένη), ἰδιωτική, Μυρτίλ(ου) οὐϲία, οὐϲι(ακή), παράδ̣(ειϲοϲ)?, πλεοναϲμ[όϲ], ὑπόλογοϲ, ὑφορβικὴ γῆ.

Dieses Bild unterscheidet sich nicht von dem, was wir sonst über den Landbesitz im Delta wissen. Es lässt sich gut mit den Verhältnissen vergleichen, wie sie für den Gau von Mendes für dieselbe Zeit aus Stud.Pal. XVII S. 13–29 überliefert sind, einem Verzeichnis, das auf Eingaben von Großgrundbesitzern wegen ἀβροχία kleiner, von ihnen verpachteter Ackerflächen beruht. Auch hier zeigt sich, wie zersplittert man sich den Landbesitz gerade

[17] Dies ergibt sich in aller Eindeutigkeit daraus, dass unter dem Absatz in Z. 9 der übliche Vermerk ϛ (ἔτουϲ) ἕωϲ ι (ἔτουϲ) ὁμ(οίωϲ) erhalten ist.

[18] Auch in Kol. XXVIII 11 muss die Bezeichnung des Landes als ἄϲπ(οροϲ) auf das Jahr 6 zurückgehen, da auch hier der Vermerk ϛ (ἔτουϲ) ἕωϲ ι (ἔτουϲ) ὁμ(οίωϲ) erhalten ist. Im Fall von Kol. XLIX 4 sollte diese Beschreibung aber erst aus dem Jahr 11 stammen, da hier dieser Vermerk fehlt und unter dem Abschnitt nur ὁμ(οίωϲ) steht, womit das Ergebnis der Epikrisis des Jahres 11 bezeichnet ist.

auch der größeren Grundbesitzer vorzustellen hat. Diese Zersplitterung ist ohnehin überall zu vermuten oder vorauszusetzen, da sie für ganz Ägypten typisch gewesen zu sein scheint.

Die Pachten

Aus dem unter staatlicher Verwaltung stehenden Land wird verpachtet entweder auf Grund eines Pachtangebots eines Pachtwilligen oder — und das ist der Regelfall — durch Zuschreibung (ἐπιγραφή) an Personen, die dort bereits Land besitzen.

Erfolgte die Verpachtung auf Grund eines Pachtangebots, so steht vor dem Namen des Pächters die Präposition ὑπό:

ἐμιcθ(ώθη) ὑπὸ τοῦ δεῖνος, μιcθ(ουμένη) ὑπὸ τοῦ δεῖνος,
ἐν μιcθ(ώcει) ὑπὸ τοῦ δεῖνος

Auf Pachtangebote kann auch durch Verwendung des Verbums ὑπιcχνέομαι hingewiesen sein.

Handelt es sich um Landzuschreibungen (ἐπιγραφαί), so steht vor dem Namen des Begünstigen in der Regel ὀνόμ(ατος). Vermutlich sind diese Personen unter ihrem ὄνομα in einem eigenen Register geführt worden. Eine nach ὀνόματα gegliederte Liste von Personen, denen Land zugeschrieben worden ist, findet sich im ersten Teil der Rolle. Sie muss aber natürlich nicht ein Exemplar eines solchen Registers gewesen sein.

Verpachtungen durch Zuschreibung (Epigraphe)

Die Frage, wie man die ἐπιγραφή genau zu fassen hat, ist für das Verständnis der Akten von zentraler Bedeutung. Leider bleibt hier manches unsicher. So kann man sich fragen, ob bei dieser „Zuschreibung" überhaupt von einer Verpachtung gesprochen werden darf. Sieht man von den vielen Stellen ab, wo ἐμιcθ(ώθη) καὶ δι' ἐπ(ιγραφῆc) steht, so gibt es in den erhaltenen Partien der Rolle zumindest drei Stellen, wo ἐπιγραφή eindeutig mit μιcθόομαι oder μίcθωcιc verbunden ist:

Kol. XL 18 ἐξ (ὧν) ἐν μιcθ(ώcει) δι' ἐπ(ιγραφῆc)
Kol. XLV 7–8 ἐξ ὧν ἐμιcθ(ώθη) δι' ἐπ(ιγραφῆc)
Kol. XLIX 8 [ἐ]ξ̣ ὧν ἐμιcθ(ώθηcαν) δι' ἐπ(ιγραφῆc)

Daher scheint es gerechtfertigt, von Verpachtung durch Zuschreibung (Epigraphe) zu sprechen. Weiter unten wird dann davon die Rede sein, dass im zweiten Teil der Rolle zwischen Land ἐν ἐκφορίῳ und solchem ἐν μιcθώcει unterschieden wird. Demnach zähle ich zu dem Land ἐν μιcθώcει auch das „zugeschriebene" Land.

Bei folgenden Wendungen liegt Verpachtung durch Epigraphe vor:

ἐμιcθ(ώθη) oder ἐν μιcθ(ώcει) δι' ἐπ(ιγραφῆc) ὀνόμ(ατοc) τοῦ δεῖνοc (gemeint ist der Pächter),
ἐμιcθ(ώθη) καὶ δι' ἐπ(ιγραφῆc) ὀνόμ(ατοc) τοῦ δεῖνοc,
oder nur δι' ἐπ(ιγραφῆc) ὀνόμ(ατοc) τοῦ δεῖνοc,
αἱ ο(ὖcαι) (sc. ἄρουραι) δι' ἐπ(ιγραφῆc) ὀνόμ(ατοc) τοῦ δεῖνοc,
oder auch δι' ἐπ(ιγραφῆc) (πρότερον) τοῦ δεῖνοc (ebenfalls der Pächter)

Manchmal steht auch nur ἐν μιcθ(ώcει) ὀνόμ(ατοc) τοῦ δεῖνοc ohne ausdrücklichen Hinweis auf Epigraphe. Die Verwendung des Wortes ὄνομα zeigt offenbar bereits, dass Epigraphe gemeint ist. Vor allem bei Aufzählungen mehrerer Verpachtungen durch Epigraphe kann einfach nur mit καὶ ὀνόμ(ατοc) τοῦ δεῖνοc fortgesetzt werden, ohne dass ἐπ(ιγραφή) wiederholt werden muss. Folgt dann innerhalb einer Aufzählung eine Pacht auf Grund eines Pachtangebots, wechselt man von ὀνόμ(ατοc) τοῦ δεῖνοc zu καὶ ὑπὸ τοῦ δεῖνοc.

Aber nicht nur der Terminus ἐπιγραφή kann eingespart sein, auch ὄνομα kann in einer längeren Aufzählung von Pächtern durch Epigraphe wegfallen, wenn sich ihr Status aus dem Zusammenhang eindeutig ergibt, so z.B. in Kol. XXXII 6.7.8.12, wo dann aber in Z. 13 wieder mit ὀνόμ(ατοc) fortgesetzt wird.

Mit ἐπιγραφή, „Zuschreibung", kann in der Verwaltungsprache der Papyri ganz allgemein eine Verbindlichkeit gegenüber dem Staat bezeichnet sein, die einem Objekt zugeschrieben ist. In unserem Zusammenhang von besonderem Interesse sind dabei einige Stellen in P.Thmouis 1, Kol. 68–160, einer anderen verkohlten Papyrusrolle aus dem Delta.[19] Auch in dieser Rolle ist der Terminus ἐπιγραφή auf staatliche Forderungen aus Landbesitz bezo-

[19] Verfasst wurde dieser Text im Jahr 170/1, also unter Mark Aurel. Die Abschrift, die sich erhalten hat, stammt aus der Regierungszeit des Commodus. Zu diesem Papyrus ausführlich Th. Kruse, Der Königliche Schreiber II, S. 661–696.

gen. Diese Zuschreibungen sind nicht eintreibbar und ihre Erhebung bis zur weiteren Entscheidung sistiert. Der Zustand des Landes, das Schwierigkeiten bereitet, gleicht dem in unserer Rolle. Er wird zum Teil mit χερcεύειν oder χέρcoc umschrieben. In einigen Fällen ist ebenfalls vom Besitzer Land dem Staat zediert worden. Die Situation, die man dort vorfindet, gleicht also der unserer Rolle.

In P.Thmouis 1, Kol. 137, 5–8 etwa ist ein Teil des in Rede stehenden Landes dem δημόcιον zediert, ein anderer Teil befindet sich aber noch im Besitz des Schuldners des Fiskus, so dass die auf dem Land ruhende Steuerzuschreibung (ἐπιγραφή) geteilt ist. Das wird auf folgende Weise ausgedrückt: cειτοφόροc ἰδιωτικὴ ἐπιγραφὴ ἐδηλώθη ἐγ μέρουc μὲν εἶναι χρεώcτου τοῦ φίcκου, ἐγ δὲ τοῦ λοιποῦ ἐκκεχωρῆcθαι εἰc τὸ δημόcιον. Die Gesamtzuschreibung wird in dieser Rolle an anderen Stellen verdeutlichend mit ὅλη ἡ ἐπιγραφή bezeichnet, so in P.Thmouis 1, Kol. 135, 5–8, wo ein Grundstück mit seiner ganzen Steuerzuschreibung (ὅλῃ τῇ ἐπιγραφῇ) einer Person gehörte, deren Besitz vom Ressort des Idios Logos beschlagnahmt worden ist: ἰδιωτικὴ cειτοφόροc γῆ ὅλῃ τῇ ἐπιγραφῇ ἐδηλ(ώθη) εἶναί τινοc οὗ τὰ ὑπάρχοντα πρὸc τῇ τοῦ ἰδίου λ(όγου) ἐπιτροπῇ ἀνελήμφθη.[20]

Eine weitere Stelle, die den Sprachgebrauch von ἐπιγραφή zeigt, ist P. Thmouis 1, Kol. 136, 7–8, wo es vom Land eines Schuldner des Fiskus heißt: ἐδάφη χρεώcτου το[ῦ] φίcκου ὅλῃ τῇ ἐπ̣ι̣γρα(φῇ) ἐδ̣ηλ(ώθη) χ[ε]ρcεύειν.[21]

Vgl. auch P.Thmouis 1, Kol. 140, 18–20, wo ebenfalls Ödland erwähnt ist, wobei dieses teilweise von Schuldnern des Fiskus stammt, teilweise von einer Person, deren Land konfisziert worden ist: ἐδάφη ἃ μὲν χρεωcτῶν τοῦ φίcκου, ἃ δὲ ἀναλημπτοῦ, ἐδη[λώθ(η)] ὅλῃ τῇ ἐπιγραφῇ χερcεύει[ν].[22]

Neben dem Ausdruck ὅλῃ τῇ ἐπιγραφῇ wird auch das Adjektiv ὁλεπίγραφοc verwendet, so in P.Thmouis 1, Kol. 81, 1–7: ἐδαφῶν χρεωcτῶν τ̣οῦ φίcκ[ου] τὰ μὲν cιτικὰ καθήκοντα ἐ[πὶ] τῷ εἶναι ὁλεπίγραφα καὶ ἐ[ν χέρ]cῳ τῷ θ (ἔτει) ἐπεcκέφθαι ἐν ἑ̣τέρῳ μέρει ἐπεcχέθη, τὰ δὲ [ἀ]ργυρ̣[ι]κὰ ἐνθάδε κατὰ τὸν αὐτὸν τρόπον καὶ ὑπὲρ τοῦ ι (ἔτουc) διεcτάλ(η).

---

[20] Andere Belege für diesen Sprachgebrauch sind P.Petaus 24, 27 (187 oder 186); SB XVIII 13747, 18 (P.Lond. III 934 descr.; 214/7); P.Oxy. XII 1445, 8 (2. Jh.).

[21] Ebenso P.Thmouis 1, Kol. 141, 21–22 χρεώcτου ἐδάφη ἐδηλώθη ὅλῃ τῇ ἐπιγραφῇ χερcεύειν.

[22] Vgl. in unserer Rolle die Belege für ἀνειλ(ημένη) in Kol. VIII 9, XXXVI 12, XL 21, XLV 12 und XXI 16 (?).

Besonders interessant in Hinblick auf den neuen Papyrus sind auch die Stellen, wo von Land, das dem Staat zediert worden ist, die Rede ist. P. Thmouis 1, Kol. 137, 5–8, wo ein Teil des Landes dem δημόcιον zediert ist und ein anderer Teil sich noch im Besitz eines Schuldners des Fiskus befindet, wurde bereits oben zitiert. Ähnlich verhält es sich in P.Thmouis 1, Kol. 151, 2–10: ἑτέρας ἰδιωτικῆc cιτοφόρ[ου] ἐπιγραφῆc μ̣έροc ἐπὶ τῷ̣ εἶν[αι] χρεωcτῶν τοῦ φ̣ίcκου .[. . . .] α. . . .c τ̣ο̣ῦ̣ ἐμφερομ(ένου) ὑπαρχ[ο. .] ἐν ἀπράτοιc ἐτάγη, τὸ δὲ [λοιπ(ὸν)] τῷ δημοcίῳ ἐξεχωρή[θη]. τῶν δὲ τῆc ὅληc ἐπιγρα(φῆc) [ὡc] ἐν χέρcῳ ἐπιcκεφθ(έντων) τὰ κ[αθήκ(οντα)] ἄχρι τοῦ ι (ἔτουc) ἐν ἐποχῇ ἐτ[άγη]. Vgl. auch P.Thmouis 1, Kol. 156, 12–15: καὶ τῶν κατὰ τὸ κβ (ἔτοc) cειτοφόρων ἰδιωτικ̣ῶ̣ν̣ ὁλεπ̣ιγράφων τὸ μὲν ἐν ἀπράτοιc ἐτάγη, τ̣ὸ̣ δὲ ἐξεχωρήθη.

Daneben wird in Kauf- und Zessionsverträgen des 1. und 2. Jhs. n.Chr. ἐπιγραφή in einem allgemeinen Sinn auch in der Garantieklausel erwähnt, wo versichert wird, dass ein Grundstück frei von allen Lasten sei, unter anderem frei von ἐπιβολή und ἐπιγραφαί aller Art, so z.B. in dem Zessionsvertrag P.Mich. V 262, 22–24 (Arsinoites; 35/6 oder 34/5?): [πάcῃ βεβαιώc]ει ἀπὸ μὲν δημοcίων τελεcμάτων πάντων καὶ ἀρταβείαc καὶ ναυβίου καὶ ἀριθμητικοῦ καὶ τιμῆc γῆc [καὶ ἐπι]β̣[ο]λ̣ῆc κώμηc [κ]αὶ πλεοναcμάτων καὶ ἐπιγραφῶν παcῶν καὶ παντὸc εἴδουc.

Wenn es nun in unserer Rolle heißt, dass ein Grundstück δι' ἐπ(ιγραφῆc) verpachtet ist, so scheint das nichts anderes zu bedeuten, als dass das Grundstück ohne Angebot eines Pachtwilligen einfach durch Zuschreibung einem Pächter überlassen worden ist.[23]

Das Gegenstück zu ὅλῃ τῇ ἐπιγραφῇ und ὁλεπίγραφοc ist in der Rolle die oft gebrauchte Wendung ἀπὸ μ(έρουc) ἐπιγρα(φῆc), auch zu ἀπὸ μ(έρουc) ἐπ(ιγραφῆc) gekürzt. Damit ist geteilte Epigraphe gemeint, wie sie oben z.B. in P.Thmouis 1, Kol. 137, 5–8 begegnet ist, wo es hieß, dass ein Teil des in Rede stehenden Landes dem δημόcιον zediert ist, ein anderer Teil

[23] Damit ist nichts darüber gesagt, ob der Pächter dieses Land völlig freiwillig übernommen hat oder nicht. Andere Termini, die in den Papyri eine Landzuweisung bezeichnen, sind ἐπιβολή, ἐπιμεριcμόc, γεωργία, später ἐπινέμηcιc, wo oft Anwendung eines gewissen Zwanges vermutet wird, auch wenn dieser wie hier nicht nachweisbar ist. Vgl. G. Poethke, Epimerismos. Betrachtungen zur Zwangspacht in Ägypten während der Prinzipatszeit (Pap.Brux. 8), Bruxelles 1969; A. Jördens, Statthalterliche Verwaltung in der römischen Kaiserzeit, Stuttgart 2009, S. 458–473; 497–503; Th. Kruse, Der Königliche Schreiber I, S. 559.

sich aber noch im Besitz des Schuldners des Fiskus befindet: cειτοφόροc ἰδιωτικὴ ἐπιγραφὴ ἐδηλώθη ἐγ μέρουc μὲν εἶναι χρεώcτου τοῦ φίcκου, ἐγ δὲ τοῦ λοιποῦ ἐḳκεχωρῆcθαι εἰc τὸ δημόcιον. Die Wendung ist auch in P. Thmouis 1, Kol. 138, 4–6 gebraucht: ἀπόρου ὀνόματοc ἀπὸ μέρουc ἐπιγραφῆc πρọ́ṭẹṛọν κληρουχ(ικῆc) (ἄρουραι) β Lηλβ.[24] Was mit dieser Wendung gemeint ist, zeigt auch ein Vergleich mit Wilcken Chr. 252 (= BGU II 457; nach 132/3), wo sie sich in einer Formulierung findet, die sich z.B. gut mit einigen Stellen in Kol. XL vergleichen lässt. Die Stelle ist im Folgenden so wiedergegeben, wie sie H.C. Youtie ergänzt und gedeutet hat.[25]

In Wilcken Chr. 252 teilt der Dorfschreiber von Karanis einem Praktor eine Änderung gegenüber der Erhebungsanweisung (ἀπαιτήcιμον) mit, welche als ein Zusatz, πρόcγραφον, zu dieser bezeichnet wird. Der Dorfschreiber zitiert den Passus dieser Anweisung, der nun durch das πρόcγραφον abgeändert wird, mit folgenden Worten:

ἐτάγη ἐπὶ μὲν ὀνόματοc Cωκράτουc Χαιρήμονοc ἀπὸ μέρουc ἐπιγρ(αφὴ) Ἀντήνοροc τοῦ Ἀριcτάρχου πρὸc (ἀρούραιc) δ L η´ (ἀρουρῶν) ϛ̣ δ´ ιϛ´ λβ´ ξδ´(πυροῦ ἀρταβῶν) ϛ γ´ κδ´ κτλ. (Z. 6–9)

Unter dem Namen Sokrates, Sohn des Chairemon, ist eine Teilzuschreibung eingetragen worden, (herrührend von) Antenor, Sohn des Aristarchos, von 6 1/4 1/16 1/32 1/64 Aruren zu 6 1/3 1/24 Artaben, zusätzlich zu seinem (des Sokrates) Besitz von 4 1/2 1/8 Aruren . . .

Wie in dem folgenden Abschnitt (Z. 12–17) weiter ausgeführt wird, sah die Hebeliste vor, dass Sokrates zusätzlich zu den Leistungen, die sich aus seinen 4 1/2 1/8 Aruren ergaben, für 6 1/3 1/24 Artaben aus 6 1/4 1/16 1/32 1/64 Aruren aufkommen musste. Die ἐπιγραφή war in ein Personalfolium (ὄνομα) des Sokrates eingetragen worden. Damit war Sokrates zum Pächter geworden, der im Umfang der Epigraphe haftete.

---

[24] Ein weiterer Beleg für diese Wendung ist P.Strasb. 902 Kol. 13, 5–6 (Ruey-Lin Chang, Un dossier fiscal hermopolitain d'époque romaine, conservé à la Bibliothèque nationale et universitaire de Strasbourg [Institut Français d'Archéologie Orientale, Bibliothèque Générale 46], Le Caire 2014, S. 313). Damit ist sie erstmals auch für den Hermopolites belegt, und zwar in einer besonders frühen Zeit (99/100 n.Chr.): Ἰcαυροῦc Ἡρακλήο(υ) γ(ῆc κατοικικῆc) κζL, ν(αυ)β(ίου) ιγ (τετρώβολον) (ἡμιωβέλιον) κα(ὶ) ἀ̣[πὸ] μέρουc ἐπιγρα(φῆc) (πρότερον) Ἀρείο(υ) L (ὀβολὸc) (ἡμιωβέλιον), γ(ίνονται) ν̣[(αυ)β(ίου) ιδ]. — Vgl. auch BGU III 898, 19 mit BL I 80 (Arsinoites; 2. Jh. n.Chr.) ἀπὸ μέρουc ἐπ( ).

[25] Notes on papyri (IX), Scriptiunculae II, S. 1001–1004 (= Univ. of London, Inst. of Class. Studies, Bull. No. 11, 1964, 15–18); BL V 11.

Zum Vergleich nun Kol. XL 11–12:

γ̄ τόπ(ος) (ἄρ.) ζdη̄λ̄[β̄]̄ . . ἐξ ὧν δ.᾽ ἐπ(ιγραφῆς) ὀνόμ(ατος) Ṇοφορῶτο(ς)
Σαμβ̣α̣θ(ίωνος) ἐπιγρα(φὴ)
Πετοσείριος Ἁρ̣φαήσιος ἀν(ὰ) αη) (ἄρ.) α ἀν(ὰ) η) (ἀρ.) Ldη̄ῑς̄
(γίν.) (ἄρ.) αLdη̄ῑς̣̄

Dritte Parzelle: Ar.: 7 1/4 1/8 1/32 [ ].
Daraus durch Zuschreibung unter dem Onoma Nophorôs, S. d. Sambath(ion),
Zuschreibung aus Petosiris, S. d. Harphaesis
zu 1 1/8, Ar. 1; zu 1/8, Ar. 1/2 1/4 1/8 1/16, ergibt Ar.: 1 1/2 1/4 1/8 1/16

In der Regel wird aber in der Rolle der Name der Person, deren Land vom Staat verwaltet wird, nicht wie in Kol. XL 11–12 nachgestellt, sondern schon im einleitenden Teil des Abschnittes genannt, wo zusammenfassend ausgeführt ist, welche verpachteten und zu verpachtenden Flächen der Abschnitt zum Gegenstand hat.

Verpachtungen nach einem Pachtangebot

Neben den Verpachtungen δι᾽ ἐπιγραφῆς verzeichnet unsere Rolle, wie gesagt, auch Fälle von Verpachtungen nach einem Pachtangebot. Nur im ersten Teil wird in diesem Zusammenhang auch die Stellung von Bürgen erwähnt. Dieses Verfahren muss aber bei allen Verpachtungen ohne Epigraphe angewandt worden sein. Ein Kennzeichen für solche Verpachtungen ist, wie gesagt, die Verwendung der Präposition ὑπό mit dem Namen des Pächters im Genetiv.

Ein Beispiel ist Kol. XLVIII 8–11:

8 πρὸς βορ[ρ(ᾶν)] ἐκκεχω(ρημέναι) ὑπὸ τῶν περὶ Μάρκ[ελ]λον ὑπὸ
Λάγου (sic) (ἄρ.) γdι[ς]
9 ἐξ ὧν [ἐμισθ(ώθη)] ὑ̣πὸ Ψόιτο(ς) Ἰσιδώ(ρου) ἀπὸ (ἀρ.) βLdξ̄δ̄ρ̄κ̄η̄ ἀν(ὰ)
S/ (ἄρ.) αLῑς̄ρ̄κ̄η̄ [ ]
10 (καὶ) ὑπὸ .[. . . . .]. Ἁρμάιο(ς) τοῦ κ(αὶ) Κουκ̄ Πετενεφώ(του)
Σαραπ(ίωνος) ἀν(ὰ) ς[ ]
11 (ἀρ.) Ld[. . . . .]

Von Interesse ist in diesem Zusammenhang P.Ryl. II 221, ein offenbar aus gleicher Zeit stammendes Register von Pachtanträgen von γῆ ὑπόλογοϲ aus Thmouis. Von P.Ryl. II 221 sind zwar nur Zeilenenden erhalten, man sieht aber genug, um die große Ähnlichkeit mit einer Reihe von Eintragungen im ersten Teil unserer Rolle zu erkennen. Den Kern jeder Eintragung bilden die Wörter ὑπέϲχετο μιϲθώϲαϲθαι (P.Ryl. II 221, 7.10.26).[26] Genannt wird jeweils ein Bürge: μετ' ἐγγύου τοῦ δεῖνοϲ (Z. 2.6.17.33). Das Pachtverhältnis ist auf fünf Jahre begrenzt (Z. 3.7.34). Gepachtet werden soll γῆ ὑπόλογοϲ, die näher bestimmt wird als βαϲιλικὸν ὑπόλογον (Z. 12.27; teilweise ergänzt) oder als ἱερατικὸν ὑπόλογον (Z. 19) oder λιμνιτικὸν ὑπόλογον (Z. 15). Der Pachtzins wird, wie in unserem Papyrus, in Weizen ausgedrückt. Er ist jedoch nicht, wie man bei Weizen erwarten könnte, als ἐκφόριον bezeichnet, sondern als φόροϲ (Z. 35).

Mit P.Ryl. II 221 vergleichbar sind vor allem Teile der Kolumnen XI und XIV unserer Rolle. Auch wenn diese Partien ebenfalls nur schlecht erhalten sind, so dass das Maß der Übereinstimmung nicht mehr genau feststellbar ist, so ist doch so viel sicher, dass auch in Kol. XI und XIV von Pachtangeboten die Rede ist (Kol. XI 3–4 [ὑ]πέϲχετο μ[ι]ϲ[θώϲ(εϲθαι), XIV 7–8). Wieder wird die Stellung von Bürgen erwähnt (μετ' ἐγγύου Kol. XI 8–9, XIV 7, XV 17, XIX 5), der Pachtzins ist auch hier wie überall in der Rolle in Weizen angegeben, und nichts spricht gegen die Vermutung, dass er wie in P.Ryl. II 221 φόροϲ genannt wurde (s. dazu unten S. 20). Gepachtet wird wieder aus Hypologos, oder allgemeiner, aus Land, das unter staatlicher Verwaltung steht. Von den in P.Ryl. II 221 genannten Spezifizierungen der Hypologos begegnet in der Rolle zumindest Verpachtung aus ἱερα(τικὴ) ὑπόλ(ογοϲ) (Kol. XXXVII 14). Ein Kennzeichen der Pachten in P.Ryl. II 221 ist ihre zeitliche Befristung auf fünf Jahre (Z. 3.7.34). Auch in unserem Papyrus ist es ein Kennzeichen der Pachten nach Pachtangebot, dass eine zeitliche Befristung angegeben ist, die zumeist fünf Jahre beträgt und fünf Jahre nicht überschreitet.[27]

---

[26] In Z. 19 könnte man auch zu [ὑπέϲχετο ὠνήϲαϲ]θ̣αι ergänzen (vgl. Th. Kruse, Der Königliche Schreiber I, S. 586).

[27] Dazu, dass zeitliche Befristungen fallweise auch bei Verpachtungen δι' ἐπιγραφῆϲ vorkommen, s. zu Kol. XLII 8–13

Andere Belege für Verpachtung von Land in staatlicher Verwaltung

Fälle von Verpachtung von Land aus dem Besitz von Staatsschuldnern sind auch sonst in den Papyri belegt, freilich nicht allzu oft.[28] Von P.Thmouis 1, Kol. 68–160 war schon die Rede. In diesen Zusammenhang gehört aber wahrscheinlich auch BGU IV 1047 (Arsinoites, 131 n.Chr. oder später), da in diesem Papyrus ὑπομιcθωταί ihre Pacht nicht von den μιcθωταί, sondern gegen Gebot von staatlichen Behörden erhalten zu haben scheinen. Th. Kruse, der den Papyrus ausführlich kommentiert hat,[29] vermutet in den μιcθωταί Staatsschuldner.[30] Bezahlt wurde offenbar φόροc (III 13) und nicht ἐκφόριον. Der Papyrus ist schlecht erhalten, seine Deutung daher nicht sicher.

Zahlungen von φόροc waren bereits oben in P.Ryl. II 212 begegnet und sie begegnen nun nicht nur in BGU IV 1047, sondern auch in BGU IV 1091 (212 n.Chr.; Oxyrhynchos), einem Pachtangebot konfiszierten Landes ἀπὸ ἀπράτω[ν] τῆc τοῦ ἰδίου λόγου ἐπιτροπῆc (Z. 11–15).[31] Der Vorbesitzer ist bezeichnet durch die Worte πρότερο[ν] Διογένουc τοῦ καὶ Cωτῆ[ρ]οc. Gegenstand des Gebots sind 2 1/2 Aruren Land. Die Höhe des Pachtzinses, der, wie gesagt, als φόροc bezeichnet wird, ist offen gelassen und vom Ergebnis einer Inspektion abhängig gemacht: φό[ρ]ου χωρὶc [δημο]cίων τ[ο]ῦ δι' ἐπιc̣[κέ]ψεωc ὁριcμοῦ φα[ι]νομένου (Z. 22–26). Das Land ist Teil eines φορικὸc κλῆροc (Z. 20), eine Bezeichnung, für die es keine Parallele zu geben scheint, die aber die genannten Umstände umschreibt. Bei diesen beiden BGU-Papyri erfährt man allerdings nicht, wie dieser φόροc zu zahlen war, in Naturalien, wie bei Ackerland üblich, oder in Geld.[32]

In diesem Zusammenhang muss natürlich auch wieder an die bereits oben erwähnte Rolle P.Pheretnuis erinnert werden, in der ebenfalls als Ergebnis einer Episkepsis eine Reihe von Immobilien erwähnt sind, die vom

---

[28] Th. Kruse, Der Königliche Schreiber I, S. 569–576.

[29] Th. Kruse, ebd. II, S. 1047–1052.

[30] Th. Kruse, ebd. II, S. 1051.

[31] Th. Kruse, ebd. I, S. 575–576.

[32] Herkömmlicherweise wird der Terminus ἐκφόριον, zumindest unter Privatleuten, bei Zahlungen in Naturalien (üblicherweise Weizen) gebraucht und φόροc bei Zahlungen in Geld. Ausnahmen gibt es, zumal Zahlungen von ἐκφόριον adäriert und Zahlungen von φόροc durch Naturalien abgelöst werden können.

Staat verwaltet und verpachtet wurden, nachdem sich deren Besitzer durch Flucht ihren Verpflichtungen gegenüber dem Staat entzogen hatten.[33]

Φόροc und ἐκφόριον
Land ἐν ἐκφο(ρίῳ̣,) und Land ἐν μιcθ(ώcει) in P.Bub. III 6

Die oben erwähnte sehr enge Parallele P.Ryl. II 221 belegt Zahlungen von φόροc bei Verpachtungen aus Hypologos auf Grund eines Pachtangebots, was auffällt, weil hier in Weizen gezahlt wird.[34] Es scheint, dass auch bei den Verpachtungen unserer Rolle φόροc zu zahlen war und nicht ἐκφόριον. Dafür sprechen Belegen für φόροc, die sich in der Rolle (zum Teil ausdrücklich in Zusammenhang mit Epigraphe) erhalten haben. In Kol. XII 3 steht in zerstörtem Kontext]του ἴcου φόρ[ου]. In Kol. XXVI 15 sieht man in ungeklärtem Zusammenhang ἐπ( ) φόρων, was wahrscheinlich zu ἐπ(ιγραφῇ) φόρων aufzulösen ist, und schließlich liest man in Kol. XXV 13–14 ὑπολ(ογ-) εἰc νομὰc ὧ̣ν ὁ φόροc ἐπιγραφῆc̣ ἐcτιν ἄχρι ἐπιδ̣ί̣ξ(εωc) κτλ.

---

[33] D. Hagedorn, Gnomon 69, 1997, 39–46, besonders 42f. — Nicht berücksichtigt ist hier Verpachtung aus konfisziertem Besitz, wenn dieser nicht Ackerland ist, so das Pachtangebot auf konfiszierten Besitz (eigentlich Überbietung eines früher gemachten Gebotes) P.Col. X 257 (= SB XX 14281; 142 n.Chr.; Bakchias; Th. Kruse, Der Königliche Schreiber I, S. 573–575; D. Hagedorn, ZPE 86, 1991, 245–246). Auch Belege für Pachtzahlungen bei ὑπόλογοc, die als φόροc bezeichnet werden, bei denen die Pacht in Geld festgesetzt war, sind nicht berücksichtigt. Solches Land wurde oft als Weideland verwendet, wo fast immer in Geld bezahlt wird. Entsprechende Zahlungen von φόροc in Geld sind belegt in (Belege in Auswahl): P.Flor. III 370 ((Hermopolites, 132) φόροc für Land ὧν ἐξέλαβεc ἐκ τοῦ δημοcί[ου ἀ]π̣ὸ ὑπολόγου (Z. 5–6); BGU II 569, 3.5.7 (Arsinoites, 2. Jh.) φό(ρου) ἀν(ὰ) (τριώβολον), BGU II 571 (151/2, Arsinoites) χέρcοc ὑπόλογοc, Z. 5 ἐδαφῶν εἰc μίcθωcιν ἐπιδεχθ(έντων), BGU III 889 (Arsinoites, nach 151; Pachtangebote); BGU II 487, 13–15 ἀπὸ χέρcο(υ) (ἀρούραc) δ φό(ρου) (δραχμὰc) δ ε( ) ιζ (ἔτουc) τῶν τῆc ὑποcχέcεω(c) (Arsinoites, 2. Jh.), P.Flor. I 64 (3./4. Jh., Hermopolites, BL VIII 125, XII 69; Neued.: BASP 45, 2008, 261–275): Z. 20 φόρου ἀποτάκτου ἀντὶ τῶν δημοcίων, Z. 37 und 41 φόρου ἀποτάκτου μετὰ τὰ δημόcια (Geld neben Weizen). Auch bei αἰγιαλόc (Uferland) wird der Pachtzins als φόροc bezeichnet (P.Petaus 25, 25.26).

[34] Grundsätzlich gilt wohl, dass man den Terminus φόροc in seinem Gebrauch nicht auf die Goldwaage legen sollte. D. Hagedorn macht mich darauf aufmerksam, dass in Fällen, wo von verschiedenen Pachtverhältnissen die Rede ist, φόροc eventuell die generelle Bezeichnung für „Zins" sein könnte, unabhängig von der Zahlweise in Geld oder Naturalien. Besonders könnte dies gelten, wenn der Plural φόροι/φόρων verwendet wird. Unten scheint es aber doch deutlich zu werden, dass zumindest in der Terminologie unserer Rolle dem Paar φόροc/ἐκφόριον eine klar definierte Rolle zukommt.

(ähnlich in Kol. XXV 6–7).[35] Auch in Kol. XXV 6 ist von φόροc ἐπιγραφῆc die Rede.

In dieselbe Richtung weist der Umstand, dass bei der Nennung der Anrainer von Land, dessen Verpachtung Gegenstand der Rolle ist, nicht nur die üblichen Termini wie ἰδιωτική, βαcιλική und δημοcία verwendet werden, sondern auch von Land ἐν μιcθ(ώcει)[36] und Land ἐν ἐκφο(ρίῳ)[37] die Rede ist. Da in unserer Rolle das Wort μίcθωcιc sowohl für Verpachtungen nach einem Pachtangebot, als auch für die Pacht durch Epigraphe verwendet wird (s. oben S. 13), sollte all dies verpachtete Land zum Land ἐν μιcθ(ώcει) gehören. Wenn dieses Land dem Land ἐν ἐκφο(ρίῳ) gegenübergestellt wird, scheint auch das zu zeigen, dass bei unseren Verpachtungen nicht ἐκφόριον gezahlt wurde, sondern φόροc.[38]

Wenn nun das verpachtete Land, das Gegenstand unserer Rolle und damit Gegenstand der Episkepsis ist, mit der Wendung Land ἐν μιcθ(ώcει) bezeichnet werden kann, dann sollte natürlich für das Land ἐν ἐκφο(ρίῳ) auch gelten, dass es nicht Gegenstand der Episkepsis ist. Dass das zutrifft, zeigen in der Rolle Eintragungen, die Brachland betreffen, für die man ἐκφόριον zahlte, und die tatsächlich nicht Gegenstand der Episkepsis waren.[39]

Für die Wendung (γῆ) ἐν ἐκφορίοιc oder (γῆ) ἐν ἐκφορίῳ (ἐκφόριον ist meist nicht ausgeschrieben) gibt es in Papyri offiziellen Charakters nicht viele Belege. Sie stammen bisher aus der Zeit von 80 bis 219/20 n.Chr. Die

---

[35] Dieser Beleg beweist freilich nichts, da es hier eindeutig um Weideland geht, für das grundsätzlich Geld bezahlt wird, so dass der Gebrauch von φόροc der allgemeinen Regel entspräche.

[36] Kol. XXXIII 11, XLV 12, L 3, LI 20.

[37] Kol. XXXIV 16.23, XXXVI 12, L 10. Vgl. auch XXXVII 11, XLIV 14.

[38] In diesen Zusammenhang gehört vielleicht auch die Erwähnung von Phoroszahlungen in P.Bub. I 1 Kol. V 10–11 (nach 224 n.Chr.): [θεοῦ C]εουήρου ὅρον δεδωκ[ότοc – – – γ]ῆν ὑπὲ[ρ] ṭαύτηc τελεῖν [τὸν πρ]ό`τερον´ χορηγηθέντα φόρ̣[ον. Der Passus findet sich in einem Schreiben des Dioiketen Claudius Severianus an Strategen verschiedener Gaue und scheint in irgendeinem Zusammenhang mit zuvor erwähnter ὑπόλογοc und ἐωνημένη ἔτι τε ⟦[καὶ]⟧ ἐξωμολογημένη (Z. 7–8) zu stehen (s. dazu unten zu Kol. XLVII 5).

[39] Ein schöner Beleg dafür ist Kol. XLVI 1–14. Aus dem dort abgehandelten Areal werden kleine Teilflächen durch Teilzuschreibung verpachtet. Das Gesamtareal umfasste aber mehr als 36 Aruren. Das erfährt man dort, wo die Grenzen des in Rede stehenden Gesamtareals angegeben werden (Z. 10–11): γί(τονεc) ὅλων (ἀρουρῶν) λϛLd$\overline{\text{ηλβρκη}}$ ἐδαφῶν τῶν ἀναπεπ(αυμένων) αὐ(τῶν) ἐν ἐκφ(ορίῳ) ὄντων. Das Gesamtareal bestand also überwiegend aus Brachland, ἀναπεπαυμένη. Nur ein Teil des Areals war Gegenstand der Episkepsis. Die ἀναπεπαυμένα ἐδάφη waren ebenfalls verpachtet, aber ἐν ἐκφ(ορίῳ) und damit von der Episkepsis ausgenommen. Sie werden, wie in solchen Fällen üblich, ganz regulär der Viehwirtschaft gedient haben, und waren damit offenbar kein der Episkepsis unterworfenes Problemland.

neuen Belege sind damit die spätesten. Die folgende Liste beschränkt sich auf amtliche Dokumente.[40] Sie stammen vor allem aus dem Arsinoites und dem Delta, aber auch aus dem Hermopolites.

P.Congr. XV 15, 47	80	Karanis	ἐδαφῶν ἐν ἐκφορίοιc λογιζο(μένων) καὶ ἄλλων ἐν ἰδιωτικοῖc
Chang, Dossier = P.Strasb. 901 Kol. 28, 20	99/100	Hermopolites	π̣α̣ρ̣α̣δ̣(είcου) ἐν ἐκφο(ρίοιc) ἀνειλ( ) ἀπὸ ὑπ(ολόγου)
Chang, Dossier = P.Strasb. 901 Kol. 36, 21	99/100	Hermopolites	ἀπὸ βαc̣ι̣λ(ικῆc) τ̣ῆc ἐν ἐκ(φορίοιc)
P.Worp 19, 13–14	144/5	Mendesios	δη]μ̣όcιον ἔδα̣φοc ἐν [ἐκ]|φορίοιc
P.Berl.Leihg. 1, 1 r I 22	165	Theadelphia	ἱερ(ατικῶν) ἐν ἐ̣κφο(ρίῳ̣)
P.Berl.Leihg. 1, 1 r III 1	165	Theadelphia	ἱερατικ(ῶν) ἐν ἐκφο(ρίῳ̣)
P.Berl.Leihg. 1, 5 I 10	158/9	Theadelphia	ἱερατικ(ῶν) τῶν ἐν ἐκφο(ρίῳ̣)
P.Berl.Leihg. 1, 5 I 15	158/9	Theadelphia	ἱερατικῶν τῶν ἐν ἐκφο(ρίῳ̣)
P.Bouriant 42,[41] 6–7	167	Hiera Nesos	ἱ[ε]ρ̣[ᾶc], βαcιλ(ικῆc) γῆc κα̣ὶ̣ τῆc ἄλ<λ>ηc ἐν ἐκφορί(οιc) c[ὺ]ν ἱερατικῆc καὶ Φιλοδαμιανῆc οὐc(ίαc)
P.Bouriant 42, 29–30	167	Hiera Nesos	βαcιλ(ικῆc) γῆc̣ καὶ τῆc ἄλληc ἐν ἐκφο(ρίοιc)
P.Bouriant 42, 40	167	Hiera Nesos	βαcιλ(ικῆc) γῆc καὶ ἄλλη(c) ἐν ἐκφο(ρίοιc)
P.Bouriant 42, 47–48	167	Hiera Nesos	βαcιλ(ικῆc) γῆc cὺν τοῖc ἄλλοι(c) τῆc ἐν ἐκφο(ρίοιc) cὺν ἱερατικῆc (sc. ἐδάφεcι)
P.Bourian 42, 163–166	167	Hiera Nesos	βαcιλ(ικῆc) γῆc καὶ τῆc αὐτῆc (lies ἄλληc?) ἐν ἐκφορίοιc cὺν ἱερατικῆc καὶ Φιλοδαμιανῆc οὐc(ίαc)
P.Petaus 126, 70	184	Arsinoites	[ἱερ]α̣τικῶν τῶν ἐ̣ν̣ ἐ̣κ̣φ[ο](ρίοιc)
P.Petaus 126, 97	184	Arsinoites	ἱερα(τικῶν) τῶν ἐν ἐκφο(ρίοιc)
P.Petaus 126, 86	184	Arsinoites	βαcιλ(ικῆc) γῆc καὶ τῆc ἄλληc τῆc ἐν ἐκφο(ρίοιc)
P.Petaus 44, 37	185	Arsinoites	ἱερατικῶν τῶν ἐν ἐκφο(ρίοιc)
P.Ryl. II 208, 16	2. Jh.	—	βαcιλ(ικῆc) γῆc καὶ τῆc ἄλλη[c τῆc ἐν ἐκφο(ρίοιc)] (BL VI 123)
P.Tebt. II 344, 10	2. Jh.	Tebtynis	] ἐν ἐκφο(ρίῳ̣) οὖcαν

[40] Ein Beleg in einer privaten Urkunde wäre P. Lond. II 163, 10 (S. 182; Arsinoites, 88 n.Chr.).

[41] Vgl. P.Bouriant, S. 155.

P.Tebt. II 453 v 3	2.Jh.	Kerkesis	ἱερ(ᾶς) ἐν̣ ἐ̣κ̣φο(ρίῳ)
Stud.Pal. X 113 II 21	2. Jh.	Arsinoites	ἱερ(ᾶς) ἐν ἐκφ(ορίῳ) (BL VI 195)
P.Dubl. 13, 6.13	Ende 2. Jh.	Arsinoites	ἱερᾶς ἐν ἐκφορίοις
Stud.Pal. XVII 11.322. 329.377	2./3.Jh.	Thmouis	ἱερὰ ἐν ἐκφορίῳ
P.Ryl. II 426 descr.	2./3. Jh.	Thmouis	κ]αὶ ἐν ἐκφο(ρίῳ) δημο(σίας) γῆς
SB XXVI 16414, 7	219/20	Bakchias	βασιλ(ικῆς) γῆς καὶ τῆς ἄλ(λης) τῆς ἐν ἐκφο(ρίοις) σὺ̣ν̣ ἱ̣ε̣ρ̣α̣(τικῆς) καὶ Φι<λο>δ(αμιανῆς) οὐσί(ας)

Zu den Pächtern im zweiten Teil der Rolle

Aufgrund des fragmentarischen Erhaltungszustandes der Rolle ergibt sich natürlich nur in eingeschränkter Weise ein Bild von der Situation der Staatsschuldner und Pächter in diesem Dorf. Einige Beobachtungen lassen sich aber machen. Es ist natürlich keine Überraschung, dass die Gruppe der Staatsschuldner und die der Pächter klar geschieden ist. Dass eine Person in beiden Gruppen aufscheint, ist unwahrscheinlich und lässt sich auch nicht belegen.

Bei Pächtern, die mehr als einmal belegt sind, kommt es nicht selten vor, dass von ein und derselben Person Grundstücke sowohl auf Grund eines Pachtangebots als auch nach Zuschreibung (Epigraphe) gepachtet werden.

Interessant und nicht selten ist der Fall, dass sich unter den Pachten eines Pächters auch eine befindet, die als vormalig bezeichnet wird, indem der Name des Pächters mit πρότερον eingeführt wird. Diese Pachten sind also abgelaufen, während andere unter demselben Namen weiterbestehen. Nur in zwei Fällen ist dem Namen eines Pächters πρότερον immer beigeschrieben: bei Sarap(ion), S. d. Monaimos: Kol. XXVIII 20, XXX 10, und Sarapion, S. d. Dioskoros: Kol. XXV 5, XXX 6.

Bei manchen Pachten sind das Jahr des Pachtantritts und die Pachtdauer (in der Regel fünf Jahre, nie mehr) angegeben. Fast immer handelt es sich dabei um Pachten nach Pachtangebot. Es gibt aber auch vereinzelt Belege solcher zeitlich fixierter Pachten bei den Pachten durch Zuschreibung (s. zu Kol. XLII 8–13). Diese zeitlich fixierten Pachten sind fast alle abgelaufen. Nie ist zu erkennen, dass ein Pächter ein Grundstück nach dem Ablauf der Pacht weiter bearbeitet hätte. Dass solche Pachtverhältnisse unter Zwang fortgeführt wurden, ist unwahrscheinlich, da man auch sonst zeitlich beschränkte Pachtverträge nicht zwangsweise verlängert hat.[42] Die zeitlich begrenzten Pachten sind in der Minderheit. Der Antritt solch zeitlich befristeter Pachten ist in der Rolle für die Zeit des Septimius Severus, des Caracalla und des Elagabal belegt. Für die Zeit des Severus Alexander gibt es keine ganz sicheren Belege (s. zu Kol. XIX 14 und XXXIII 8, LI 8).

Die folgende Liste nennt Personen, deren Name mehr als einmal in einem Kontext erhalten ist, der Aussagen, wie sie zuvor versucht worden sind, ermöglicht. Bei den Pächtern bedeutet der Zusatz „Onoma", dass die Pacht auf Grund einer Zuschreibung (Epigraphe) vergeben worden ist. Der Zusatz ὑπό bezeichnet Pachten nach Pachtangebot.

Staatsschuldner, die als solche sicher zu erkennen sind und mehr als einmal genannt werden

Δημήτριος S. d. Agathokles Kol. XXX 14, XXXII [2].8.9
Δίδυμος S. d. Tichon Kol. XXXII 1.5.6.7.10.12.14. 15.17.18, XXXV 4.7.9.11
Ζηναρίων S. d. Epimachos Kol. XXIX 4, XXX 17?, XXXII 2.[22]–23, XXXV 19
Οὐαλέριος Μάρκελλος Kol. XXVI 11–[12], XXXIII 14.19, XXXIV 19–[20], XXXVI 10, XL 4.16.21 (Nachbar an allen drei Stellen), XLII 8.15.20, [ ] Μάρκελλος XXVI 23
οἱ περὶ Μάρκελλον Kol. XLV 6, XLVIII 8, XLIX 4, L 15
Οὐαλέριος Φλάκκος Kol. XLIX 17, L 1 (?).5.12 (Nachbar)
Πααθρῆς S. d. Petosiris Kol. XXXI 13 (vgl. Z. 4), XLIV 4
Πετοσῖρις (-σεῖρις) S. d. Harphaesis Kol. XL 12.14
Φάσεις S. d. Phthiaus Kol. XLV 21, XLVI 4.7

Mehrfach erwähnte Pächter ohne den Vermerk πρότερον

Ἁρμάϊς alias Κουκ( ) Kol. XXVII 2, XLIII 20, XLVIII 10
Ἁρμιῦσις S. d. Isidoros Kol. XXVI 24, XLI 13 (Onoma)
Ἀρτεμ(ᾶς) alias Serenos Kol. XXVII 9 (Onoma), XXX 7 (Onoma). 11 (ὑπό), XXXV 7 (Onoma)

[42] In diesem Sinn Th. Kruse, Der Königliche Schreiber I, S. 566–567 gegen J. Herrmann, Staatspacht (Kleine Schriften, S. 208). Vgl. dazu auch das Rescript Handrians, das sich in Dig. XLIX 14, 3 6 erhalten hat: *cum quinquennium, in quo quis pro publico conductore se obligavit, excessit, sequentis temporis nomine non tenetur: idque principalibus rescriptis exprimitur. divus etiam Hadrianus in haec verba rescripsit: „valde inhumanus mos est iste, quo retinentur conductores vectigalium publicorum et agrorum, si tantidem locari non possint. nam et facilius invenientur conductores, si scierint fore ut, si peracto lustro discedere voluerint, non teneantur."*

Βαcιλείδηc S. d. Basileides Kol. XXXV 5 (Onoma). 9–10 (Onoma?)
Βηcαρίων S. d. Tithoeous Kol. XXXII 11, XXXVII 5 (Onoma), L 18 Anm.
Διόcκοροc S. d. Didymos Kol. XXXV 14 (ὑπό), XLIII 14?, XLIV 8 (Onoma), XLIX 10
Διόcκοροc S. d. Psammetichos Kol. XLII 4 (ὑπό). 23 (Onoma), XLIII 11? (Onoma), XLVI 16 (Onoma)
Διόcκοροc alias Psyllos Kol. XXIX 8 (Onoma), XXXII 8.13 (Onoma), XXXV 15, XLI 12
Διοcκοροῦc T. (?) d. Sarap(ion) Kol. XXX 3?, XXXIII 15.21 (ὑπό)
Ἰcχυρίων S. d. Nisth Kol. XXVII 6 (ὑπό), XXXVII 16 (Onoma)
Λεοντᾶc S. d. Ischyrion Kol. XXXV 8 (Onoma), XLI 19
Μιῦcιc S. d. Archebis Kol. XLI 18 Anm., XLVIII 4.16 (Onoma), L 9 (Onoma)
Νοφορῶc „der Jüngere", S. d. Protâs Kol. XXXV 12 (ὑπό), XLIV 10 (Onoma)
Νοφορῶc S. d. Sambathion Kol. XL 11 (Onoma). 23 (Onoma)
Παντβ(ωοῦc) S. d. Nisth Kol. XXX 5 (Onoma), XXXIII 4, XLI 15 (Onoma)
Φαβοῦλ(os) S. d. Apollo( ) Kol. XXXVI 11 (ὑπό). 14 (ὑπό). 19 (ὑπό), XLV 10 (Onoma)
Φθιάυc S. d. Leontâs Kol. XXXVI 20 (Onoma), XLIV 12 (Onoma)

Mehrfach erwähnte Pächter, bei denen zumindest eine Pacht als abgelaufen bezeichnet ist

Λάκων S. d. Nemesâs Kol. XVIII 9 (Nachbar), XXVIII 19 (ὑπό), XXIX 12 (πρότερον), XXX 4.16, XLVI 21 (Onoma)
Παθερμοῦθιc S. d. Isidoros Kol. XXXV 10, XXXVI 22 (πρότερον), XL 7 (Onoma)
πρεcβ(ύτεροι) aus Phano( ) Kol. XXIX 10; XL 15 (πρότερον), XLV 1 (πρότερον), XLVII 21 (πρότερον), L 6.16, LI 2 (πρότερον)
Cαραπ(ίων) S. d. Basileides Kol. XXXVIII 21 (ὑπό), XLII 2 (πρότερον)
Cαραπίων S. d. Dioskoros Kol. XXV 5 (πρότερον), XXX 6 (πρότερον)
Cαραπ(ίων) S. d. Monaimos Kol. XXVIII 20 (πρότερον), XXX 10 (πρότερον)
Cαραπ(ίων) S. d. Pathermuthis/Patermuthis Kol. XXXIII 20 Anm. (ὑπό), XXXIV 20 (ὑπό), XLIII 2 (ὑπό). 19 (πρότερον), XLVI 11 (Nachbar)
Cαραπ(ίων) S. d. Sarap(ion) Kol. XXXI 6 (Onoma), XXXIII 16 (πρότερον)
Cερῆνοc S. d. Kolluthos Kol. XXXI 7 (ὑπό), XLII 9, XLIII 15 (πρότερον)
Ψόιc S. d. Isidoros Kol. XXX 18 (πρότερον), XXXIV 13 (ὑπό), XLVIII 9 (ὑπό)

Einige Beobachtungen zur Episkepsis von staatlich verwalteten Immobilien im 2. und 3. Jahrhundert n.Chr.

Die Episkepseis erfolgten nach Ablauf eines Lustrums (πενταετία). P.Pher. betraf das Lustrum der Jahre 191/2 (32. Jahr des Commodus) bis 195/6 (4.

Jahr des Septimius Severus),[43] — das sind fünf Jahre bei inklusiver Zählung —, in P.Bub. III 6 ist dies der Zeitraum von 226/7 bis 230/1. Das sind wieder fünf Jahre bei inklusiver Zählung. Das darauf folgende Lustrum hat im ersten Fall mit dem Jahr 196/7 (5. Jahr des Septimius Severus) und in unserem Fall mit dem Jahr 231/2 (11. Jahr des Severus Alexander) begonnen. Dementsprechend fällt die Schlussredaktion unserer Rolle in das 11. Jahr (Kol. XXV 19 und LIII). Entsprechendes muss für P.Pher. gegolten haben.

Damit lässt sich die Abfolge der Lustren zwischen dem durch P.Pher. belegten und dem unseren in folgender Weise darstellen:

191/2 – 195/6
196/7 – 200/1
201/2 – 205/6
206/7 – 210/1
211/2 – 215/6
216/7 – 220/1
221/2 – 225/6

Es zeigt sich also, dass die Lustren zwischen den Jahren 191/2 und 225/6 trotz der Regierungswechsel bruchlos weiterliefen.

Vielleicht darf man diese Zählung der Lustren auch schon auf P.Thmouis 1, Kol. 68–160 anwenden. Dieser Papyrus bezieht sich auf eine Vorlage, die im Jahr 170/1 entstanden ist. Das wäre, wenn man die Abfolge der Lustren so weit in die Vergangenheit verlängert darf, das erste Jahr des neuen Lustrums und somit unserer Rolle und der von P.Pher. vergleichbar, die beide auch in das erste Jahr eines neuen Lustrums datieren. Belege für das Lustrum sind jedenfalls für die 80iger Jahre vorhanden. Denn in P.Petaus 13 und 14 (184/5) meldet der Dorfschreiber dem Strategen anlässlich eines Kaufangebots von konfiszierten Gebäuden bzw. Grundstücken, dass es von diesen Immobilien im laufenden Quinquennium keine Einkünfte gab, da sie ertraglos sind: ἐξ ὧν μη⟦δὲν⟧ περιγείνεcθαι τῇ ἀνὰ χεῖρα (πενταετίᾳ) διὰ τὸ εἶναι ἄφορα (P.Petaus 14, 30–31; ähnlich 13, 21–24).

Die beschriebenen Episkepseis nach dem Ende eines Lustrums sind also keine Neuerung der Severerzeit, wie allein schon P.Pher. zeigt. Prokuratoren, deren Tätigkeitsbereich mit πρὸc ταῖc ἐπιcκέψεcι umschrieben ist, sind aber nach wie vor erst ab Septimius Severus belegt. Der früheste uns

[43] P.Pher., S. 5–6.

bekannte ist Alphenus Apollinarius. Er ist nun auch in Kol. XXXIV 5 erwähnt.[44]

Dass die Bemühungen um dieses Problemland durch Entscheide der Kaiser gelenkt wurden, steht außer Frage. Oben (S. 25, Anm. 42) wurde bereits für der Begrenzung der Pachtzeit auf fünf Jahre, die bei den zeitlich fixierten Pachten überall in der Rolle beachtet ist, auf ein Reskript Hadrians hingewiesen, das sich in den Digesten XLIX 14, 3, 6 erhalten hat. In Kol. XLVII 6f. könnte, wenn man so ergänzen darf, auf einen Καιϲ̣[άρ]ω̣ν λόγοϲ ϲυγ[κρίϲε]ω̣ν̣ verwiesen zu sein. An anderen Stellen steht bei zumeist zeitlich befristeten Verpachtungen präzisierend nach der Zahl der verpachteten Aruren αἵπερ πρὸϲ μ(έροϲ) ἐλογ(ίϲθηϲαν) κατὰ τὴν διάταξιν, womit wieder auf einen kaiserlichen Entscheid verwiesen sein wird (Kol. XXXIII 7–8.9–10, XXXV 6–7, XLIII 21, XLIX 12–13).

[44] Vgl. unten zu Kol. XXXIV 5. A. Stein, Ἐπίϲκεψιϲ, in: Charisteria. Alois Rzach zum achtzigsten Geburtstag dargebracht, Reichenberg 1930, S. 176ff.; G.M. Parassoglou, Imperial Estates (ASP 18), 1978, 87f.; J.D. Thomas, The epistrategus II, S. 172.

Der erste Teil der Rolle

Kol. I

- -

] *vacat (sovrapposto von drei Zeilen)*

] .ọτ̣ . . . .( ) Δωρί̣(ωνος)

2] .οφ . . . .( ) βο[ρ]ρ(ᾶ̣) . .

ἐπ(εσκέφθη)] *ὁ̣μ(οίως)*

4 γ]ί(τονες) ν̣[ό]τῳ̣ ὑπόλ(ογος) β[ορ]ρ(ᾶ̣)

] ἀπηλ(ιώτῃ) ὑπόλ(ογος) [

6] *ἐπ(εσκέφθη) ὁμ(οίως)*

] .

- -

1 Offenbar Δωρί̣(ων). Der Name auch in Fr. 3, 3, Fr. 4, 10 und Fr. 6, 2(?). Davor]ν̣ό̣τ(ῳ̣)?

Über der ersten Zeile befand sich ein etwas größerer Freiraum. Im verlorenen Teil muss, wie das Folgende zeigt, ὧν gestanden haben. Vgl. z.B. den Aufbau von Kol. XV. Die Zeilenenden sind durch ein Fragment, das auf dem Papyrus liegt, verdeckt.

2 Wohl nicht] Ν̣οφο̣(ρῶς)? Zur Schreibung von βο[ρ]ρ(ᾶ̣) vgl. z.B. Kol. VIII 12; X 1.5.

3 Zur Auflösung von ἐπ( ) zu ἐπ(εσκέφθη) vgl. P.Pher. passim mit den Bemerkungen auf S. 11, ferner die entsprechenden Vermerke (ebenfalls von anderer Hand) in Stud.Pal. XVII, S. 13–19 passim (Thmouis), in Z. 349 ebenfalls mit ὁμοίως: [ἐπ(εσκέφθησαν) ἀ]β̣(ρόχου) ὁμ(οίως). Ebenso in P.Ryl. II 426, Fr. 4 (Thmouis, verkohlt) ἐ̣π(εσκέφθησαν) ἀβρ(όχου) (ἄρουραι) εἴκοσι ὀ̣[κτώ.

Kol. II

Ein kleines Bruchstück, das vielleicht hierher gehört und auf der Tafel zu sehen ist, ist nicht berücksichtigt.

– –

ε.[
. . .( ).[
ἐ̣κ̣φο̅ . .οκ̣ [
(ἄρ.) ν̣. . [
ἀν(ὰ) κ̣δ̣// (ἄρ.) ρ̣κ̣[
(ἄρ.) ρβ̣Lις̅ [
(ἄρ.) ρ . .[
[.]. . . .[

– –

3 Wohl ἐ̣κ̣φό(ριον) — zur Form des Epsilon vgl. z.B. das Epsilon in Ἀρτεμο( ) Kol. III 6 — und nicht Ν̣οφο(ρῶς).

6f. Ungewöhnlich sind die großen Flächen. Entsprechendes aber auch in Kol. XLIII 13, XLVII 22, L 7.16 und LII 21.

Kol. III

\- -

]. . . [
]. [. . β]ορρ(ᾶ) [. . . . . .]δι Ἰσιδώρ(ου)
] [ ]. . . . .
]. . . . . .ιο( ) ἀ̣π̣[η]λ(ιώτη) βασι(λική)
] . .

]. β̣( ) τῆς κα̣ὶ̣ Ἀρτεμο(ῦς) Ψύλλο(υ)
Π]ερικλ(έους) Ἑρμιόνη[ς] τῆς καὶ Φ̣ιλοῦτ(ος)
Μ]υρτίλ(ου) οὐςί(α) εφ( ) ν̣. ( ) ακ̣. . [ ].
] *ἐπ(εςκέφθη) ὁμ(οίως)*

]. ν̣ό̣τ̣ῳ̣ Βρίθω[νος]. . .
]. . λ̣( ) . ιε . . . [
ἀπ]η̣λ(ιώτῃ) βασιλ(ικῇ) . . [ ]ξδ̣. [
]ρ̣ Ἀπίω(ν) καὶ [ ]. [
] [

]. . (ἄρ.) β̣. [
]. α[
]ι̣ω̣[

\- -

6 Für den Namen Ἀρτεμώ gibt es in den Papyri bisher nur Belege aus der Ptolemäerzeit.

8 Der Name Μυρτῖλος ist in den Papyri selten. Eine οὐςία dieses Namens ist nicht bekannt. In der Rolle wird sie dagegen häufig erwähnt. Wahrscheinlich ist auch die Stellen, an denen Μ( ) οὐςί(α) steht, mit Μ(υρτίλου) οὐςί(α) aufzulösen. Da der Name Myrtilos überhaupt selten ist, scheint es nicht ganz sinnlos zu sein, nach Zeitgenossen, die diesen Namen trugen, Ausschau zu halten. Es scheint sich nichts Überzeugendes zu ergeben. Zu nennen wäre allenfalls ein Myrtilus, der in den Deipnosophistai des Athenaios am Gastmahl des reichen Römers Larensis teilnimmt. Da Athenaios aus Naukratis stammt, sein Werk in der Zeit unserer Rolle schrieb und außerdem angenommen werden kann, dass hinter dem Myrtilus des Athe-

naios eine historische Person steht (R. Hanslik, Myrtilos 7, RE XVI 1, Sp. 1166), wäre es vielleicht nicht ganz ausgeschlossen, wenn auch wenig wahrscheinlich, dass dieser hier gemeint ist.

εφ( )? Auch in Kol. XII 10?

15 Am ehesten wohl ἀν(ὰ)] η̣).

16]β̣α[σιλ(ικῆ) oder]κ̣α[ί?

Kol. IV

\- -

]
].c̣
]. . . μ̣ι̣c̣θ(ωc)
]ιωνο(c) (ἀρ.?)
]. . ε̣κ . . .
]. . .
?ἐν μ]ιcθ(ώcει) ὧν
]
]
].α ὁμοίωc cι̣( )
]. . .( ) ἀπ̣ὸ Β̣ουβ(άcτου)
].αcι.( ) . . .λ( ) ὑπόλ(ογοc)
] ὧν
]
] *Spuren* [
]. (ἄρ.) κεS [

\- -

7 Das Ny von ὧν wird von der Unterlänge eines Buchstaben aus der Zeile darüber durchschnitten.

10 Man könnte erwägen, zu [καθ' ἑαυ]τ̣ὰ ὁμοίωc zu ergänzen (vgl. zu Kol. LII 16). Dagegen spricht aber das Spatium vor dem Alpha. Die Abkürzung cι( ) — vielleicht für cι(τική) oder cι(τοφόροc) — findet sich auch sonst in der Rolle (Kol. XL 5, LI 7.23).

12]β̣αcιλ̣(ική) scheint nicht zu lesen zu sein, danach vielleicht ἀ̣π̣η̣λ(ιώτῃ).

Kol. V

Auf dem Fragment, das Kol. VI enthält, sieht man vor dem Interkolumnium noch geringe Reste von Zeilenenden, die — eine korrekte Kolumnenfolge vorausgesetzt — zu Kol. V gehören. Sie sind hier nicht berücksichtigt.

– –

Tinte [
[ ] . ε̣[
Tintenspuren [
[. . . .]ι̣ δι̣ .[
vacat [
Reste [
. . Θέωṇ[
. . [.] . . . . [
sovrapposto [
[ ] . . . . [
[ ] . . . . [
[ ] . . . [

– –

9 Auf dem aufgeklebten Fragment sieht man ἀ]πὸ (ἀρουρῶν) ιδ̣[. Danach noch Reste von etwa drei Buchstaben.

Kol. VI

In ihrer Schrift unterscheidet sich diese von den vorausgehenden Kolumnen. Ab Z. 12 folgt eine Fragment, das offenbar hierher gehört, da sich auf ihm die Aufzählung der Parzellen fortsetzt.

- -

	. . [.] . [		
2	. . . . cι( ) . [		
	μ . . . . . θ . [		] *Spuren* [
4	*vacat* [		] *vacat* [
	ᾱ̣ τόπ(οc) (ἄρ.) ιβ[		] γί(τονεc) νό[τῳ
6	βορρ(ᾶ̣) γύηc λι(βὶ) . [		μ]ητρο̣πό̣λ̣[ε]ω̣[c
	vacat [		] *vacat* [
	β/ τόπ(οc) α . [	ἀ[ν(ὰ)	]κδ λ̣ . . [
8	Δια̣[		] (ἄρ.) ιδ . [
	γί(τονεc) ὅλω̣[ν (ἀρ.)		] (ἄρ.) ιδd̄ . [
10	π . υ̣[		] . δο . [
	λι(βὶ) κλ( ) Π[		]‾ [

- -

12 *vacat*
/ c . [
14 π[
(ἄρ.) δ̣S/ [
16 γ τόπ(οc) ἀπο . [
(ἄρ.?) ε γί(τονεc) [
18 προου . [
Φανο̣μ̣[
20 Πρίcκου̣[
γῆ λιβ[ὶ
22 *vacat* [

- -

5 ᾱ̣ τόπ(οc), darauf folgt in Z. 7 und 16 der zweite und dritte Topos. Das Alpha ist also sicher. Die Topoi werden auch sonst durchgezählt (vgl. vor allem Kol. XI 13.16, XXI 8.11, XXIII 6.10, XL 2.7.11.18). Das Wort τόπ(οc) wird aber nicht immer gleich geschrieben:

Neben ἄλ(λοc) τόπ(οc) in Kol. XIII 3.5.8

steht α τόπ(οc) und β τόπ(οc) in Kol. XI 13.16 mit einem „Gabel"-Tau:

 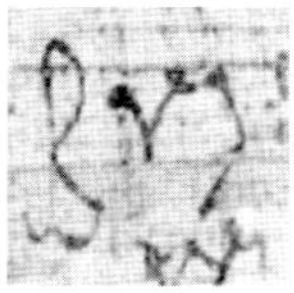

Dass hier immer τόπ(οc) gemeint ist und nicht etwa in Kol. XI 13.16 κοί(τη) zu lesen ist, wie ich zuerst dachte, geht aus Kol. XL 2.7.11.18 hervor, wo die Topoi von 1 bis 4 durchgezählt werden und beide Schreibungen vorkommen, worauf mich D. Hagedorn aufmerksam gemacht hat.

Kol. XL 2.7.11.18 ᾱ τόπ(οc), β̣̄ τόπ(οc), γ̄ τόπ(οc), δ̄ τόπ(οc):

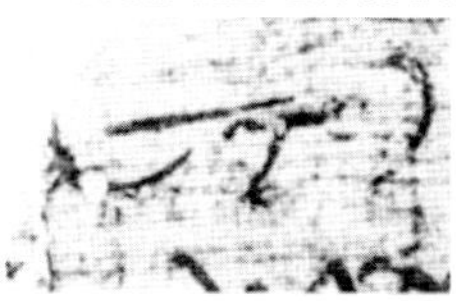  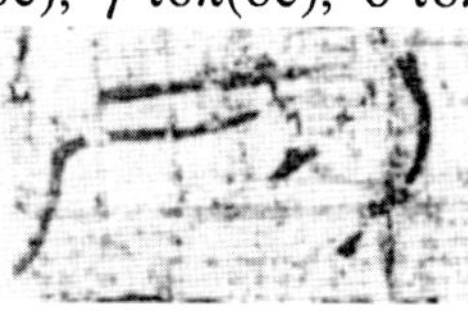 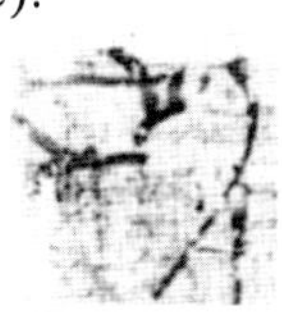

6 An einer Reihe von Stellen wird als Begrenzung einer Ackerfläche ein γύηc erwähnt. Was man sich darunter genau vorzustellen hat, ist nicht vollständig geklärt (s. vor allem D. Bonneau, Le régime administratif de l'eau du Nil, Leiden 1993, S. 48–49). Denn mit γύηc oder γύοc kann in den Papyri eine landwirtschaftlich genutzte Fläche bezeichnet sein oder aber die Begrenzung einer solchen. Damit entspricht dieser Sprachgebrauch dem von περίχωμα, das sowohl einen Damm als auch das von diesem umschlossene Feld bezeichnet (C. Gallazzi, ZPE 31, 1978, 94). Wie bei περίχωμα ist auch bei γύηc ein Bezug zum Bewässerungssystem offenkundig. Die als γύαι bezeichneten Flächen sind aber auch Einheiten des Katasters. Das zeigen die Texte, in denen γύαι als Ordnungsmerkmale des Katasters mit einer Nummer versehen zitiert werden. Aus diesem Grund werden die in unserer Rolle genannten γύαι mit „Katastergrenze" übersetzt. Das Wort setzt keine konkrete Vorstellung vom Aussehen einer solchen Grenze voraus. Eine solche Grenze konnte am Rande eines Kanals verlaufen, wobei der Kanal selbst nicht mit dem γύηc zusammenfiel, sondern vor oder hinter dem γύηc verlief, auch eine Wasserrinne konnte mit γύηc bezeichnet werden, ebenso ein Damm. Im Arsinoites findet man bei den Anrainerangaben, die das Wort γύηc benutzen, Wendungen wie γύηc δημόcιοc μεθ' ὅν ἐcτιν διῶρυξ (P.

Fam.Tebt 23, 10 = P.Hamb. I 62) oder umgekehrt διῶρυξ μεθ' ἣν γύης (P.Congr. XV 15, 33) oder einfach nur διῶρυξ καὶ γύης (P.Congr. XV 15 II 22) oder γύης δημόcι<ο>c κα[ὶ] διôρυξ (P.Mich. V 272, 5).[1] So auch schon in ptolemäischer Zeit γύης [. . . .]ικος καὶ [ὑ]δραγωγός in P.Tebt. I 240 (Anfang 1. Jh. v.Chr.). Das zeigt zumindest, dass sich solche Katastergrenzen an Wasserläufen orientierten. Γύης in Gestalt einer Wasserrinne setzt die Wendung διῶρυξ μεθ' (ἣν) γύη[c ἄ]νυδρ(οc) in P.Oxy. VI 918 II 10 (Arsinoites; 2. Jh.) voraus. Die Einheit von χῶμα und γύης drückt hingegen die Formulierung βωλοκο(ποῦcι) ὁμοίω(c) τὸ χῶμα τοῦ γύου τῶν αὐτῶν ἀρουρῶν in SB VIII 9699, 231f. = P.Lond. I 131 (S. 176; 79 n.Chr.) aus.

Es fällt auf, dass die γύαι in unserer Rolle eine ganz bestimmte Ausrichtung aufweisen. Sie liegen immer im Süden oder Norden der in Rede stehenden Fläche und nie im Osten oder Westen. Die Ost-West-Erstreckung der γύαι tritt so deutlich zu Tage, dass man annehmen darf, dass sie ganz allgemein galt. Dazu stimmt, dass auch die Papyri des Niltals diese vorherrschende Ost-West-Ausrichtung der γύαι zeigen. Denn auch aus dem Oxyrhynchites, Hermopolites und Herakleopolites sind bisher nur γύαι belegt, die entweder im Norden oder im Süden an ein gegebenes Grundstück grenzen.[2] Die einzige Ausnahme bilden zwei oxyrhynchitische Papyri, wo der γύης im Südosten verläuft.[3] Anders ist es hingegen im Arsinoites, wo die γύαι keine vorherrschende Ausrichtung zeigen, was mit den in dieser Oase ganz anders gelagerten Bewässerungsverhältnissen zusammenhängen wird.[4] Im Niltal scheinen hingegen die γύαι generell quer zum Verlauf des Flusses

---

[1] Die Bezeichnung eines γύης als γύης δημόcιος findet sich nur in Tebtynis, neben den beiden genannten Stellen auch in P.Mich. II 121 Recto II ii 2.

[2] Oxyrhynchites: P.Dubl. 3, 14 (14/15), P.NYU II 16, 11 (1. Jh.v./1. Jh.n.Chr.); P.Oxy. II 373 descr. (79/80); P.Oxy. X 1279, 12 (139); P.Oxy. XVII 2134, 17 (170); P.Oxy. LXII 4337, 12 (178); PSI XV 1533, 18 (1. H. 3. Jh.); P.Oxy. LI 3638, 12 (220); P.Oxy. XIV 1636, 14 (249); PSI XV 1533, 17.18 (1. H. 3. Jh.) — Hermopolites: BGU VI 1221, 12 (2. Jh. v.); PSI V 448, 21 (85/102); CPR XVII a 17 a, 3 (321). — Herakleopolites: P.Ryl. II 87, 7 (1. Viertel d. 3. Jh.) — Herkunft unbekannt: P.Köln IV 194, 3 (Osten). 7 (Süden) (1. Jh. n.); P.Fuad. Univ. 21, 11 (Süden; 253/60).

[3] P.Oxy. LII 3690, 11 (139); P.Oxy. XII 1537, 15 (Mitte 3. Jh.?).

[4] Norden: P.Iand. VII 134, 11 (83 v.Chr.); P.Oxy. VI 918 II 10 (2. Jh.); P.Gen. II 116, 20.22.24.25 (3. Jh.). — Anderes: P.Tebt. I 105, 15.16 (103 v.Chr.; Westen); P.Tebt. I 106, 13 (101 v.Chr.; Westen); P.Ryl II 166, 11 (26 n.Chr.; Osten); P.Mich. II 121 Recto II ii 2 (Osten; 42 n.Chr.); P.Mich. V 272, 4 (Norden). 5 (Westen) (45/6 n.Chr.); P.Congr. XV 15 II 22 (Westen). 33 (Norden) (80 n.Chr.); P.Fam.Tebt 23, 10 (= P.Hamb. I 62; 123 n.Chr.; Westen). — An mehr als einer Seite: SB XVI 12569 (66/51 v.Chr.): Z. 6 (an drei Seiten), Z. 18 (Norden bis Osten); P.Mich. II 121 Recto II ix 2 (42 n.Chr.; Norden und Westen).

zu liegen. Und so ist es nun eben auch in unserer Rolle. Diese Ausrichtung kann nur eine Folge des Umstandes sein, dass die γύαι der vorherrschenden Ost-West-Orientierung der Kanäle folgen.

Vielleicht cυνορία μ]ητρọπọ́λ̣[ε]ạ[c. Vgl. zu Kol. XII 11.

7 Nach τόπ(οc) vielleicht ἀν̣[(ὰ) wie in Kol. XI 13, XVIII 13, XXI 8 oder ἀπ̣[ὸ μέ(ρουc) ἐπ(ιγραφῆc) wie in Kol. XXI 11 und unten in Z. 16. Nicht ganz auszuschließen ist auch, dass hier (πρότερον) stand wie in Kol. XXIII 6.10.

10 πλ̣υ̣[oder πε̣υ̣[.

11 Mit κλ( ) könnte Κλ(αύδιοc) Π[gemeint sein (vgl. unten zu Z. 20). Denkbar wäre auch, dass zu κλ(ῆροc) Π[aufzulösen ist, vgl. Kol. XLIX 5 λιβὶ κλῆρο(c) Π̣αν̣ιχώθ(εωc).

16 Vielleicht ἀπὸ μ̣[έ(ρουc) ἐπ(ιγρ) wie in Kol. XXI 11 und vielleicht auch oben in Z. 7.

19 Φανο̣μ̣[γεύc?

20 Vielleicht Κλαυδίου] | Πρίcκο̣υ̣ wie in Kol. XVII 12.

Kol. VII

- - - - - - - - - - - - - - - - - - - -

] . . . [
] (ἀρ.?) . d . [ ] κ̣α̣ὶ̣ ε̣ν . δ̣ . . [
](ἀρ.?) ιβḍη Νου̣[ ] *Spuren*
] . . [ ] cυν[.]ρ̣ . . [
]φ . . . . . . β καὶ βαcιλ(ικὴ) καὶ ἄ[λ]λω[ν
] *[ἐ]π(εcκέφθη) ὁμ(οίωc)* [

(πρότερον) Ἀρείου τοῦ καὶ Πρ . | . . . ιου Ἀρηι . [
εἰc (ἔτοc) α̣ ἀπὸ ὑπολ(όγου) ἀ̣ν̣(ὰ) α κ̣δ̣[ ] . . ο̣υ̣ . [ ]
γί(τονεc) νότῳ ὑπόλ(ογοc) βορρ[(ᾶ̣) καὶ] λ̣ι̣β̣ὶ̣ . . . [
ἀπηλ(ιώτη) ὑπόλογο̣c [ ]——
ἐ[π(εcκέφθη) ὁ]μ(οίωc) [

Ψε̣ν̣[
τι . [

- - - - - - - - - - - - - - - - - - - -

4 Wahrscheinlich cυν[ο]ρ(ία): 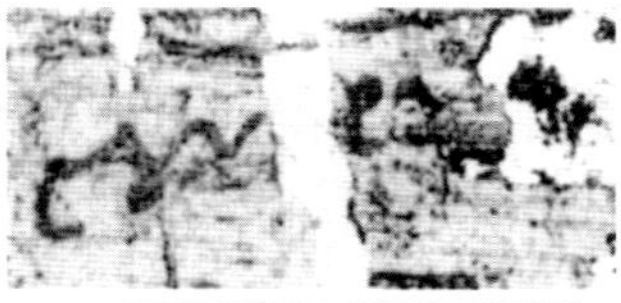

Vgl. Kol. VIII 8] . cυνορ(ία): 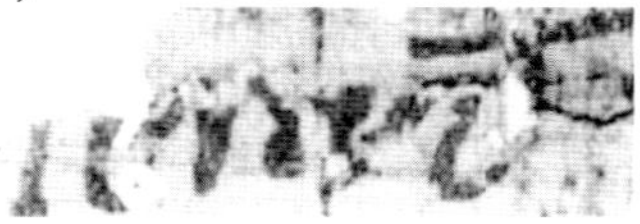

7 Vielleicht Πρ . | . ο̣β̣ιου, was sich aber nicht zu Πρωτοβίου oder Πραξιβίου vervollständigen zu lassen scheint. J. Frösén erwägt Πρ̣α̣ξ̣α̣ίου für Πραξέου. — Wohl der Name Ἀρῆιc (z.B. in P.Petaus 67, 20).

8 Wohl εἰc (ἔτοc) α̣ und nicht εἰc (ἔτη) ε̣ wie meist.

Kol. VIII

Vor Kol. IX sind noch Reste von Zeilenenden zu sehen, die vermutlich zu Kol. VIII gehören. Sie sind nicht berücksichtigt.

\- -

] *Spuren*
] *Spuren*
] . . . . λ̣ι̣(βὶ) .ω̣ .ε̣ρ̣ . .
]π̣οβ( ) . . . *Spuren*
Τι]θοηο̣ῦ̣τ̣ο̣ϲ θ . . .
] (ἀρ.) ιη̣/ . . . .

]η̣ γί(τονεϲ) νότῳ̣ . . . . .
] . ϲυνορί(α) Νώεωϲ λι(βὶ) [
] . καὶ βαϲιλ(ικὴ) γῆ ἀπ(ηλιώτῃ) βα̣ϲ̣ιλ(ικὴ) ἀνε̣ι̣[λ(ημένη)
] *ἐπ(εϲκέφθη) ὁμ(οίωϲ)*

]βS/ γί(τονεϲ) νότῳ̣ .[
]ν βορρ(ᾶ̣) . .[
]ε̣ν εἰϲ φυτα[
] *ἐπ(εϲκέφθη) ὁμ(οίωϲ)* [
] *vacat*

\- -

5 Der Genetiv Τι]θοηο̣ῦ̣τ̣ο̣ϲ anstelle des üblichen Τιθοήουϲ ist auffällig, steht aber auch in Kol. XXII 3.17.

8 ϲυνορί(α) Νώεωϲ auch in Kol. XXVII 12. Dagegen ϲυνορί(α) Τώεωϲ in Kol. LI 19 (vgl. auch Kol. L 20). Das Dorf Nῶιϲ ist bereits aus P.Bub. I 4 I [7?], XV 7, XXXII 4, XLI 6, XLII 5 und LXVI 6 bekannt. Ein Dorf dieses Namens gab es (auch?) im Gau von Thmouis, wie das die Toparchie bezeichnende Adjektiv Νωίτηϲ zeigt, das unter anderem in P.Thmouis 1 Kol. 135, 20, Kol. 150, 16 und 155, 22, überliefert ist (Daris, Suppl. 1, S. 211 und 3, S. 82). Der Dorfname Nῶιϲ ist auch für den Memphites und Herakleopolites bezeugt.

9 Zur ἀνε̣ι̣[λ(ημένη) s. zu Kol. XXXVI 12.

12 βορρ(ᾶ) endet nach dem zweiten Rho mit einem senkrechten Aufstrich bis über die Zeile wie in Kol. X 1 und 5. Danach wohl ἰδ̣[ι]ω̣(τική) [.

13 φυτά? Das Wort φυταλιά für einen Wein- oder Fruchtgarten ist in den Papyri nicht belegt. Davor ein Partizip, etwa ὁριcθ]έν wie in Kol. XIX 10 und XXIV 6? Vgl. P.Oxy. XXXVIII 2847 I 2–3 ὁριcμ̣οῦ· ἔcτιν τιc γῆ ἧc ὁ φόροc πρὸc τὴν κατ᾽ ἔτοc δύναμιν τῶν καρπῶν εἰcφέρε̣ται, und Th. Kruse, Der Königliche Schreiber I, S. 608–609.

Kol. IX

Zeilenanfänge nach einem Interkolumnium, davor noch Reste von fünf Zeilenenden der vorausgehenden Kolumne, darunter Π]ρ̣ωταρ||[χ-.

[
α [τόπ(ος)
[
.[
vacat [

β τόπ(ος) .[
ὑπ[
καὶ δ̣[
(ἄρ.) ηLd[
[ο]ὐϲι(ακὴ) γ[ῆ
Spuren? [
vacat [

[ ]μ.[

---

10 Das nachfolgende Gamma spricht gegen eine Ergänzung zu οὐϲί(α). Es wird hier also nicht die in der Rolle oft genannte Μυρτίλ(ου) οὐϲί(α) zu ergänzen sein. Οὐϲι( ) steht sowohl in Kol. XVII 6 als auch in XVIII 13 in der Verbindung οὐϲι( ) καὶ βαϲιλ(ική). An diesen Stellen muss οὐϲι(ακή) gemeint sein. Ausgeschriebenes οὐϲιακή ist in der Rolle aber nicht belegt.

Kol. X

Zeilenenden, die aber, wie die Spatien nach Z. 2 und Z. 5 zu zeigen scheinen, nicht zu Kol. IX gehören.

\- -

]β̣ο̣ρ̣ρ(α̣̑) κα̣ὶ ̣[
] ̣ Θέων[
] *vacat* [

] ̣ατος [
] β̣ο̣ρ̣ρ(α̣̑) γύης [
] *vacat* [

]Θερμοῦθις
] ̣ Ἀπολ(λ) Θέωνο̣(ς)
]ωνος
] *vacat* [

\- -

1]β̣ο̣ρ̣ρ(α̣̑) unsicher, vgl. aber die Schreibung unten in Z. 5 und in Kol. VIII 12.

Kol. XI

\- -

].[
[ ] ενμ̣[
. . . [. .] . . ο̣πωρο[ὑ]-
πέϲχετο μ[ι]ϲθ[ώϲ(εϲθαι)
Θαήϲιοϲ ἀν(ὰ) [
γί(τονεϲ) ἐκ (τριῶν) ἀνέμ(ων) [
μ̣ερρω

] Πρωτᾶτοϲ Τούρβ[ωνοϲ με]-
τ' ἐνγύου Αρ . . [
Φιβήχιοϲ̣ Α̣ . . . [
ἀν(ὰ) α (ἄρ.) γ (γίν.) [ὧν]
vacat

α τόπ(οϲ) ἀν(ὰ) α (ἄρ.) ιε[γί(τονεϲ)]
οὐϲι( ) λιβὶ . [
vacat

β τόπ(οϲ) ἀν̣[(ὰ)
καὶ α̣ . [

\- -

2 ἐν μ[ιϲθώϲει?

3–4 Zu ὑ]πέϲχετο μ[ι]ϲθ[ώϲεϲθαι] vgl. P.Ryl. II 221 7.10.26 (Mendesios; 1. Viertel des 3. Jh.), wo aber ὑπέϲχετο μιϲθώϲαϲθαι steht.

8 Oder [(πρότερον)] Πρωτᾶτοϲ.

14 οὐϲί(α) oder οὐϲι(ακή).

16 Oder β τόπ(οϲ) ἀπ̣[ὸ μέ(ρουϲ) ἐπ(ιγραφή). Vgl. zu Kol. VI 7.

Kol. XII

- -

1] *vac.*   *ἐ̣π̣[(εϲκέφθη) ὁμ(οίωϲ)*
] *vacat* [
2]δώρου[   ] ̣των ̣ ̣
]του ἴϲου φόρ[ου] ̣[   ]ἀ̣ν(ὰ) κδ//
4] ̣ι( ) (ἄρ.) θλβ//[   ] ̣ (ἄρ.) ιηλβ//
] ὧν   [   ]

6]υϲ ̣( ) ὑπόλ(ογοϲ) ἀν(ὰ) ϛ[//   ὑ]π̣όλ(ογοϲ) ἀπὸ (ἀρ.) ιε
7] ̣ (ἄρ.) κ ἐν μιϲθ(ώϲει) ὑπὸ Ἀ̣[ρωο]ῦτ̣(οϲ) Φιβίχ̣ι̣ο̣ϲ̣
8] ̣ν ὑπόλ(ογοϲ) Πρωτάρχο̣(υ) Ϲαμ̣[β]/ (ἄρ.) α̣ καὶ ὀνόμ(ατοϲ)
9] ̣ ̣( ) Νιϲθ ἐπὶ τόπ( ) (ἄρ.) δ κ̣αὶ ὑπὸ Βελλῆτοϲ
10] ̣ (ἀρ.) ̣ ̣ ̣ εφ() ἀν(ὰ) ε καὶ γχοι(νικ-) γί(τονεϲ) νότῳ̣ κ̣αὶ βορρ(ᾶ̣) οὐϲι(ακὴ)
11 λιβ]ὶ καὶ ἀπη̣λ̣(ιώτη̣) παιδία Ἡλίου[   ] *vacat*
12]   *ἐπ(εϲκέφθη) ὁμ(οίωϲ)*   [   ]
vacat

14] ̣/ (ἄρ.) ϛ γί(τονεϲ) [   ]η Ιϲαχθ β̣ο
ὑ]π̣όλ(ογοϲ) καὶ ε ̣[   ]ὑπόλ(ογοϲ)
16] *ἐπ(εϲκέφθη) ὁμ(οίωϲ)* [   ]

ἀπὸ (ἀρ.)] ̣θL$\overline{λβ}$ (ἄρ.) γ Lλβ
18 $\overline{ρ}$]$\overline{κη}$ επ̣( ) νότῳ̣
] ̣ Τραιαν̣[ ] ̣

- -

3 ϊϲου Pap.   11 πεδία

4 Vielleicht]ο̣ι( ) wie in Z. 10 γχοι() und nicht ου]ϲ̣ι( ).
6 ο]ὐϲ[ι]( )?
7 Ἀ̣[ρωο]ῦτ̣(οϲ) Φιβίχ̣ι̣ο̣ϲ̣, ergänzt nach Kol. XVII 11 und XIX 7–8.
8 Zur Schreibung von Ϲ̣αμ̣[β]/ vgl. z.B. Kol. XXI 19.

9 Νιcθ ist hier und in Kol. XXIII 7 ganz eindeutig zu lesen. Der in dieser Rolle oft belegte Name ist immer so und ohne Hinweis auf eine Abkürzung geschrieben. Damit bleibt unklar, ob etwa zu Νιcθ(ερωοῦc) aufzulösen wäre oder ob hier eine indeklinable Kurzform vorliegt. Νιcθερωοῦc ist vielleicht in Kol. XXIII 7 belegt, außerdem dreimal in P.Bub. I und in anderen noch unpublizierten Rollen aus dem Bubastites (Hinweis von J. Frösén), vielleicht auch in P.Oxy. LX 4066, 19 (Rhise, Arabia, 183 n.Chr.). Vgl. auch unten zu Kol. XXXVIII 5 zum Namen Θανιcθ.

Wohl ἐπὶ τόπ(ων) oder ἐπὶ τόπ(ου). — Der Name Βελλῆc vielleicht auch in Kol. XXII 9; außerdem in einem weiteren Beleg aus dem Delta dieser Zeit, in Stud. Pal. XVII p. 19, 219.

10 εφ() auch in Kol. III 8? Nicht ἄφ(οροc). — Mit γχοι() sind vermutlich nicht (τρεῖc) χοί(νικαc) gemeint, sondern (τρι)χοι(νικίαν), also wohl nicht drei Choinikes pro Arure, sondern der τριχοινικία genannte Zuschlag, der drei Choinikes pro Artabe beträgt, also 7,5 % bei einer Artabe von 40 Choinikes. Dazu s. P.Köln XII 488 (2./3. Jh.), S. 172f.

11 Gemeint ist sicherlich nicht παιδία Ἠλίου [, „die Kinder des Elias“, sondern πεδία Ἡλίου [, „die Fluren von Heliu“. Die Wendung lässt sich mit P.Pher. 106 μεθ' (ἣν) (sc. γῆν) πεδ(ία) Ὀξυρυνχείτ(ου) vergleichen.

Vgl. die Grenzangaben in Kol. XIII 11–12 cυνọρ(ία) Ἡλίοụ und Kol. XIV 16 cυνορία Ἡλ[und fr. 8, 4 Ἡλ[ ] π̣ολ( ), ferner Kol. VI 6, wo unter den Anrainerangaben μ]ητρọπ̣ọ̣λ̣[ε]ω̣[c zu lesen ist, was vermutlich zu [cυνορ(ία) μ]ητρọπọ̣λ̣[ε]ω̣[c zu ergänzen ist. Vgl. auch zu Kol. XVII 5. Offenbar ist Ἡλίου πόλιc gemeint, also die Metropole des Heliopolites (Calderini, Diz. II 203f. und zuletzt Daris Suppl. III 43; V 37). Wenn dies zutrifft, so ist dies ein Kriterium dafür, dass das im ersten Teil der Rolle behandelte Dorf im Süden des Bubastites lag. Diese Lage ergibt sich auch auf einem anderen Weg. Denn das Dorf muss entweder mit dem im zweiten Teil der Rolle behandelten identisch sein oder zumindest in dessen unmittelbarer Nähe gelegen haben, da in beiden Rollenteilen Ackerflächen an das Dorf Nois grenzten. Und das im zweiten Teil der Rolle behandelte Dorf lag sicher im Süden (s. oben die Einleitung, S. 7).

14 Ιcαχθ( ) und in Kol. XVIII 3 Ιcαχθιc, also nicht statt εἰcαχθ( ), offenbar weder als Personenname noch als Toponym belegt.

19 Gemeint ist vermutlich der Τραιανὸc ποταμόc, der im zweiten Teil der Rolle wiederholt genannt ist. Dies wäre die einzige Erwähnung, die sich im ersten Rollenteil erhalten hätte.

Kol. XIII

– –

[ ]η// (ἄρ.) α γί(τονες) ἐκ (τριῶν) []

2 [ἀνέμ(ων)] ῶν

3 ἄλ(λος) τόπ(ος) ἀν(ὰ) β// . . [ ] . . dη ὑπόλ(ογος)

4 *vacat* [ ] *vacat*

5 ἄλ(λος) τόπ(ος) ἐν̣ τῷ̣ . [ ] . . . κδ// (ἄρ.) γdη) γί(τονες) ἐκ

6 (τριῶν) ἀνέμω(ν) [ ] *vacat*

7 *vacat* [ ] *vacat*

8 ἄλ(λος) τόπ(ος) ἀ̣ν̣(ὰ) κδ̣// [ ] . . ἡ ἐπ(άνω) λιβὶ ἁλωνία

9 ἀπηλ(ιώτη̣) βασ̣ιλ(ικῇ) [ ] *vacat*

10 *vacat* [ ] *vacat*

11 ἄλ(λος) τόπ(ος) λεγόμε(νος) [ ] (ἄρ.) ϛd/ γί(τονες) νότῳ συνο̣ρ(ία)

12 Ἡλίου̣ (ἄρ.) . [ἰ]δ̣ιωτικ(ὴ) ἀπηλ(ιώτη̣) καὶ λιβὶ

13 λίμν̣η ε̣[

14 *vacat* [ ] *vacat*

15 ἄλ̣(λος) τόπ(ος) ἀ[ν(ὰ)] κδ̣[//]

16 δ̣ι̣α[.] . [ ]

17 . ι[ ] . ι

– –

8 Die Lesung ἡ ἐπ(άνω) (sc. cφραγίc), „die oben genannte Parzelle“, ebenso in Kol. XVIII 17 und XLIX 14, verdanke ich D. Hagedorn, der auf folgende Parallelen (unterstrichen bei gleicher Abkürzungsweise) verweist: P.Berl. Leihg. I 13, 7; P.Marm. VII 20 und <u>XI 9</u>; P.Oxy. VI 918 II 21; <u>XI 19</u>; P.Oxy. XII 1537, 19; SB XII 10892, <u>25</u>; SB XXIV 15930, <u>16.23</u> und

16322, 5, und darauf aufmerksam macht, dass in SB XVIII 14068, 14 ebenfalls ἡ ἐπ(άνω) anstelle von ἐc(παρμένη) zu schreiben ist.

11–12 cυνọρ(ία) | Ἡλίοụ

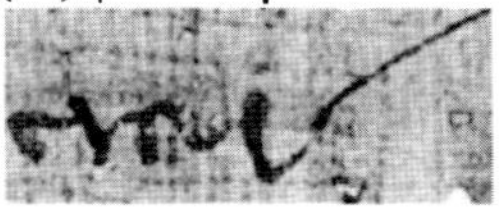

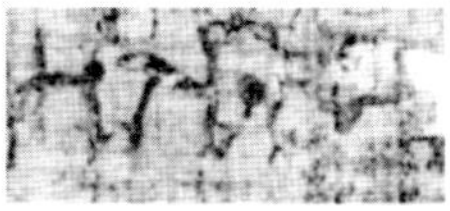

Vgl. Kol. XIV 16 β]ορρ̣(ᾶ) cυνορίạ Ἡλ[und die Anm. zu Kol. XII 11.

16 Nach δịα[.] könnte man auf einem Fragment, von dem unsicher ist, dass es hierher gehört, ξ erkennen. Die Lesung δịα[τα]ξ̣[scheint aber nicht möglich zu sein und damit auch nicht die Wendung κατὰ τὴν διάταξ(ιν), die wiederholt im zweiten Rollenteil vorkommt.

Kol. XIV

Am Ende der Zeilen 10–14 ein Fragment, das nicht berücksichtigt ist.

- -

] . γί(τονες) ὅλων (ἀρ.) ιd/ ε . [
2 μ]ẹτ᾽ Ἰcᾶτ̣οc (ἀρ.) λβ̣/ [ ] . . . // [
βα]c̣ιλ̣(ικὴ) γῆ ἀπηλ(ιώτη̣) βαcι[λ](ικὴ) καὶ ὑπο̣λ̣(ογος) [
4] *ἐπ(εcκέφθη) ὁμ(οίωc)*

6 Λεοντάμμων Ὠ̣ριγένουc Cωcικόcμιοc ὁ κ̣[αὶ
μετ᾽ ἐνγύου Τιβερίου Κλ(αυδίου) Cαραπάμμων[ο]c . [ὑπέc]-
8 χετ(ο) μιc̣θώc(εcθαι) ἐπι . χ( ) (ἄρ.) γ (πρότερον)
Δι . [.]ατ̣( ) . . . . c [
(ἄρ.) δS/ ὡ̣c πρ[ό]κ̣(ειται) . ο . [.]μιχ̣ . . ( ) Ἀμμωνίου̣ ἀπὸ μ̣ε̣[ρουc]
10 ἐπ̣ιγρ̣(αφῆc) (ἄρ.) δ[ ] ἀπὸ (ἀρ.) ιζd/ ἀν(ὰ) κδ// (ἄρ.) δd/ξδ,
α̣πο̣ ἀπ̣[η]λ(ιώτου) . [
. [. .] . . β̣ . [ ] . . c̣ λιβ(ὶ) ὡ̣c πρόκ(ειται) [κ]α̣ὶ ε̣ . [
12 . [. . . .] . . . [ ]
[ ]
14 α̅ [ ] . . δι᾽ ἐπιγρ̣(αφῆc) ἐν μιcθώc(ει) τω[
[ ]α̣Ṣ ἀν(ὰ) γ// γί(τονες) νότῳ̣ [
16 β]ορ̣ρ̣(ᾶ̣) cυνορία̣ Ἡλ[
] *ἐπ(εcκέφθη) ὁμ[(οίωc)*

- -

7 ἐγγύου

1 Vielleicht ἐν̣ [μιcθ(ώcει) oder ἐκ̣ [γ̅ ἀνέμων.

6 Cωcικόcμιοc ist meist mit dem Demotikon Ἀλθαιεύc verbunden, nicht selten auch mit Ζήνειοc, vereinzelt auch mit anderem (D. Delia, Alexandrian Citizenship during the Roman Principate, Atlanta 1991, S. 138–140).

7–8 Zu [ὑπέc]|χετ(ο) μιc̣θώc(εcθαι) vgl. zu Kol. XI 3–4.

8 ἐπιc̣χ( ), bezogen auf (ἀρούραc), also ἐπιc̣χ(εθείcαc)? Stattdessen vermutet J. Frösén ἐπὶ χρ̣(όνον) (ἐτῶν) γ. — Da nach (πρότερον) nach dem Delta wohl noch ein Iota zu sehen ist, nicht Δω̣[c]ᾶ̣τ̣(οc), sondern vielleicht am ehesten Διο̣[γ]ᾶτ(οc), also der Genetiv zu dem in den Papyri nicht selten

belegten Namen Διογᾶc. Der Name danach beginnt mit Chi oder Lambda. Demnach vielleicht Χ̣α̣μ̣ῆc (SB XXII 15815, 9) oder Λ̣α̣μ̣ῆc(ιc)? J. Frösén liest stattdessen Χ̣ῶ̣νc(ιοc) (vgl. zu Kol. XVIII 9).

9 ὡ̣c πρ[ό]κ̣(ειται) und danach νότ̣[ω̣]?

14 α̅ [auf einem Fragment, das offenbar hier zu plazieren ist. Wohl α̅ [τόπ(οc) und nicht (πρότερον).

16 Wahrscheinlich β]ορ̣ρ̣(ᾶ̣) cυνορία̣ Ἡλ[ίου. Vgl. Kol. XIII 11–12 νότω̣ cυνο̣ρ/ | Ἡλίου und die Anm. zu Kol. XII 11.

Kol. XV

– –

] *Reste* [

2] *Reste* [

ε̣[π(εcκέφθη)] ο̣[μ(οίωc)

4 *vacat?* [

]μ̣ορου . . υ . [. . . .] *Spuren* [

6] . εἰc (ἔτη) ε α[. . . .]υβι̣ Ψάθιοc υ . [. . . . .] .

] . ἀπὸ (ἀρ.) ε[. . . . . .]π( ) Φιμ . ( ) (πρότερον) . [. . . . .]ρ̣γη̣( )

8] (ἄρ.) αηιcρκη̅ . [. . . . .] . [. .] . . . ι καὶ ἀπὸ̣[. . . . . . .]του ἀν(ὰ)

]ξδ// . [. . . . .] . . . ὧν [ ]

10]λ̣ιβὶ ἰδιωτ̣ι̣[κ(ῇ)] γ[ῇ] νότῳ ὑπόλ(ογοc) βορρ(ᾶ̣) ἐκχω(ρουμένηc) ἀπὸ μέρ̣ο̣υc

] . *vacat* ἀπη(λιώτῃ) [Μυ]ρ̣τίλ(ου) [] ο̣ὐc(ία) Βαθρακ( ) καὶ ἄλλων

12 ἀ]ν(ὰ) dκδ̅ (ἄρ.) αη̣̅ *ἐπ(εcκέφθη) ο̣μ(οίωc)*

13] λοι(ποὶ) τ̣όπ(οι) [ ] . . γί(τονεc) νότῳ καὶ λιβὶ ὑπόλ(ογοc) βορρ(ᾶ̣) καὶ ἀπηλ(ιώτη̣)

14] *ἐπ(εcκέφθη) ο̣μ(οίωc)*

]

16] *sovrapposto*

-από]λ̣λωνοc ἀπὸ Β̣[ο]υβ(άcτου) [μ]ε̣τ' ἐνγ(ύου)

18 ? μ]ι̣[c]θο̣[υ]μ̣ε( ) εἰc (ἔτη?)[ ]ειc̣εψουρ

] . χω [ ]υc επι

20] . λ̣ι̣θ[ ]η̣/ γί(τονεc)

μ]ιcθ ὑπέc-

– –

17 ἐγγ(ύου)

5 Wenn]μ̣ορου richtig gelesen ist, dann vermutlich] Μ̣όρου, allenfalls Τρι]μ̣όρου.

6 Vielleicht ἀ[πὸ Τ]ῦβι̣. Danach wohl der Name Ψάθιc, der in der Rolle mehrfach erhalten zu sein scheint (vgl. zu Kol. XXVIII 21).

7 Vielleicht ἐ]π(ικαλούμενοϲ). Danach ist Φιμ ̣( ) wohl am ehesten zu Φίμ(ηνιϲ) aufzulösen. Vgl. Φιμ̄ in Kol. XLIII 6.14 und die Anm. zu Ἐφίμηνιϲ in Kol. XXXIII 5. — Anstelle von]ρ̣γη̣( ) vielleicht]ρ̣υ̣κ̣ο̣( ), dann vielleicht κή]ρυκο(ϲ).

10 Zu ergänzen ist vermutlich ἐκχω(ρουμένηϲ) ἀπὸ μέρ̣ο̣υϲ [ἐπιγραφῆϲ; vgl. Kol. XXXVIII 10, XLI 4 und XLV 18.21.

11 Βαθρακ( ) ist eindeutig zu lesen. Wenn der Genetiv gemeint ist, ließe sich entweder zu Βάθρακ(οϲ) oder zu Βαθρακ(ᾶ) auflösen. Vgl. P.Lond II 188, 66 (p. 144; 3. Jh.?) Βάθραξ [Δ]ιοϲκ̣ό̣ρ[ου]. Wenn Βαθρακ(ᾶϲ) gemeint ist, dann wäre der einzige Beleg für diese Schreibung CPR XV 43, 4 (Beginn des 3. Jh. n.Chr.) Ἀ[π]ο̣λ̣λῶϲ̣ Βαθ̣ρ̣α̣κ̣ᾶ, was für besser belegtes Βατραχᾶϲ steht. Eine dritte Möglichkeit der Auflösung ergibt sich aus dem Namen Βαθρακίων (belegt in P.Prag. III 248, 12 mit Anm.)

13  λοι(ποὶ) τ̣όπ(οι), danach wohl eine Größenangabe wie in Kol. XLIII 12.

17 Vermutlich eine Zusammensetzung mit -απόλλων wie z.B. Ἑρμαπόλλων.

μ]ε̣τ᾽ ἐνγ(ύου) nach Kol. XI 9, XIV 7, XIX 5.

18]ειϲ̣εψουρ, vermutlich so zu lesen, aber ungeklärt.

19 Wohl nicht ἐκ]χω wie in Z. 10, da der Buchstabe vor dem Chi mit diesem anders verbunden ist, sondern ἐκκ]ε̣χω(ρημένη) wie fast immer im zweiten Rollenteil, aber auch in Kol. XX 6.

20]α̣λ̣ι̣θ[?

21 ὑπέϲ|[χετο, ebenso getrennt in Kol. XIV [7]–8.

Kol. XVI

- -

Spuren
2 ὅλ(ων) [(ἀρ.)] .Ṣ// (γίν.) (ἄρ.) .[
α̣π . . ṿ μ . [. .] . . [
4 ϲ̣ . . [β]ορρ(ᾶ̣) ὑπόλ(ογοϲ) ἀπ̣[ηλ(ιώτῃ)
Spuren [
6 *vacat* [

Φα̣ . α . [.] . . μ̣ι̣ . . . . [
8 [Ὀ]νṿ[ώ]φριοϲ̣ . . . [
α[. . .]πο τοῦ υ . [
10 . [ ] . ωθε . . [
λ . . (ἄρ.) πηLdη) . . . [
12 ηϲ . . ( ) ἀν(ὰ) . [
καὶ . . γ . . . . [
14 τ̣αϲ μ̣ιϲθ̣ . [
(ἄρ.) ηS β . . [.] . [
16 χου . [] ἰδ̣ι̣[ω(τικὴ)
. [ ] . [
18 . [ ] . [

- -

7 Wohl nicht Φά̣β̣αλ̣[οϲ, ein Name, der in Kol. XXIV 17 und wohl auch XXVII 8 vorkommt, da das Beta schwierig wäre.

10 Vielleicht ṿ[ό]τ̣ῳ̣ Θε-, wobei aber die Buchstaben sehr breit geschrieben wären.

13 Verbirgt sich hinter . . γ . . . . der Name Ἀ̣ρ̣γύ̣ρι̣(οϲ) oder Ἥ̣γι̣π̣(ποϲ)?

Kol. XVII

\- - - - - - - - - - - - - - - - - - - -

1] . . [ ] . [

2] . . ε . οι[.] . α . . . [

3]δ̣Ṣ/ ὦ̂ν

4]

5] . α γί(τονες) ὅλ(ων) (ἀρ.) ις νότῳ π[. .]δ̣ι̣α . λ̣[ ]

6] λιβὶ καὶ ἀπηλ(ιώτη) οὐcι(ακὴ) καὶ βα̣[cιλ(ικὴ)]

7] ἰδιωτι(κή)

8] *ἐπ(εcκέφθη) ὁμ(οίωc)*

9]

10 ἀ]ν(ὰ) η) (ἀρ.) S/ ἄλλ(αι) (ἄρ.) γS/ γί(τονεc) ὅλ(ων) (ἀρ.) γ . . ν̣

11] Ἁρωοῦτοc Φιβίχιοc ἐπὶ το̣ῦ αὐτο(ῦ) *Spuren*

12]δι' ἐ̣π(ιγραφῆc) (πρότερον) Κλ(αυδίου) Πρί-cκ(ου) (πρότερον) 'Ιουλ(ίου) Ạ . . . . ν̣[

13]η̅ι̅ς̅ γί(τονεc) ὅλ(ων) ἐπὶ τὸ αὐτὸ (ἄρ.) μ̣γṢ/ . [

14]γῆ ἀπηλ(ιώτη̣) βαcιλ(ικὴ) λιβὶ ὑπόλ(ογοc) παρ̣[

15] *ἐπ(εcκέφθη) ὁμ(οίωc)* [

16 Ἀλλί]ωνοc Κολλούθου ἀν̣[(ὰ)

17 ἀ]π̣ὸ ὑπολ(όγου) ἐναφ(εcίου?) ἀπὸ β̣ο[ρρ(ᾶ)?

18] . κγ (ἀρτ.) κδ// ο . . . ἀν(ὰ) [

19] ἐξ (ὦ̂ν) ἐπ' ὀν[ό]μα(τοc) Π̣ρω[τ

20 γί(τονεc) ὅλ(ων)] (ἀρ.) βLḍ/ νότῳ [

\- - - - - - - - - - - - - - - - - - - -

2 Vermutlich] . . ε λ̣οι[π]( ). Und danach [ἐ]δ̣αφ-?

5 Vielleicht nicht (ἄρουρα) α, sondern (πυροῦ ἀρτ.) α wie in Kol. XVIII 7. Danach vielleicht νότῳ π[αι]δί̣α (= πεδία) Ἡ̣λ̣[ίου wie in Kol. XII 11.

11 Ἁρωοῦτοc Φιβίχιοc, auch in Kol. XII 7 und XIX 7.

12 'Ιουλ( ) Ạμ̣- oder 'Ιουλ( ) Λ̣ε̣ω̣[ν]τ-?

13 Nach]η̅ι̅ς̅ über der Zeile λ̣ι̣( )?

14 παρ̣[άδειcοc wie in Kol. XVIII 3? Oder παρ̣[ειμ(ένη) (vgl. zu Kol. XXXIII 14)?

16 Ἀλλί]ωνοc Κολλούθου ergänzt nach Kol. XVIII 8.

17 Die Abkürzung ἐναφ( ), die auch Kol. XLII 12 und XLIII 3 (in beiden Fällen als Teil der γείτωνεc) vorkommt, wird man vielleicht zu ἐναφ(έcιοc) auflösen dürfen. Denn in den verkohlten Papyri des Delta sind wiederholt ἐναφεcί(ων) ἰδιωτικῆc γῆc ἄρουραι erwähnt. Da dort aber ἐναφέcιοc nie ausgeschrieben ist, die Endung des Genetiv Plural also nie erhalten ist, scheint es nicht ausgeschlossen zu sein, dass an diesen Stellen ἐναφεcί(ου) zu lesen ist und in der Frühzeit der Papyrologie der Genetiv Plural unbegründet in Analogie zum oft bezeugten ναύβιον ἐναφεcίων eingesetzt worden ist. Sichere Belege für diese Bodenkategorie sind SPP XVII p. 13ff., 376.447.494. Mehr oder weniger stark ergänzt ist die Wendung in SPP XVII p. 13ff., 16.266.319.379.424.489.537.559.561 und in P.Ryl. II 426. In SPP XVII p. 13ff., 366 wurde vom Herausgeber c(ιτικῆc) ἐν̣α̣φ(εcίων) gelesen, wahrscheinlich zu Unrecht. Denn die Lesungen (μονάρταβοc) ἐν̣α̣φ(εcίων) des Herausgebers dieses Papyrus sind nach P.Thmouis, p. 20 (BL VIII 460) zu (μονάρταβοc) ἐωνη(μένη) zu ändern. Andere Belege für diese Bodenkategorie scheinen bisher nicht bekannt geworden zu sein. Außerhalb des Delta gibt es aber einige wenige Belege für ἐναφειμένη γῆ (P.Oxy. VI 918 XIII 9.12; PSI Congr. XX 7, 8; P.Tebt. II 325, 5.20; alle Arsinoites, 2. Jh. n.Chr.; vgl. dazu Th. Kruse, Der Königliche Schreiber I, S. 585ff.). Es ist also nicht auszuschließen, dass auch an unseren Stellen zu ἐναφ(ειμένη) aufzulösen ist. Was damit genau bezeichnet wird, ist ungeklärt. So ist auch nicht zu entscheiden, wie die Termini zu übersetzen wären. Th. Kruse vermutet, dass damit nicht einfach nur Land gemeint ist, das vom Staat privaten Pächtern „überlassen“ ist, „denn dies gilt ja wohl auch für die anderen vom Staat verpachteten Bodenkategorien“, sondern „dass damit Land gemeint ist, welches brach lag, unbestellt war und deshalb ‚liegengelassen’ wird“ (Der Königliche Schreiber I, S. 597). Vermutlich waren an diese nur selten belegte Gattung ganz bestimmte Konditionen geknüpft. Vielleicht darf man sogar an die ptolemäische γῆ ἐν ἀφέcει erinnern, eine Gattung, die freilich auch nicht einhellig erklärt wird (vgl. P.Köln XI, S. 131–132).

19 ἐπ' ὀν[ο]μα(τ), vgl. Kol. XXI 15.

Kol. XVIII

- -

Reste [ ] . [
2 γί(τονες) ὅλω[ν (ἀρ.)] νότῳ̣ . [
3 λιβὶ παρ̣άδ̣(ειcοc) Ἰ̣cάχθιc [
4 *ἐπ(εcκέφθη) ὁμ(οίωc)* [
5 *vacat* [
6 [ ]Πρωταρχ . [. . .]ν̣ . ( ) ἀ̣πὸ Ταψ[αχὼ(ν) ἐμιcθ .] (ἔτει) εἰc̣ (ἔτη) β
ἀν(ὰ) . *Spuren*
7 (πυροῦ) (ἀρτ.) α γί(τονες) αὐτ̣ῶ̣(ν) τε καὶ [ἄλλων ἐ]π' ὀ̣νόμα(τοc)
[ ] *Spuren*
8 Ἀλλίων[ο]c̣ Κολλ̣ο̣ύθου . . [.] . . [. . . .]cανο( ) Πουφ[ίο]υ
9 [.]ω̣νcιοc καὶ ἐκ (τριῶν) ἀνέ̣μ̣(ων) βα[cι]λ̣(ικὴ) Λάκωνοc Νε-
10 μ̣ε̣cᾶτοc ἀ̣πὸ κώ̣μ̣(ηc) Ταψαχ(ὼν) κ̣α̣ὶ̣ δηλωθ(εῖcα) εἶναι
11 ἐν ἐκχω(ρ) εἰc τ̣ὸ̣ν̣ χ̣ωματ(ιcμὸν) cκ[αμ]μ̣άτων ἀν(ὰ) κδ//
12 (ἄρ.) βLd̅ιc ὧν

13 . τόπ(οc) ἀν(ὰ) κδ// (ἄρ.) [ ] γί(τονες) ἐκ (τριῶν) [ἀνέμ(ων)]
οὐcι(ακὴ) καὶ βαcιλ(ικὴ)
14 λιβὶ ἡ ἑξ(ῆc)
15 *ἐπ(εcκέφθη) ὁμ(οίωc)*

16 [ ] . . cι . // εν *Spuren* [ ] *Spuren*
17 [ ] . ωγυ( ) γί(τονες) νό̣τ̣[ῳ̣ β]αcιλ(ικὴ) ἀπηλ(ιώτ̣η) ἡ ἐπ(άνω)
18 [ ] . τειλ̣ . [. .] *ἐπ(εcκέφθη) [ὁμ(οίωc)]*

19 [ ] ἀν(ὰ) α (ἄρ.) ἐ̣ν̣ μιcθώ̣[cει] *vacat*
20 [ ] . ι̣ . . ( ) . . . [ ]ων ὑπεc . .
21 [ἀπὸ μ]έρουc ἐπιγρ(αφῆc)

- -

3 Ἰ̣cάχθιc wie offenbar auch in Kol. XII 14.

6 Nach Πρωταρχ- wohl nicht der Vatersname, der in Kol. XII 8 steht. Denn vor ἀ̣πὸ Ταψ[αχώ(ν) sieht man wohl]ν̣ . ( ) oder]ε̣ι̣ . ( ). Das Dorf Ταψαχών, das in der Rolle mehrfach erwähnt ist, ist aus P.Bub. I 4 (Daris, Diz. Suppl. 2, S. 208) bekannt. Der Name scheint, wie die Belege in P.Bub. I 4

zeigen, nicht dekliniert zu werden. Darum ist auch hier immer zu Ταψαχών ergänzt worden.

7 (πυροῦ) (ἀρτ.) α: Zur Schreibung vgl. zu Kol. XXV 7.

8 Ἀλλίων[ο]ς Κολλούθου, vermutlich auch in Kol. XVII 16. — Πούφιος steht für Pupius. Vgl. den in P.Oxy. XLIX 3466, 8 (81/96 n.Chr.) erwähnten Iuridicus Aegypti [P]upius Carus (W. Eck, ZPE 127, 1999, 205; BL XII 151). Die Namensform Πούφιος findet sich auch in BGU VII 1607, 2–3 (2. Jh. n.Chr.) Λουκίου Πουφίου Cατορνείλου ἐπιτηρητοῦ γραφείου μητρ[ο]-π(όλεως) und in P.Lund inv. 43, 4–5 (193 n.Chr.; BASP 46, 2009, 32) Πουφίῳ 'Ιcιδώρῳ (Hinweis von D. Hagedorn).

9 [Χ]ώνcιοc scheint die einzige Möglichkeit zu sein. Der Name Χῶνcιc wird dann nicht mehr zu Pupius gehören. Der Name findet sich in Kol. XLI 5, vielleicht auch in Kol. XIV 8 (s. Anm. zur Stelle) und ist in anderen, noch unpublizierten Rollen aus dem Bubastistes öfter vertreten (Hinweis von J. Frösen).

9–10 Λάκωνοc Νε|μεcᾶτοc auch im zweiten Rollenteil in Kol. XXVIII 19, XXIX 12, XXX 4.16, XLVI 21, dort ohne Herkunftsangabe.

11 ἐν ἐκχω(ρουμένῃ) (sc. γῇ) oder εἶναι ἐν ἐκχω(ρήcει)? — cκάμματα sind Wassergräben, die auch sonst zusammen mit χώματα genannt werden. Eine enge syntaktische Verbindung mit χῶμα findet sich in BGU XVI 2598, 11 (9/7 v.Chr.) τὰ cκάμματα τῶν χωμάτων τοῦ κλ[ήρου. Einen neuen Beleg dieses Wortes bietet P.Bagnall 9, 15.20 (2. Jh. v.Chr.). Die Ergänzung zu cκ[αμ]μάτων liegt nahe, setzt aber voraus, dass der Abstand zwischen den beiden Bruchstücken richtig eingeschätzt ist. Den hier vermuteten Abstand setzen freilich auch die Ergänzungen βα[cι]λ( ) in Z. 9 und [ἀνέμ(ων)] in Z. 13 voraus. Demnach wohl εἰc τὸν χωματ(ιcμὸν) cκ[αμ]μάτων, was aber so bisher unbelegt wäre.

13 Vermutlich [α̅] τόπ(οc). Vgl. zu Kol. VI 5.

14 ἡ ἑξ(ῆc) sc. cφραγίc, „die folgende Parzelle“, gelesen von D. Hagedorn. Ebenso in Kol. XXXIII 17. — λιβὶ ἡ ἑξ(ῆc) korrespondiert mit ἀπηλ(ιώτῃ) ἡ ἐπ(άνω) in Z. 17.

17 Zu ἡ ἐπ(άνω), sc. cφραγίc, s. oben zu Kol. XIII 8.

20 Wohl ὑπεc(χ) und danach ζ (ἔτει)?

Kol. XIX

Am linken Rand der Zeilen 2–8 des rechten Bruchstücks befindet sich ein schmaler Streifen, der nicht hierher gehört (*sovrapposto*).

– – – – – – – – – – – – – – – – – – – –

1 [ ].[ ].ϲ̣α..[

2 [ ]π̣ερίϲταϲιϲ̣ ιβ̣[ ].. [ἀ]πηλ(ιώτῃ) ὑπό[λ(ογοϲ)

3 ..[*ἐπ(εϲκέφθη) ὁ]μ̣(οίωϲ) vacat*

4

5 (πρότερον) Π̣αντβ(ωοῦτοϲ) Cαμ̣[ ]. Ταψα̣χ̣(ῶν) μ̣[ετ᾽] ἐνγύου

6 .εμ[..]ν̣αϲιοϲ .[ ].. ἀπ̣ὸ τ̣ῆϲ [..] ..εϲκεμ̣(μένηϲ)

7 μι[.].θω[ἀ]π̣ὸ̣ τῶν δι᾽ ἐπ̣(ιγραφῆϲ) (πρότερον) Ἁρωο̣ῦτοϲ

8 Φιβήχι[ο]ϲ .[ ].ιφιλου......... .υτ̣ει̣α

9 κ̣αὶ α̣ἰρ( ) ε.[Ἁρ]ωο̣ῦτοϲ Ὥρου Παν̣τβω[ο]ῦ-

10 τοϲ ὁ̣ριϲθ( ) ἀν(ὰ)[ ]ε̣πιθ( ) (ἄρ.) αηξδρκη (γίν.) (ἄρ.) γLηξδρκη

11 ...ϲθ ἀν(ὰ) α.[ ]. [ ]...ε̣π̣αθ.. ..κ̣αὶ Θέ-

12 [ω]νοϲ [..].[ ]ν ὑπόλ(ογοϲ) βορρ(ᾶ̣) ἰδιωτικ(ή)

13 *vac.* [ ] *vacat*

14 .[ ]θα̣[ ].ι ζ (ἔτει) εἰϲ (ἔτη) ε ἀπὸ ὑπολ(όγου) ἀφόρ(ου)

15 .υβ̣[ ]...[ ].. βαϲιλ(ικὴ) λιβὶ

16 []δι.[ ] *vacat*

17 [ ] *vacat*

18 [ ]μιϲθ

19 [ ]..αρον

20 [ ]διλ.

– – – – – – – – – – – – – – – – – – – –

2 ϊβ̣[Pap. 5 ἐγγύου

2 Vielleicht π̣ερίcτακις ἰβ̣[ιῶν]ο̣ς̣ oder der Name eines Dorfes? Vgl. BGU VI 1216 II 1 (110 v.Chr.?) ἰβιώνων cὺν περιcτάcει. Auf περίcταcιc muss jedenfalls nicht der Name einer Ortschaft folgen, auch wenn dies die Regel ist; vgl. P.Amh. II 31, 27 (112 v.Chr.) βορρᾶ περίcταc̣ι̣c̣ τοῦ φρουρίου.

5 Π̣αντβ(ωοῦc) ist unten in Z. 9–10 in dieser Weise ausgeschrieben. Der Name kommt in der Rolle auch sonst vor, immer jedoch abgekürzt. Sieht man von anderen, häufiger belegten Namensformen ab, so sind voll ausgeschriebene Belege des Namens Παντβωοῦc nur in Vlemming, Short Texts 502 B 2 (= SB XII 10963) und P.Erl. 102 r, 11 (BL VI 37) zu finden. SB I 836 hat den Frauennamen Cενπαντβωοῦc. J. Frösén weist darauf hin, dass in anderen unpublizierten Bubastos-Rollen der Name Παντβεῦc wiederholt vorkommt. — Danach wohl Cαμ[β( ), vgl. zu Kol. XXIV 18.

Sicherlich ἀπ]ὸ̣ Ταψα̣χ̣(ῶν) und nicht ein Personenname, der mit Ταψε̣ν̣( ) beginnt (P.Thmouis 1 Kol. 74, 17 hätte Ταψενοβάcθιc).

6 Vermutlich Π̣εμ[υν]ν̣άcιοc. Zu diesem Namen s. zu P.Köln XIII 522 r 11.

Vielleicht ἀπ̣ὸ τ̣ῆc [(πρότερον)] ἐ̣π̣εcκεμ̣(μένηc), vgl. P.Achm. 6, 7.10. 14.21.33 und P.Bour. 41b, 15.19.21.26 (beide Panopolis, 197 n.Chr.).

7 μι[c]θω[, wenn]θω[auf einem hier plazierten Fragment so weit nach links geschoben werden darf. — Zwischen den Zeilen 6 und 7 sind am Zeilenbeginn noch Reste eines Nachtrags zu sehen.

7–8 Ἁρωο̣ῦτοc Φιβήχι[ο]c auch in Kol. XII 7 und XVII 11.

8 Vielleicht τῆc κ]α̣ὶ̣ Φιλοῦτ̣ο̣c̣ wie in Kol. III 7. — Wenn υτ̣ε̣ια richtig gelesen ist, scheint [φ]υτ̣ε̣ία die einzige Möglichkeit zu sein.

10 ὁ̣ριcθ( ) ἀν(ὰ)[, „festgesetzt zu"; vgl. Kol. XXIV 6 und P.Pher. passim, außerdem Th. Kruse, Der Königliche Schreiber I, S. 608–609. Nach der Lücke wohl]ἐ̣πιθ( ) wie in Kol. XXIII 4.

11 Am Beginn der Zeile offenbar nicht Ν̣ι̣cθ, aber auch nicht ὁριcθ( ) wie in der Zeile davor.

14 Offenbar ist das 7. Jahr gemeint und nicht das 17., da das Iota vom Zeta sehr weit entfernt steht. Das 7. Jahr wäre dann wohl das des Severus Alexander. Zur Form des Zeta mit dem weit aufgeführten Bogen oben vgl. (ἀρ.) ζ in Kol. XXIV 7.

16 διῶ̣[ρυξ oder [ἰ]διω̣[τική?

19 Wohl] ̣c̣αρον, oder]μ̣αρον.

Kol. XX

– –

1 Reste [
2]τ̣ς̣. . . .( ) Ποκω[. . . .] . Τα . [ ] . [
3]καὶ Ἀοννωφ(ρ) ἀπ̣ὸ̣ τῶν προ[
4 ἀ]ν(ὰ) αLd/ γί(τονες) ὅλων (ἀρ.) []θλβ// συν̣τ̣αξ( ) . .
5]τ̣ος Ἁρπ[ο]κρᾶτος καὶ μ̣ε̣τόχων (ἄρ.) α̣λβ//
6 ἐκ]κεχω(ρημένη) λιβὶ καὶ ἀπηλ(ιώτῃ) [β]ας̣ιλ(ικ)
τόποι . . . . .
7] *ἐπ(εσκέφθη) ὁμ(οίως)*

8 Α[ ] Ψονθάρεως Ὀ̣ννώφ̣ρ̣ι̣ος ἀπὸ Ταψ̣αχ[ῶ(ν)]
9] ἀπὸ μέρους ἐπιγρ(αφῆς) Θέωνος Σαραπ[.]
10] ξδ προαναλ( ) ἀν(ὰ) α (ἄρ.) β ἄλλο ἀν̣(ὰ) S/ (ἄρ.) α̣
καὶ . [. .]

11 α τόπ(ος)[ ] . (ἄρ.) γβις γί(τονες) νότῳ (πρότερον) Σαραπίων̣ο̣ς̣ [
12 ἰ]διωτικ(ὴ) Τιθοήους ἀπηλ(ιώτῃ) Θέων̣[ο]ς̣[
13] λ̣ιβὶ Τιθοήους
14] *ἐπ(εσκέφθη) ὁ̣μ̣(οίως)*
15
16] . ἀν(ὰ) S/ (ἄρ.) β γί(τονες) νότῳ . [
17 γ]ύ̣ης λιβὶ ὑπόλ(ογος) ἀπηλ(ιώτῃ) συν̣[ορία
18] *ἐπ(εσκέφθη) [ὁμ(οίως)]*

19] . ḍ/ γί(τονες) νότ̣ῳ̣ γύης βο̣[ρρ(ᾶ̣)]
20] *Reste* [
– –

2 Offenbar nicht Πε]τος̣ε̣ί(ριος) Ποκω[. — Dem Platz in der Lücke entspräche Ποκω[οῦτο]ς̣ Τα-. Vermutlich nicht ἀπ]ὸ̣ Ταψ̣[α]χ̣[ών.

3 προ[κ(ειμένων) oder nach Z. 10 zu προ[αναλ( )?

4 Die Lesung συν̣τ̣αξ( ) — vgl. die Schreibung für Αλεξ( ) in Kol. XXII 9 — scheint ziemlich sicher zu sein. Das Wort ist aber in der Rolle sonst offenbar nicht erhalten.

5 Vielleicht Νοφορῶ]τ̣οc nach Kol. XXIII 6. Die Lesung μ̣ε̣τόχων ist schwierig, scheint aber die einzig mögliche zu sein.

6 ἐκ]κεχω(ρημένη) wie fast immer in zweiten Teil der Rolle und wohl auch in Kol. XV 19, aber in Kol. XV 10 und in XXI 16 ἐκχω(ρουμένη). — Am Zeilenende wohl τόποι ὀ̣ρ̣ι̣[νοί] (vgl. Kol. XLVIII 17, XLIX 5, LI 10).

8 Am Beginn der Zeile ein Alpha, das auch für (πρότερον) stehen könnte. — Ψονθάρεωc ist sicher zu lesen, der Name Ψονθαριc ist aber neu. Belegt ist Θαρεῦc (fem.). Für eine Zusammensetzung von Ψον-/Ψεν- mit einem Frauennamen kann man Ψεν/Ψονθαῆcιc vergleichen.

10 Die Schreibung von ξδ so auch in Kol. XXIII 3.17. — Mit προαναλ( ) ist wahrscheinlich eine Form von προαναλαμβάνω, „schon vorher (in die Liste) aufnehmen", gemeint, da das Verbum ἀναλαμβάνειν in der Rolle wiederholt gebraucht wird. Man sieht jedoch nicht recht, was gemeint sein könnte. Das Kompositum ist selten: SB XVIII 13244, 17 (Liste von Verstorbenen, vgl. Th. Kruse, Der Königliche Schreiber I, S. 167, Anm. 319; Aueris; 1. Jh. n.Chr.) καὶ τῶν προανειλ(ημμένων) τῷ γ (ἔτει); BGU II 421, 14 (Kameldeklaration; Karanis; 160/161) προανειλημ[μένη. Oder verschrieben für προ<c>αναλ( ) wie in W.Chr. 191, 12 (mit BL II 2, 18)?

Vermutlich nicht προαναλ(ώcαντοc) in Hinblick auf frühere Aufwendungen des Pächters, auch wenn dieses Verbum in einem Rundschreiben des Sempronius Liberalis zur Verpachtung von ὑπόλογοc vorkommt, wo auf Klagen von Pächtern wegen Übervorteilung durch Höherbietende eingegangen wird (SB XXVI 16642; Arsinoites; 156 n.Chr.). An dieser Stelle ist allgemein von den Kosten, die den Pächtern entstanden sind, die Rede, und nicht speziell vom Pachtzins: πολλῶν φαcκόντων μιcθωcαμένουc αὐτοὺc ἐκ τῆc λεγομ̣έν̣ηc ὑπολόγου γῆc ἐπηρεᾶcθαι ὑπό τινων προcθήκαc δεδωκότων μετὰ τὸν πρῶτον ἢ δεύτερον τῆc [μ]ι̣ϲ̣[θ]ώcεωc ἐν̣ιαυτὸν καὶ οὕτωc τῆc γεωργίαc ἐγβεβλῆcθαι ⟦εἰc⟧ ἤδη εἰc τὴν κατεργαcίαν τῆc γῆc ἱκανὰ ἀναλωκόταc ἐλπίδι τοῦ δυνήcαcθαι τοῖc ἑξῆc ἔτεcι καὶ τὰ προαναλωμένα ἀπολαβεῖν (Z. 8–17); vgl. A. Jördens, Chiron 31, 2001, 51ff.

Ob auch in Kol. XXI 6–7 προαναλ( ) herzustellen ist, ist fraglich.

Kol. XXI

– –

1 .ω̣( ).[
2 Ἁρπ[..]. κ̣α̣ὶ ..[ ] ..[
3 ὑπόλ(ογος) *vacat* [ ] *vacat*
4
5 (πρότερον) Ἡ̣ρακλ( ) μη(τρὸς) Θα̣υβ[άςθιος Ψο]ςναῦτος πρεςβ(υτέρου) ἐπ̣( ) [ ]
6 πρὸς αS ἀπὸ ὑπ[ολ]ό̣γ(ου) [ἀπὸ] μέ(ρους) ἐ̣π(ιγραφῆς) (ἄρ.) γ (γίν.) (ἄρ.) ς ξδ π̣[..].
7 αναλ( ) α̣ν(ὰ) Ld[ ] (ἄρ.) γ [..] ἀπ̣[ὸ μέ(ρους)] ἐπ(ιγραφῆς) ἀν̣(ὰ) η) (ἄρ.) γ ὧν

8 α τόπ(ος) ἀν(ὰ) Ld/ (ἄρ.) γ γί(τονες) ν[ό]τῳ̣ Ἰςᾶτος Ψοςναῦτος καὶ ἐπί τ̣ι λί-
9 μνη βορρ(ᾶ̣) ὑπόλ(ογος) λιβ̣ὶ βαςιλ(ικὴ) ἀπηλ(ιώτη̣) Ἰςᾶτο(ς) Ψοςναῦτος
10 *ἐπ(εςκέφθη)* [ὁ]*μ(οίως)*

11 β τόπ(ος) ἀπὸ μέ(ρους) ἐπ(ιγραφῆς) (ἄρ.) γ γί(τονες) ἐκ (τεςςάρων) [ἀ]νέμω(ν) ἰδιωτικ(ή)
12 *ἐπ(εςκέφθη)* [ὁ]*μ(οίως)*

13 [....].ς̣ Ἁρποκ(ρ) καὶ Ἡρακλ( ) μη(τρὸς) Θα̣υ̣βάςθιος [.]ι πρεςβ(υτερ-) Τα-
14 [ψαχ]ὼν ἀν(ὰ) ακδ// (ἄρ.) αλβ// γί(τονες) ὅλων (ἀρ.) θλβ// ἐν αἷς
15 [ἐν μι]ςθ(ώςει) (ἄρ.) η ἐ̣π' ὀνόμ(ατος) [Ἀ]πολ[λ]ωνίου μη̣(τρὸς) Θ̣α̣ήςιος νό-
16 [τῳ ἀ]νει̣(λημμένη) βορρ(ᾶ̣) ἐκχω(ρουμένη) ἀπ̣[ηλ(ιώτη̣)] ἰδι̣[ω]τ(ικὴ) λιβὶ εκ[...].
17 [*ἐπ(εςκέφθη) ὁ*]*μ̣(οίως)*

18 [ ].ος μη(τρὸς) Θαψ̣όιτ[ος ἀπὸ Τα]ψαχ(ὼν) κβ (ἔτει) εἰ[ς] (ἔτη) ε ἀπὸ ὑπολ(όγου)
19 [(ἄρ.)] ε γί(τονες) ὅλ(ων) (ἄρ.) ζS/ [οὐςῶν ἐν] μιςθ(ώςει) (πρότερον) Τιθοήους Ϲαμβ( ) [

20 [ ] ̣εκ ̣[ ] Θ̣αψόιτο(ϲ) ̣[̣]λα̣του ἰδιω(τική) [
[*ἐπ(εϲκέφθη) ὁ]μ̣(οίωϲ)*

– –

(5–12) Vormals Herakl( ), Sohn der Thaubasthis, [Enkel (?) des Pso]snaus des Älteren, Ep(igraphe?) [ ] zusätzlich (?) – – – aus Hypologos, [und] Teilepigraphe von 3 1/64 Aruren, ergibt 6 1/64 Aruren

– – – αναλ( ) zu 1/2 1/4 (Artaben) für 3 [ ] Aruren

[und Teil]ep(igraphe) zu 1/8 (Artaben) für 3 Aruren

davon:

1. Topos: zu 1/2 1/4 (Artaben) für 3 Aruren. Anrainer: im Süden: Isâs, S. d. Psosnaus, und ein Stück See, im Norden: Hypologos, im Westen: Königsland, im Osten: Isâs, S. d. Psosnaus.

(2. Hand) Inspiziert. Ebenso.

2. Topos: Teilepigraphe für 3 Aruren. Anrainer: in allen vier Himmelsrichtungen Privatland.

(2. Hand) Inspiziert. Ebenso.

(13–16) – – –, Sohn (?) des Harpok(r), und des Herakl( ), Sohn der Thaubasthis – – – Presbyteroi von Ta[psach]on

zu 1 1/24 (Artaben) für 1 1/32 Aruren.

Anrainer von insgesamt 9 1/32 Aruren, von denen 8 Aruren verpachtet sind unter dem Onoma des Apollonios, des Sohnes der Thaesis: Im Süden: zurückgenommenes Land, im Norden: zediertes Land, im Osten: Privatland, im Westen: ze[diertes Land?].

(2. Hand) Inspiziert. Ebenso.

2 Sicherlich Ἁρπ[οκ( )] wie in Z. 13.

5 ergänzt nach Ἡρακλ( ) μη(τρὸϲ) Θα̣υ̣βάϲθιοϲ in Z. 13.

5–6 Vgl. Kol. LI 5 und 6.

6–7 Vielleicht nicht π̣[ρο]|αναλ( ) wie in Kol. XX 10, da man zwar am Zeilenende von Z. 6 ein Pi erkennen könnte, nach einer Lücke aber noch Tinte zu sehen ist; man sieht am ehesten π̣[̣ ̣]α̣, das aber nur unter der Voraussetzung, dass das Papyrusstück, auf dem das Alpha zu erkennen ist, tatsächlich hierher gehört und nicht falsch angesetzt ist.

7 ἀπ̣[ὸ μέ(ρουϲ)] ἐπ(ιγραφῆϲ) ergänzt nach Z. 11.

8 ʼΙϲᾶτοϲ Ψοϲναῦτοϲ: in Kol. XXVIII 22 findet sich ein Psosnaus, Sohn des Isâs.

13 [κα]ὶ oder [δ]ι(ὰ) πρεcβ(υτερ-) (D. Hagedorn).

15 ἐ̣π' ὀνόμ(ατοc) wie in Kol. XVII 19.

16 Wohl ἀ]νει̣(λημμένη) wie in Kol. VIII 9, XXXVI 12, XL 21 und XLV 12 (ebenfalls unter den γείτονες). Damit wäre der Platz in der Lücke gefüllt. Vgl. zu Kol. XXXVI 12. Nach λιβί vielleicht wieder ἐκ[χω(ρουμένη)].

20 Vielleicht ['Ε]λάτου. Belege für diesen Namen wären O.Petr.Mus. 181, 1; 182, 1 (1. Jh. n.Chr.); SB XXVI 16446, 2 (4. Jh.).

Kol. XXII

- -

1] . . . . . . [
2] . ἐπικ̣αλο̣υ̣(μένου) Ὠ̣[
3 ἀ]πηλ(ιώτῃ) Νεφίβιο̣ς̣ Τ̣ιθοηοῦτ̣[ο(c)
4] *ἐ̣π̣(εcκέφθη) ὁ̣μ̣(οίωc)*

5]υβα . [ ] . [ ] Πααθρήουc Ε . [
6]μ̣ιcθω(c) [ἀ]π̣ὸ ὑπολ(όγου) ἐπὶ χρόνον (ἐτῶν) ε̣[
7 δι'] ἐπ(ιγραφῆc) (πρότερον) Π̣[αα]θ̣ρήουc Ὀννώφ(ριοc)
ἀπὸ ὑπ[ο]λ̣(όγου) [
8] . ἀν(ὰ) α (ἄρ.) β̣S/ (γίν.) (ἄρ.) ϛηις̣ καὶ ἀπὸ
9] . . (πρότερον) [ ] . ελλῆτοc Ἀλε̣ξ̣(άνδρου)
ἀν(ὰ) α (ἄρ.) γ
10] ε . [] . . ν . (ἄρ.) θLd/ (γίν.) θηις ὧν

11 ἀ]ν(ὰ) Ld/ [] (ἄρ.) δLρκη γί(τονεc) νό̣τ(ῳ) ἰδιωτικ̣(ή)
12] . ο̣ Π̣[α]α̣θ[ρ]ήουc βορρ(ᾶ̣) πλευοναcμ[ὸc]
13]η̣ρω[]δια . . . Διδύμ(ου) ἀπηλ(ιώτῃ) ὑπό̣λ(ογοc)
14] . [ ] *ἐπ(εcκέφθη) ὁ̣μ(οίωc)*

15] . α . [ ] ἀν(ὰ) α (ἄρ.) αS/ γί(τονεc) νότῳ
16] . ιδ Cαραπ(ίωνοc) ἐπικαλ(ουμένου)
17]Ν̣εφίβιοc Τιθοηοῦτο(c)
18] *ἐπ(εcκέφθη) ὁ̣μ(οίωc)*

19] . . ( ) Διονυc(ίου) Λυcιμάχο̣υ̣[
20] . [ ] . λιβὶ [

- -

12 πλεοναcμ[όc]

3 Νεφίβιο̣ς̣ gelesen nach Z. 17, wo diese Person wieder genannt ist. Der Name ist sehr selten: P.Giss.Univ. I 5, 3 (2. Jh. v.Chr.) hat Ν̣εφίβιος (Gen.), CPR XVII B 27, 7 (217/8 n.Chr.) Πα̣νεφίβε̣[ως. Der Genetiv Τ̣ιθοηοῦτ̣[ο(c) gelesen und ergänzt nach Z. 17.

5 Offenbar nicht ʽΕρ[, also nicht nach Kol. XL 5 Παaθρήους ʽΕρμαίου.

9 Vermutlich Β̣ελλῆτος. Der Name steht auch in Kol. XII 9.

12 πλευονασμ[όϲ]. πλευο- ist eindeutig zu sehen, also nicht etwa πλειο-. Die Lautung ist auffällig und offenbar ohne Parallele. Vgl. P.Thmouis 1, Kol. 96, 11–12 [π]λεοναϲμοῦ ἐξ ἐ̣πιϲκέψεωϲ (ἀρουρῶν) τε̣[ϲϲ]ά̣ρων καὶ πρόϲ, Kol. 96, 15–16 αἱ τοῦ [πλεον]αϲμοῦ ὑπολειπόμεναι (ἄρουραι) γ, Kol. 97, 15–17 τ̣οῦ αὐ̣τοῦ πλεοναϲ(μοῦ) ἐξ ἐπιϲκ(έψεωϲ) πα̣ντὸϲ ἐδάφουϲ. In Kaufverträgen über Ackerland wird im 2. Jh. in dem Passus, in dem die Freiheit des Objekts von Belastungen zugesichert wird, wiederholt vermerkt, dass das Grundstück unter anderem frei ist von πλεοναϲμοί und ἐπιγραφαί (zuletzt P.Horak 23, 8; SB XXIV 15933, 11 mit BL XII, S. 237). Belege aus dem Delta für den φόροϲ πλεοναϲμῶν bietet P.Ryl. II 213, 82. 108.140 (Thmouis, Ende d. 2. Jh.). Vgl. auch πλεον̣α̣ϲ̣ματιϲθῆναι in P.Giss. I 48, 20f. (202/3 n.Chr.).

13 Wohl ʽΗ̣ρω|διαν̣ο̣ῦ̣ (offenbar mit einem kleinen Zusatz über der Zeile). Wie auch schon die beiden vorhergehenden Zeilen zeigen, schließt das Fragment am Zeilenbeginn direkt an das Bruchstück an. Also nicht Διαγό̣ρ̣(αϲ) oder Διο̣γᾶ̣τ̣ο̣(ϲ).

14 Da das linke Fragment nahe an das Hauptstück anschließt (vgl. zu Z. 13) ist der untere Teil des Epsilon von ἐπ( ) wohl noch auf dem linken Fragment zu sehen.

16 Vermutlich Σαραπ(ίωνοϲ) ἐπικαλ(ουμένου) und nicht Σαραπ(ιάδοϲ) ἐπικαλ(ουμένηϲ). In Kol. XLV 10 wird ein Σαραπ(ίων) ὁ καὶ Σκύβαλοϲ erwähnt.

17 Dieselbe Person schon in Z. 3. Der Genetiv Τιθοηοῦτο(ϲ) ist auffällig (so offenbar auch in Kol. VIII 5), da sonst der Genetiv Τ̣ιθοήουϲ üblich ist.

19 In Kol. XXIII 8.13 findet sich ein Dionysios, Vater des Lysimachos.

Kol. XXIII

\- -

[. . . .]λ̅β̅ . | . . . . [
ρ[ἀ]ν(ὰ) α Βα[ϲ]ι̣[. .] . . Λυϲιμ(άχου) [
(ἄρ.) [ ] . [ἀν](ὰ) η) (ἀρ.) S/ (γίν.) (ἄρ.) γξδ Π[
ὑπ(ὲρ) ἐπιθ(έματοϲ) ὅλ(ων) . d/ ὧ̣ν [
vacat [
α τόπ(οϲ) (πρότερον) Νοφορῶτοϲ Ἁρποκ(ρ) (ἄρ.) αS/ [
Διδύμου Νιϲθ ερ . ουτ( ) λιβὶ [
ἐπικαλουμέ(νου) Λυϲιμάχου Διο̣[νυϲ(ίου)
ἐπ(εϲκέφθη) ὁμ(οίωϲ) [

β τόπ(οϲ) (πρότερον) Ἡρακλείδηϲ Χαιρή̣μονοϲ[
υριου π̣ . [.] . . [.] . βορρ(ᾶ̣) . το̣υ . [
λιβὶ Ϲαρα̣πια . . Π . . . [
Λυϲιμάχου Δι̣ο̣νυϲ[(ίου)
ἐπ(εϲκέφθη) [*ὁμ(οίωϲ)* [

(πρότερον) Ἁρωοῦτοϲ . . . [
γ (ἔτει) εἰϲ (ἔτη) ε ἀπὸ ὑ̣[πολ(όγου)
ἀν(ὰ) α (ἄρ.) . [.] . ξδ[
(ἄρ.) βS/ . [

\- -

1]λ̅β̅ . auf einem Fragment, von dem nicht ganz sicher ist, dass es hierher gehört.

2 Das Rho am Beginn der Zeile reicht über die Zeilen 2 und 3. Es ist nicht ganz auszuschließen, dass dem Rho ein kleiner Buchstabe vorausging, der jetzt aber weitgehend verloren wäre, wie das in Kol. XXV 12 der Fall ist, wo einem ebenfalls sehr großen Rho ein kleines Alpha vorausgeht. — Βα[ϲ]ί̣[λι]ο̣ϲ?

4 Die Wendung ὑπὲρ ἐπιθέματοϲ τῶν ὅλων findet sich wiederholt in Pachtangeboten von Immobilien in öffentlichem Besitz, so in P.Oxy. III 500, 14–15 (130 n.Chr.) und in P.Lond. III 1227, 9–10 (p. 143; Hermupolis, 152 n.Chr.). Vgl. auch P.Ryl. II 207, 24 (Beginn des 2. Jh.), SPP V 119 Fr. 5, 16 (= CPR I 39; Hermupolis, 266/7), P.Ryl. II 99, 8 (Hermopolites, 3.

Jh.); vgl. vor allem auch P.Pher., wo wiederholt die Wendung μετ' ἐπιθέματος τῶν ὅλων zu finden ist. Ein unserer Rolle verwandter Text ist auch SB XVI 12493 (Vorarbeit zur Episkepsis; 2./3. Jh.), wo in Kol. VIII 14 in der Wendung καὶ ἐπιθέματος ἄρουραι δεκατέσσαρες das Epithema auf eine Fläche bezogen ist. Vgl. auch O.Bodl. II 1993, 3–4 (2. Jh. n.Chr.?) ἐπίθεμα ἔχει τῶν ὅλ̣ων (ἀρουρῶν) η (πυροῦ ἀρτάβας) εγ´κδ´. Das Wort ἐπίθεμα wird also auch hier herzustellen sein und sich auf ein Übergebot bei der Verpachtung von Staatsland beziehen. Von besonderem Interesse ist dann auch P.Giss. I 48 (= W.Chr. 171; 203/4 n.Chr.? Antaiopolites; dazu Th. Kruse, Der Königliche Schreiber I, S. 602–605), ein amtliches Schreiben, das eine Untersuchung von Verpachtungen der κυριακή zum Gegenstand hat, in welcher der Eklogistes die fehlerhafte Behandlung von Übergeboten (ἐπιθέματα) beanstandet hat.

6 Νοφορῶτος Ἁρποκ(ρ). In Kol. XXXII 10 umgekehrt ein Harpok(r), Sohn des Nophorôs, auch mit dem Vermerk (πρότερον).

8 Λυσιμάχου Διο̣[νυσ(ίου) ergänzt nach Z. 13; ein Dionysios, Sohn des Lysimachos, hingegen in Kol. XXII 19.

7 Es wohl nicht möglich, zu entscheiden, ob hier Νισθ Ἑρμ̣οῦτ(ος) oder Νισθερω̣οῦτ(ος) (Vorschlag von J. Frösén) zu lesen ist. Nach Νισθ ist ein kleines Spatium zu sehen. Falls Νισθερω̣οῦτ(ος) gemeint ist, wäre dies die einzige Stelle in der Rolle, wo nicht der vielleicht als Kurzform verwendete Name Νισθ steht, sondern die volle Namensform (vgl. oben zu XII 9).

10 Ἡρακλείδ̣ης. Offenbar dieselbe Person in Kol. XLVI 9, ebenfalls nach (πρότερον).

11 Zu -υριου vgl.]υριο ̣[auf dem zu Kol. XXIV abgedruckten Fragment a. Genetiv nach der o-Deklination zu Παῦρις/Πιῦρις?

15 Nach Ἀρωοῦτος vielleicht [Φ]ι̣β̣[ίχιος wie in Kol. XII 7, XVII 11 und XIX 7.

16 Zur Ergänzung von ἀπὸ υ̣[πολ(όγου) vgl. z.B. Kol. XXV 5–6. In der Zeile davor könnte μισθωσ( ) gestanden haben, muss aber nicht.

Kol. XXIV

Rechts von diesem Bruchstück wurde ein schmaler Papyrusstreifen plaziert, der Teile eines Interkolumnium enthält. Man sieht darauf noch ein ausgerücktes Beta und Gamma der darauffolgenden Kolumne, was sicher zu β [τόπ(οc) und γ [τόπ(οc) zu ergänzen ist. Dafür gibt es in der Kolumne XXV keine Verwendung. Wenn dieser Papyrusstreifen richtig plaziert ist, dann müsste — korrekte Kolumnenfolge vorausgesetzt — eine Kolumne eingeschoben werden, von der sich nur kleine Fragmente erhalten hätten. Einfacher wäre die Annahme, dass der Papyrusstreifen falsch plaziert ist und an den Anfang der Kolumne XXIV gehört. Daher ist er auf der Tafel von Kol. XXIV zu sehen.

– – – – – – – – – – – – – – – – – – – –

ἐ]πιγρ(αφ) [
] . ( ) Cα̣μ̣[β( )
] *Reste*
] *vacat*

] . [ἀπὸ Τ]α̣ψαχῶν ι̣γ (ἔτει) εἰc (ἔτη) ε ἀπ̣[ὸ
[ὑπολ(όγου)?]// ὁριcθ( ) ἀν(ὰ) L κ̅δ̅ (ἄρ.) βdη) [ ]
]γί(τονεc) ὅλ(ων) (ἀρ.) ζ νότῳ Ἀρχιβίου
Ὀνν]ώφριοc Ν̣ιcθ λιβὶ Cαραπιά-
[δοc]ι̣α Φ̣ . . [.]
ἐπ(εcκέφθη) ὁ]*μ̣(οίωc)*

Βα]cιλείδου̣ ἀμφοτέρων
ἀν]α̣λαμβ( ) ἀπὸ̣ μέ(ρουc) ἐπ(ιγραφῆc) Λεοντ( )
ἀπ]ὸ Ταψαχ(ῶν) ἀν(ὰ) αLd/ (ἄρ.) γ
] . θ . . . ( ) . . λη Ἱλάρου ἀπηλ(ιώτη)
ἐπ(εcκέφθη)] *ὁ̣μ(οίωc)*
] *vacat*
]υ Φαβάλου Cαμ̣ανν . [
] Cαμβ( ) Νοφορῶτο̣(c) ον[

– – – – – – – – – – – – – – – – – – – –

14 ἵλαρου Pap.

Fragment a

– –
] ̣ ̣[
]υριο ̣[
]ἀν(ὰ) κδ/ [
]Ldη̣̅ι̅ς̅[
] ̣αμ̣( ) ο[
– – – – –

2 Vermutlich Cα̣μ̣[β( ), siehe unten zu Z. 18.

5 Ziemlich sicher ι̣γ (ἔτει) und nicht nur γ (ἔτει), auch wenn das Iota nur als ein sehr dünner Strich ausgeführt ist. Damit wäre das 13. Jahr des Septimius Severus (204/5) gemeint und dies wäre dann vielleicht die früheste Jahresangabe, die sich erhalten hat (vgl. aber die Belege für ein 11. Jahr in Kol. XXXIII 8 und LI 8).

Vielleicht ἀπ̣[ὸ ὑπολ(όγου) wie in Kol. XXV 6 und wohl auch in Kol. XXIII 16.

6 ὁριcθ( ) ἀν(ὰ), „festgesetzt zu", vgl. zu Kol. XIX 10.

14 Der auf λη endende Name könnte mit Iota begonnen haben, was aber zu keinem Personennamen zu führen scheint. Wenn er mit Kappa begann, scheint Κ̣α̣λῆ die einzige Möglichkeit zu sein.

17 Wie man die Namen trennen muss, ist nicht ganz sicher zu entscheiden. Vermutlich Φαβάλου wie in Kol. XXVII 8. Dieser Name ist aber bisher erst einmal, freilich auch gerade aus der Deltaregion, aus Heroonpolis, belegt (P.Oxy. LX 4067, 12–13; 184 n.Chr.). Daneben gibt es den Namen Φάβαλιc in P.Grenf. I 39 Verso I 14 (ca. 180 v.Chr.) und, unsicher gelesen, in P.Gen. IV 183, 6 (5. Jh.). Trennt man Φαβάλου Cαμ̣ανν ̣[, so ergeben sich freilich Schwierigkeiten. Cαμ̣αννη̣[wäre zumindest in dieser Schreibung nicht überliefert. Vergleichen könnte man immerhin die mit einem Ny geschriebenen Namensformen Cαμανῦτιc, Cαμανῆθιc, Cαμαντᾶ (Nom.), alle nebeneinander für ein und dieselbe Person gebraucht in P.Petaus. Allerdings könnte anstelle von Cαμ̣αννη̣[vielleicht auch Cαμ̣αννε̣ο̣[υc zu lesen sein. Für die vorgeschlagene Worttrennung spricht aber auch, dass das Sigma mit seiner Waagerechten an das Alpha angeschlossen ist, was bei diesem Schreiber für Sigma am Wortende untypisch wäre. Ἀμαννεύc wäre

zudem in dieser Schreibung nicht belegt und müsste als eine Variante des Namens Ἀμεννεύϲ aufgefasst werden.

18 Der Name Νοφορῶϲ ist in der Rolle oft belegt und scheint in dieser Lautung neu zu sein, ist aber, wie J. Frösén mitteilt, auch in anderen Bubastos-Rollen zu finden. Üblich ist die Form Νεφερῶϲ, daneben gibt es aber auch Νοφερῶϲ und Νεφορῶϲ. Ϲαμβ( ), so abgekürzt, auch in Kol. XXI 19 und XLIII 12, könnte zu Ϲαμβ(ᾶϲ) oder Ϲαμβ(οῦϲ) aufzulösen sein. Beide Namensformen kommen z.B. in P.Petaus wiederholt nebeneinander vor. Daneben gibt es in der Rolle aber auch den Namen Ϲαμβαθ(ίων). Der Name Ϲαμβᾶϲ findet sich in noch unpublizierten Bubastos-Rollen (Hinweis von J. Frösén). — Danach wohl ὀν[ομ- oder Ὀν[νωφρ-.

Fr. a 2 Vgl. zu Kol. XXIII 11.

Kol. XXV

Dies ist die letzte Kolumne des ersten Teils der Rolle, wie auch das Schlussdatum in Z. 19–20 zeigt (11. Jahr = 231/2). Die beiden letzten Einträge scheinen, soweit sich das feststellen lässt, in ihrer Formulierung von den vorherigen etwas abzuweichen. Wie so oft, ist auch hier nur der frühere Besitzer genannt. Einen neuen gibt es offenbar noch nicht. Neben Lage und Grundstücksgröße ist der φόρος ἐπιγρ(αφῆς) angegeben, der hier, anders als sonst, mit der Einschränkung ἄχρι ἐπιδείξεως, „bis zur (endgültigen) Feststellung“, versehen ist. Es handelt sich also um Angelegenheiten, die in der Schwebe sind. Im zweiten Fall war das Land als Weide verwendet worden. Im ersten Fall hatte der Vorbesitzer das Land im 26. Jahr (217/8) für zwei Jahre gepachtet. Die Pacht war demnach im Jahr 219/20 abgelaufen. Im gegenwärtigen 11. Jahr (231/2), also 12 Jahre nach Pachtende, bestand noch immer dieses administrative Provisorium.

\- -

.[
ἀπηλ(ιώτῃ) ἰ̣δ̣ι̣[ω(τικῇ)] . . .[ὑπό]-
λο[γ]ος βορ[ρ(ᾶ)] *vacat* [ ]
.[*ἐπ(εσκέφθη)*] *ὁ̣μ(οίως)*

(πρότερον) Σαραπίων[ος Διο]σκόρο(υ) ἐν̣ μισθώσ(ει) κ̣ς (ἔτ.) εἰ[ς]
(ἔτη) β ἀπὸ ὑπολ̣[(όγου) ὧν ὁ] φόρ{ως}ος ἐπιγρ(αφῆς) ἐστι ἄχρι̣
ἐπιδίξεως ἀν̣[(ὰ) .]η// (ἄρ.) βS/ (πυροῦ) (ἀρτ.) d/η̅ γί(τονες) νότ(ῳ̣)
καὶ βορρ(ᾶ̣) ὑπόλ(ογος) ἀπηλ(ιώτῃ) χῶμα λιβὶ συνορία Πο .
χωνθεως.
ἐπ(εσκέφθη) ὁμ(οίως)

(πρότερον) Ἁρποκρᾶτος μ[η(τρὸς)] Θαψ[όιτος ἀ]π̣ὸ Ψ̣εν̣τίνης
μισθ̣ωσ( ) προς̣[. . .] . . . ὑπολ(ογ-) εἰς νομὰς ὧν̣
ὁ φόρος ἐπιγραφῆς̣ ἐστιν ἄχρι ἐπιδ̣ί̣ξ(εως)
(ἄρ.) κδdη̅ιςλβ̅ (πυροῦ) (ἀρτ.) λ[.]κ̣δ̣μ̣η̣ γί(τονες) ν[ό]τ̣(ῳ̣) χῶμ[(α)
ἀρ]χαῖον
βορρ(ᾶ̣) ἰδιωτ(ικῇ) λ[ι]βὶ [καὶ] ἀπηλ(ιώτῃ) χέρσος
[*ἐπ(εσκέφθη)*] *ὁμ(οίως)*

(ἔτους) ια// [Αὐτοκράτορο]ς̣ Καίϲαροϲ Μάρκου Αὐρη[λίου]
[Ϲεουήρου Ἀλεξάνδ]ρου εὐϲεβοῦϲ εὐτυχ̣(οῦϲ) Ϲ̣[εβαϲ(τοῦ)]

– – – – – – – – – – – – – – – – – – – –

7, 14 ἐπιδείξεωϲ

(5–11) Vormals Sarapion, Sohn des [Dio]skoros, in Pacht im 26. Jahr für zwei Jahre, aus Hypologos.
Davon beträgt der Phoros der Zuschreibung bis zur Feststellung [. .] 1/8 Art. (pro Arure), 2 1/2 Aruren, (ergibt) 1/4 1/8 (?) Art. Anrainer: im Süden und Norden: Hypologos, im Osten: Damm, im Westen: Gemarkung von Po[]chonthis.
(2. Hand) Inspiziert. Ebenso.

(12–17) Vormals Harpokrâs, Sohn der Thapsois, aus Psentine, Pacht – – – Hypologos, zur Verwendung als Weide.
Davon beträgt der Phoros der Zuschreibung bis zur Feststellung für 24 1/4 1/8 1/16 1/32 Aruren 30 [+?] 1/24 1/48 Artaben. Anrainer: im Süden: ein alter Damm, im Norden: Privatland, im Westen und Osten: Ödland.
(2. Hand) Inspiziert. Ebenso.

5 Breiter geschriebenes Ϲαραπίων[οϲ Διο]ϲκόρο(υ) oder Ϲαραπίων[ο(ϲ) τοῦ κ(αὶ) Διο]ϲκόρο(υ). In Kol. XXX 6 findet sich (πρότερον) Ϲαραπ( ) Διοϲκό(ρου).

Offenbar das 26. Jahr; das Kappa ist nicht ganz erhalten, scheint aber sicher zu sein. Dies ist die einzige Datierung aus der Zeit zwischen Caracalla und Severus Alexander, die sich in der Rolle erhalten hat. Vgl. oben die Einleitung, S. 3.

6–7 Ergänzt nach Z. 13–14. — ἄχρι̣ ἐπιδίξεωϲ „bis zur Feststellung“. Das Substantiv ἐπίδειξιϲ scheint in römischer Zeit in einem vergleichbaren Zusammenhang bisher noch nicht belegt zu sein, wohl aber das Verbum ἐπιδεικνύναι: vgl. vor allem BGU II 571, 5 (151/2 n.Chr.; mit BL I 53 und 438) ἐδαφῶν εἰϲ μίϲθωϲιν ἐπιδειχθέντων; Herkunft: ἀπὸ – – – χέρϲου ἠπείρου (Z. 7) und ἀπὸ χέρϲο(υ) ὑπολ(όγου) Z. 9. Eingeschränkt vergleichbar und aus späterer Zeit stammend ist P.Sakaon 2, 23 (= P.Thead. 54; 300 n.Chr.) [Αὐρήλιοϲ Κέρδ]ων ὁριοδείκτηϲ ἐπέδιξα τὰϲ προκ̣ιμέναϲ ἀρούραϲ καὶ οὐδὲν παρέλιπον (nach der Unterschrift zweier Landvermesser in Z. 20–21). Diese Unterschrift steht unter einer Landdeklaration, die der Besitzer im Zuge des diokletianischen Landzensus einreichte. Entsprechend auch die Unterschrift des Horiodeiktes in der Landdeklaration P.Corn. 20, 25.43.62.81.100.124. 144.166.209.229 (302 n.Chr.).

7 (πυροῦ) (ἀρτ.):

Kol. XXV 7

XVIII 7

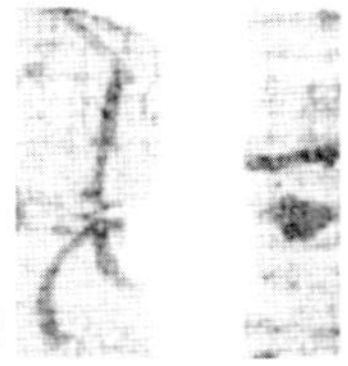
XXV 15

Kol. XXXVII 8

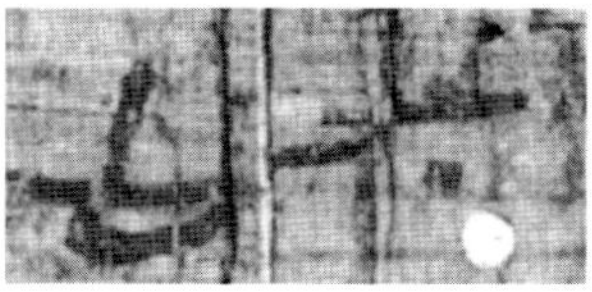
LI 7

8–9 Ob nach πο noch Tintenspuren anzunehmen sind, ist ungewiss. Vielleicht hieß also das Dorf Πο|χῶνθιc. Der Name des Dorfes, wie immer er nun lautete, scheint jedenfalls bisher nicht belegt zu sein.

12 Der Ortsname Ψεντίνη war bisher nicht belegt. Er findet sich aber auch in Kol. XXXVII 7, außerdem in anderen, noch unveröffentlichten Rollen aus dem Bubastites (Hinweis von J. Frösén).

13 Vielleicht nicht ἀ̣π̣ὸ̣ ὑπολ(όγου). Flächen, die offenbar auch als Weideland Verwendung fanden, sind in Kol. XXXVI 4, XXXVIII 4–5, XLIV 13–14 und XLVI 10–11 erwähnt; vielleicht auch in Kol. XXXVII 10–11.

14 Vor der Flächenangabe stand hier anders als in Z. 7 keine Quote, vermutlich deshalb, weil es sich um Weideland handelte. Artabenbeträge ohne Angabe einer Quote, vielleicht auch in Verbindung mit Land, das als Weide genutzt wurde, finden sich in Kol. XXXVII 10–11 und XXXVIII 4–5.

16 Zur Bedeutung von χέρcoc, „Ödland", in der Rolle sonst nur noch in Kol. XXXIII 14 und XLVI 20, s. zu P.Bub. II 5 II 6 und Th. Kruse, Der Königliche Schreiber I, S. 479, Anm. 1327.

Der zweite Teil der Rolle

Kol. XXVI

Nach dem Schlussdatum in Kol. XXV 19–20 beginnt hier der zweite Teil der Rolle, der von anderer Hand geschrieben ist. Vgl. oben die Einleitung S. 4ff.

\- -

1] .
2] . . [ ] . δ̣ε̣
3] ὁμ̣(οίως)

4 ἀ]ν̣ὰ μ(έσον) ὄντο(ϲ) ι . . [
5]̅ . . . [] . μ̅ (ἄρ.) η[
6 δ]ι̣ʼ ἐπ(ιγραφῆϲ) (πρότερον) . ιβ̣ερ̣ί̣ου
ἄλ(λο) Διοϲ̣κ̣(όρου)
7 γί(τονεϲ)] ὁ̣λ(ων) νότ(ῳ̣) ἰδιω̣τ̣(ικὴ) [κα]ὶ̣ βαϲιλ(ικὴ)
8 β]ορ̣ρ̣(ᾶ̣) Ἁρμα̣[καὶ] ἄλλων
9]χω̅ Τραι(ανὸϲ) πο(ταμόϲ)
ϛ (ἔτουϲ) ἕωϲ ι (ἔτουϲ) ὁμ(οίωϲ)
10] . . ι . α̣λ̣( ) . .

11 ἐκ]κεχω(ρημένη) ὑπὸ Οὐαλερίου Μαρ-
12 [κέλλου] . . ιϲ̅λ̅β̅ξ̣̅δ̣̅ . . . ατο(ϲ)
13] καὶ ἐν ἐκφο(ρίῳ̣) παρ̣δ( )
14] . ἀπὸ̣ δη(μοϲίαϲ) γῆϲ (ἄρ.) ιαη̅λ̅β̅ρ̅κ̅η̅
15] . αλεξ( ) ἐπ( ) φόρων ἐν γ)
16] . λ̅β̅ξ̅δ̅ ἐ̣ξ (ὧν) ἐ̣δηλώ[θ](η)
17] . . [.] . ο̣υ Λεων- [
18] . . [.] ἀν(ὰ) μη (ὧν) ἐν ὅλαιϲ
19 νό]τ̣ῳ̣ δημ(οϲία) γῆ βορρ(ᾶ̣) χῶμ(α)
20] . . . ϛ (ἔτουϲ) ἕωϲ ι (ἔτουϲ) ὁμ(οίωϲ)
21] ὁμ(οίωϲ)

22 ἀνὰ] μ̣(έσον) ὄντ̣[ο(ϲ)] διαϲ̣τή(ματοϲ) ὑπόλογ(οϲ)

23] ̣ Μαρκέλλου (ἄρ.) α ἡ οὐ͡c(α) [
24] ̣ τοῦ κ(αὶ) Ἁρμιύcιος Ἰcι[δώ(ρου)] ̣ [
25] ̣ ̣ [

- - - - - - - - - - - - - - - - - - - -

4 Wohl ὄντο(c) ἱκ̣α̣[νοῦ διαcτή(ματος):

Vgl. P.Oxy. VI 918 V 15 (2. Jh. n.Chr.) ἀνὰ μ(έcον) οὔcηc διώρυχο(c) καὶ ἱκανοῦ διαcτήματ(οc) und Kol. XLIX 16 ἀνὰ μ(έcον) ὄντ[ο(c)] ὀλίγου διαcτή(ματος).

6 Wohl nicht Τ̣ιβε̣ρ̣ί̣ου, stattdessen vielleicht Λ̣ιβε̣ρ̣ί̣ου, wobei der Name in den Papyri allerdings nur in späterer Zeit belegt ist. Oder Λιβανίου? Zu λι- vgl. die Schreibung von λίμνη in Kol. XXXIII 22.

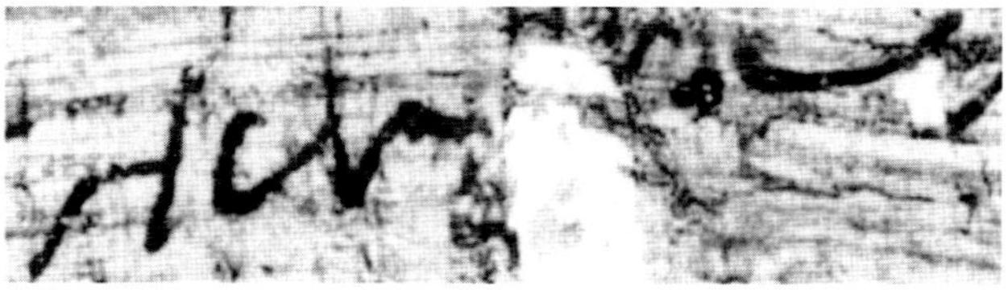

8 Vermutlich wie auch sonst in der Rolle Ἁρμά̣[(ιος).

9 ἐκκε]χω(ρημένη) oder χῶ(μα). — Erste Erwähnung des Trajanskanals im zweiten Rollenteil. Acht weitere Erwähnungen sind dann in den Kolumnen XLII–LII erhalten. An all diesen Stellen ist der Kanal in derselben Weise geschrieben und abgekürzt. Die Lesung verdanke ich Ch. Armoni. Der Trajanskanal ist auch in P.Bub. I 4 LXIX 2 erwähnt, ebenso in noch unveröffentlichten Rollen aus dem Bubastites (Hinweis von J. Frösén). Zum Verlauf des Kanals F. Oertel, Kleine Schriften, Bonn 1975, S. 239 (= Das Problem des antiken Suezkanals, in: K. Repgen – S. Skalweit, Spiegel der Geschichte. Festgabe für Max Braubach, Münster 1964, S. 24–25), zur Geschichte des Kanals P.J. Sijpesteijn, Der ΠΟΤΑΜΟΣ ΤΡΑΙΑΝΟΣ, Aeg. 43, 1963, 70–83; A. Jördens, Neues zum Trajanskanal, Proc. 24th Int. Congr. of Pap. Helsinki 2004, 468–482; dies., Statthalterliche Verwaltung in der römischen Kaiserzeit, Stuttgart 2009, S. 417–423. Daris, Dizionario, Suppl. 5, S. 100–101.

10 Vermutlich eine nachträglich an das Ende des vorhergehenden Abschnittes angefügte Notiz, vielleicht von zweiter Hand, jedenfalls in dicke-

rer Schrift, am ehesten vielleicht] . . ικ̣α̣λ̣( ) oder] . . ιβ̣α̣λ̣( ), offenbar nicht]ἐ̣π̣ιβ̣α̣λ̣( ).

11–12 Zu ἐκ]κεχω(ρημένη) ὑπὸ Οὐαλερίου Μαρ[κέλλου vgl. Kol. XXXIII 13.19, XXXIV 19, XXXVI 10, XLII 8.19, XLVIII 8, L 5.14.

12 Ist Λ̣υ̣ϲ̣ᾶτο(ϲ) gemeint?

13 παρ̣δ( ) oder πα̣ιδ( ) oder sogar παρ̣α̣δ( )?

Für die Lesung πα̣ιδ( ) ließe sich z.B. das Iota in der Buchstabenfolge μιϲθ- vergleichen. Dann könnte man allenfalls an Παιδ(ίνου) wie in SB XX 14312, 12 (203/4) denken oder an παιδ- anstelle von πεδ- wie in Kol. XII 11.

15 ἐν γ [μέρεϲιν?

17]ρ̣ο̣υ oder]ν̣ο̣υ?

22 ἀνὰ μέϲον ὄντοϲ διαϲτήματοϲ wiederholt im zweiten Rollenteil an dieser Stelle. Diese Wendung findet sich auch in SB XII 10892, 31 (Arsinoites, 188 n.Chr.) und in erweiterter Form in P.Oxy. VI 918 V 15 (2. Jh.).

23 Wohl (ἄρ.) α ἡ οὖϲ(α) und nicht (ἄρ.) λη οὖϲ(αι) (vgl. Kol. XXVIII 9–10).

24 Die Ergänzung zu Ἰϲι[δώ(ρου) ist gesichert durch Kol. XLI 13.

Kol. XXVII

Die Kolumne ähnelt im oberen Teil Kol. XXX.

\- -

] *vacat* [

2 δι' ἐπ(ιγραφῆϲ) (πρότερον) Ἁρμάιοϲ τοῦ κ(αὶ) Κο[υ]κ̣ (πρότερον) (?) Ἑ̣ρ̣[]μ̣ίω(νοϲ)

3 τοῦ κ(αὶ) Ἀπίωνο(ϲ) ἐξ (ὧν) ἀν(ὰ) κδ [ ] . / [ ] διαϲτή(ματοϲ)

4 ἐπικαλ̣(ουμεν-) Cιcίνου ἀν(ὰ) ῃ) (ἄρ.) [ ]εν( )

5 ἀποτάκ(του) (ἄρ.) ϛ . [.]λ̣β̣ρκη (ἀρ.) S// . . [ ]ἀν(ὰ) . .

6 (ἄρ.) αLιϛ // (καὶ) ὑ[πὸ Ἰ]ϲ̣χυρί̣ω(νοϲ) Ν̣[ιϲθ] . . [ ] . α Lιϛ

7 (καὶ) ὑπὸ̣ Ἡρακλήου Φ̣ι̣λ̣ . μ( ) (ἀρ.) d[ ] . . [ ]

8 (καὶ) ὑ̣πὸ Ἡρακλ( ) Φαβά̣λο̣(υ) (ἄρ.) α (ἀρτ.) . [] (πρότερον) Διο̣[ϲκ(ό-ρου)] Νιϲθ

9 εἰϲ (ἔτη) ε ὀνόμ(ατοϲ) Ἀρτε[μ]ᾶ̣) τοῦ κ(αὶ) Cερή[νο]υ Κολλο̣[ύθο(υ)] (ἄ̣ρ.) ιη̣

10 ἀποτάκ(του) ὅλων (ἀρ.) λζ (ἀρτ.) διϛ[ ] . γί(τονεϲ) [νότ(ῳ̣) ἰδ]ι̣ωτικ(ὴ)

11 καὶ βαϲιλ(ικὴ) γῆ (καὶ) ἐπί τι ἐων̣η(μένη) βορρ(ᾶ̣) ἰδιω(τικὴ) (καὶ) [ ] (καὶ) ἄλ(λων)

12 λιβὶ ἰδιω(τικὴ) (καὶ) βαϲιλ(ικὴ) (καὶ) ἐπί <τι> ϲυνορί(α) Νώεω[ϲ] . ϛ (ἔτουϲ) ἕωϲ ι (ἔτουϲ) ὁμ(οίωϲ)

13 ὁμ(οίωϲ)

14 πρὸϲ λί(βα) (τούτων) ἀνὰ μ(έϲον) ὄ̣ντο(ϲ) διαϲτή(ματοϲ) ὑ̣πολ(όγου) . [ ]( ) ον̣ . ( ) [

15 ἀν(ὰ) ιβ// (ἄρ.) βS/ ἐν μιϲθ(ώϲει) ὑπὸ Cι̣ϲί̣[νου

16 γί(τονεϲ) νότῳ̣ γύ̣ηϲ (καὶ) ἐκ (τριῶν) ἀνέμ(ων)[

17 ὁμ(οίωϲ) [

18 πρὸϲ ἀπ(ηλιώτην) (τούτων) ἀνὰ μ(έϲον) ὄντ(οϲ) δι[αϲτή(ματοϲ)

19 ὑπολ(όγου) (ἄρ.) ed/ αἱ ο(ὖϲαι) δι' ἐπ(ιγραφῆϲ) ὀνόμ(ατοϲ) Ν̣[

20 (καὶ) ἐν ἐκφο(ρίῳ) (ἄρ.) κθ . [ ]μη̣[

21 ἀπ(ηλιώτη̣) ὑπόλ(ογοϲ) ϛ (ἔτουϲ) ἕωϲ ι (ἔτουϲ) [

22 *vacat* [

23 *Buchstabenreste* [

\- -

(2–10) durch Zuschreibung vormals Harmais alias Ko[u]k( ), vormals (?) Hermio(n) alias Apion,
daraus zu 1/24, Ar.: [– – –] Zwischenraum, genannt (?) des Sisines, zu 1/8, Ar.: [– – –]
von dem festgesetzten (Pachtzins) für 6 1/[.] 1/32 1/128 Aruren: Ar.: 1/2 [– – –]
[– – – – – –] zu ... Ar.: 1 1/2 1/16
und von Ischyrion, S. d. Nisth – – – [zu ... Ar.:]1 1/2 1/16
und von Herakles, S. d. Phil- Ar.: 1/4 – – – – – –
und von Herakl( ), S. d. Phabalos Ar.: 1, Artaben: – –
vormals Diosk(oros), S. d. Nisth, für fünf Jahre, unter dem Onoma
Artem(âs) alias Serenos, S. d. Kolluthos Ar. 18
Von dem festgesetzten (Pachtzins) für insgesamt 37 Aruren Artaben: 4 1/16 [ ]
Anrainer: im Süden: Privatland und Königsland und ein Stück verkauftes Land; im Norden: Privatland und [ ] und von anderem; im Westen: Privatland und Königsland und teilweise Gemarkung von Nois – – –
Im 6. bis 10. Jahr ebenso. Ebenso.

(14–17) Davon nach Westen, mit Zwischenraum in der Mitte Hypologos,– – –
zu 1/12, Ar.: 2 1/2
gepachtet von Sisi[nes] – – –
Anrainer: im Süden: Katastergrenze und in drei Himmelsrichtungen [ ]
[Im 6. bis 10. Jahr ebenso.] Ebenso.

(18–22) Davon nach Osten, mit Zwischenraum in der Mitte [– – –] Hypologos, Ar.: 5 1/4
in Pacht durch Zuschreibung unter dem Onoma des N[– – –
[Anrainer:] und Ekphorionland von 29 [ ] Aruren, – – – im Osten: Hypologos.
Im 6. bis 10. Jahr [ebenso. Ebenso.]

2 Ἁρμάιος τοῦ κ(αὶ) Κο[υ]κ̣ auch in Kol. XLIII 20 und XLVIII 10; in Kol. XLVIII 10 ist eindeutig Κουκ( ) zu lesen. — Wahrscheinlich sind die Bruchstücke so eng aneinander zu schließen, dass man am Zeilenende Ἑ̣ρ̣[]μ̣ίω(νος) lesen darf. Anstelle von Ἑ̣ρ̣[ließe sich aber auch Cερ[lesen, geschrieben wie unten in Z. 9.

4 Wohl ἐπικαλ̣(ουμεν-) und nicht ἐπὶ κλ(ήρ-). Nach διαςτη(μ-) wird sonst freilich wiederholt ein Kleros genannt, dann aber mit den Worten ἐν κλήρῳ oder ἐν κλήροις (Kol. XXVIII 9.16, XXXVI 9, XXXVIII 18, XXXIX 20, XLI 3, XLIV 3.18, XLV 15, XLVI 15). Vielleicht ist επικαλ̣( ) eine Ver-

schreibung für ἐν κλ(ήρῳ). Zum Namen Sisines, der persischen Ursprungs ist, s. P.Heid. VI 363, S. 23.

5 Es ist wohl zu ἀποτάκ(του), sc. φόρου, aufzulösen und nicht zu ἀποτά-κ(των) (ἀρουρῶν); s. unten zu Z. 10.

6 Wohl ὑ[πὸ Ἰ]ϲχυρίω(νοϲ) Ν̣[ιϲθ wie Kol. XXXVII 16. Vor dem Bruch Ἰ̣ϲ̣[ιδω( ) oder ε̣ι̣[?

7 Zu Ἡρακλήου, Genetiv zum Namen Ἡρακλῆϲ, J. Bingen, ZPE 163, 2007, 188–190. — Wohl nicht Φι̣λ̣ε̣μ( ), da es Φιλήμ(ονοϲ) heißen müsste, wohl auch nicht Φι̣λ̣ά̣μ(μωνοϲ), stattdessen Φι̣λ̣[ο]υ̣μ(ένου)? Der Name Φιλούμενοϲ ist schon in P.Bub. II und wohl auch in P.Bub. I belegt.

8 Φαβά̣λο̣(υ) ist als Lesung schwierig, in Kol. XXIV 17 ist aber eindeutig Φαβάλου zu lesen.

9 Dieselbe Person auch in Kol. XXX 7.11 und XXXV 7.

10 ἀποτάκ(του) ὅλων (ἀρουρῶν) λζ, wobei wohl φόρου und nicht ἐκφορίου zu ergänzen ist (s. oben die Einleitung S. 20–24), also „der festgesetzte Pachtzins für alle 37 Aruren". Ebenso in Kol. XXX 12 ἀποτάκ(του) ὅλ(ων) (ἀρουρῶν) κζ (ἀρτ.) ̣Ḷ ḍη). Vgl. auch oben Z. 5 und Kol. XXX 5. Die Wendung kommt so oder ähnlich auch in zahlreichen privaten Pachtangeboten (Pachtverträgen) der Zeit vor. Eine sprachlich enge Parallele wäre z.B. P. Oxy. LXIX 4739, 9–10 ἐκφορίου ἀποτάκτου τῶν ὅλων ἀρουρῶν, ebenso P.Michael. 14, 10; P.Oxy. XIX 2242, 4; P.Aberd. 183, 2–3; SPP XX 22, 8–9 (= CPR I 35).

Wer genau für die 37 Aruren verantwortlich war, wird nicht deutlich. Dort, wo in der Rolle das Wort ἀπότακτοϲ verwendet wird, ist nicht eine pro Arure zu zahlende Quote vorausgesetzt, sondern ein pauschaler Betrag für eine bestimmte Fläche. Hier steht dann auch die Sigle für Artabe, welche bei der Nennung der Quote nach ἀν(ά) immer fehlt. Diese Siglen sind auch in Kol. XXX 5 und 12 in unmittelbarem Zusammenhang mit ἀπότακτοϲ erhalten.

Daneben findet man höhere Artabenbeträge, die mit dieser Sigle gekennzeichnet sind, in Kol. XXV 15 und XXXVII 8.10. Man kann vermuten, dass auch dort das Wort ἀπότακτοϲ stand, jetzt aber verloren ist. Auch diese Beträge setzen größere Ackerflächen voraus. Entweder wurde für diese Flächen von vornherein ein pauschaler Betrag festgelegt oder man einigte sich zumindest später auf einen Pauschalbetrag. Vermutlich stellt der Pauschalbetrag das Ergebnis eines Kompromisses dar. Sonderbar ist es, dass auch in Kol. XXVII 8 keine Quote steht, sondern nur der zu zahlende Betrag. Vielleicht ist man hier von der üblichen Notierung nur deshalb abgewichen, weil die Fläche genau eine Arure betrug. Andere Fälle, wo die Quote nicht steht, sondern ein Artabenbetrag, finden sich in Kol. XVII 18 und XVIII 7.

11 Zur ἐωνημένη in den verkohlten Papyri des Delta s. P.Thmouis, S. 20–21, wo festgestellt wird, dass in P.Mend.Genev. 8, 86 et passim (= SPP XVII, S. 9ff.) (μονάρταβοc) ἐωνη(μένη) anstelle von (μονάρταβοc) ἐναφ(εcίων) zu lesen ist (BL VIII 460). — P.Mich. V 254/255, 3 (Arsinoites, 29/30 n.Chr.) λιβὸc βαcιλικὴ γῆ καὶ ἐπί τι μέροc ὠνημένη χέρcοc.

12

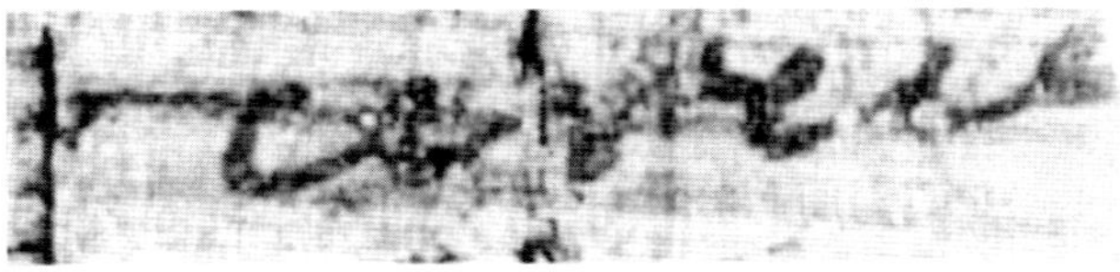

Zu lesen ist wohl Nώεω[c (so auch in Kol. VIII 8) und nicht Τώεω[c, das in Kol. LI 19 gelesen und in Kol. L 20 ergänzt ist.

14 Das Zeichen L ist hier und an den folgenden vergleichbaren Stellen — s. unter οὗτοc im Index —zu (τούτων) aufzulösen, worauf mich D. Hagedorn hingewiesen hat. Von ihm stammen auch die folgenden Ausführungen. In P.Berl. Leihg. I 13, 3–4 findet sich νότου τούτων ἀνὰ μέcον ὄντων τῶν προ<ε>ιcηγμένω(ν) Διονυcοδωριανῆc οὐcίαc (ἄρουραι) β $\overline{\text{ηις}}$. Entsprechend ist dann von T. Kalén in Z. 9 und 15 dieses Papyrus das Zeichens L aufgelöst (vgl. dazu die Ausführungen Kaléns zu Z. 9): Z. 9 νότου καὶ ἀπηλιώτου (τούτων) ἀνὰ μέcον κτλ. und Z. 15 νότου (τούτων) ἀνὰ μέcον κτλ. Ausgeschriebenes τούτων findet sich an dieser Stelle auch in P.Tebt. III 2 826, 84 und P.Hamb. I 12, 2. So aufgelöst ist das Zeichen auch in SB XII 10892, 35.55. Das Zeichen, vom Herausgeber unzutreffend gedeutet, steht in dieser Bedeutung auch wiederholt in P.Oslo III 111 (in BL VI 94 findet sich zu Z. 191 eine falsche Erklärung von V. Schuman). Entsprechend wäre das ungedeutete Zeichen auch in P.Oxy. VI 918 III 3 und P.Fay. 339 aufzulösen.

23 Am Bruch Reste von etwa sieben Buchstaben in dicker Schrift, offenbar wieder ein nachträglicher Zusatz.

Kol. XXVIII

Ein Fragment mit Resten von fünf Zeilen, das ursprünglich vor den Zeilen 18–23 plaziert war, gehört nicht dorthin und ist nicht berücksichtigt. In der vierten Zeile steht dort vermutlich]ẹ̀ν μ[ιϲθ(ώϲει), in der fünften Zeile Οὐ]α̣λερί̣[ου.

[. . .] . . .[. . .] .[
2 Διο[. .] . . ἀν(ὰ) κδ// (ἀρ.) Ldη) (καὶ?) .[
Κα̣ν̣ωπο( ) ἀν(ὰ) ιβ// (ἄρ.) γ (καὶ) .[
4 ἀπ[ὸ] μ(έρουϲ) ἐπιγρα(φῆϲ) Πετοϲί(ριοϲ) Τοη[ ] . . .
ἐδαφῶν ν[ό]τῳ̣ καὶ βορρ(ᾶ̣) ἰδιωτ̣(ικὴ) [ ] . ϲ( ) ι . . .
6 ϛ (ἔτουϲ) ἕ̣ω̣ϲ̣ [ι (ἔτοϲ) ὁ]μ(οίωϲ) [ ]
ὁμ(οίωϲ) [ ]

8 πρὸϲ νότ(ον) (τούτων) ἀνὰ μ(έϲον) ὄντο(ϲ) διαϲτή(ματοϲ) ἐν τῷ̣
Ἀπολ(λ)
κλ(ήρῳ) ἀπὸ μ(έρουϲ) ἐπιγρα(φῆϲ) Κοννῶτο(ϲ) (ἀν)θ' (οὗ)
Ἀννόιτο̣(ϲ) (ἄρ.) αηιϛ
10 ἡ οὐϲ(α) ἐν μιϲθ(ώϲει) ὀνόμ(ατοϲ) Ἀπολ(λ) Φαβούλ(ου) ἀν(ὰ) δ (*sic*)
(ἄρ.) αLdη̣ιϛ [ἀν](ὰ) α (ἄρ.) αLd/ ἄ̣ϲπ(οροϲ), γί(τονεϲ) νότῳ̣ γύηϲ
βορρ(ᾶ̣)
12 Θαϊϲᾶτο(ϲ) κ̣αὶ Μοναίμου (καὶ) Π̣αντβ(ωοῦτοϲ) τῶν Νοφορῶτο(ϲ)
(καὶ) ἄλλων λι(βὶ) Μυρτίλ(ου) οὐϲ(ία) ἀπ̣(ηλιώτῃ) Ν̣ι̣ϲθ [(καὶ)]
ἰδιω̣(τικὴ) (καὶ) ἐπ(ιγραφὴ) Μ̣ο̣ναί(μου)
14 (καὶ) Παντβ(ωοῦτοϲ) Νοφορῶ(τοϲ)
ϛ (ἔτουϲ) ἕωϲ ι (ἔτουϲ) ὁμ(οίωϲ)
15 ὁμ(οίωϲ)

16 π̣ρ̣ὸϲ ἀπ(ηλιώτην) (τούτων) ἀ̣ν̣[ὰ] μ̣(έϲον) ὄ̣ντοϲ διαϲτή(ματοϲ) ἐν
κλ(ήρῳ) Τίγριδοϲ
α̣π̣ὸ̣ μ̣(έρουϲ) ἐπ(ιγραφῆϲ) Ἡρακλ( ) Ἀμμω[(ἄρ.)] .Ldηιϛλβ ἐξ ὧν
18 [ἐν] μιϲθ(ώϲει) ὑπὸ Ϲαραπάμμω(νοϲ) μη(τρὸϲ) [Ϲεν]θουώ̣νϲιοϲ
ἀν(ὰ) Ld/
[(ἄρ.)]α (καὶ) ὑπὸ Λάκωνο(ϲ) Νεμεϲᾶτ[οϲ . (ἔτει)] ε̣ἰϲ (ἔτη) ε
ἀν(ὰ) κδ//

20 [(ἄρ.)]ξδ̣/ (καὶ) (πρότερον) [C]ạραπ(ίωνος) Μοναίμου ι̣[. (ἔτει) εἰϲ]
(ἔτη) ε ἀν(ὰ) S (ἄρ.) α
[ ] . .( ) Ἐπιγέ(ν) [. .] . ψ̣α̣θ . .( ) ἐπ(ικαλουμένου) Ἡ . [ ] ἀν(ὰ)
Ld/
22 [ ]Ldη͞λ͞β γί(τονες) νότῳ καὶ βορρ(ᾶ̣) Ψο[cναῦτ(οϲ) Ἰ]cᾶτοϲ
] . . . Μ̣υρτίλ(ου) οὐϲ(ία) ἀπ(ηλιώτη) Μ/ ο̣ὐ̣[ϲ(ία)]
ϛ (ἔτουϲ) ἕωϲ ι (ἔτουϲ) ὁμ(οίωϲ)
24] ὁ̣μ(οίωϲ) [

– –

5 ἴδιω Pap.

(8–15) Davon nach Süden, mit Zwischenraum in der Mitte im Kleros des Apol(l) Teilzuschreibung aus Konnôs, auch Annois genannt Ar.: 1 1/8 1/6.
In Pacht unter dem Onoma Apol(l), S. d. Phaboul(os): zu 4 (!), Ar.: 1 1/2 1/4 1/8 1/16
zu 1, Ar.: 1 1/2 1/4, unbesät (?).
Anrainer: im Süden: Katastergrenze, im Norden: Thaisâs und Monaimos und Pantb(ooûs), Kinder des Nophorôs, und von anderen, im Westen: die Usia des Myrtilos, im Osten: Nisth [und] Privatland und Zuschreibung (?) des Monaimos und Pantb(ooûs), Söhne des Nophorôs. Im 6. bis 10. Jahr ebenso. Ebenso.

(16–24) Davon nach Osten, mit Zwischenraum in der Mitte im Kleros des Tigris
Teilzuschreibung aus Herakl( ), S. d. Ammo[n( )] [Ar.:] 1/2 1/4 1/8 1/16 1/32.
Daraus gepachtet von Sarapammon, S. der [Sen]thouonsis zu 1/2 1/4, [Ar.:]1
und von Lakon, S. d. Nemesâs, im Jahr [ ] für fünf Jahre zu 1/24, [Ar.:] 1/64
und vormals [S]arap(ion), S. d. Monaimos, [im Jahr] 10[+?]
für fünf Jahre zu 1/2 1/4, Ar.: 1 [ ]
– – – Epige(n), [ ]psath-, genannt He- zu 1/2 1/4, [Ar.:] 1/2 1/4 1/8 1/32
Anrainer: im Süden und Norden: Psosnaus, S. d. Isâs, – – – – – – Usia des Myrtilos, im Osten: Usia des M(yrtilos)
Im 6. bis 10. Jahr ebenso. Ebenso.

2 Vielleicht Διο[c]κ̣(όρου).
3 Vermutlich Κα̣ν̣ώπο(υ), gelesen von D. Hagedorn.
4 Namen, die mit Τοη beginnen, sind sehr selten. Sieht man von Belegen aus dem 6. und 7. Jh. ab, so ist nur VBP IV 64, 48 (2. Jh. n.Chr., Herakleo-

polites) mit dem Genetiv Τοηγοιτ ̣[zu nennen, außerdem der Genetiv Τοηοῦϲ (vom Herausgeber korrigiert zu Τοτοηοῦϲ) in P.Grenf. II 30, 6 (Pathyris, 102 v.Chr.). — Was in Z. 4–5 zu ergänzen ist, bleibt unklar. Eine Möglichkeit ergibt sich aus Kol. XXXVII 10 γί(τονεϲ) αὐ(τῶν) (καὶ) ἑτέρω[ν ἐδ]α̣φ̣ῶ̣ν̣, eine andere aus Kol. XXXVI 4 γί(τονεϲ) τῶν̣ [– – –]ειϲλβρκη (καὶ) ἑτέρων [ἐδαφ]ῶν.

9 (ἀν)θ' (οὗ) Ἀννόιτο̣(ϲ):

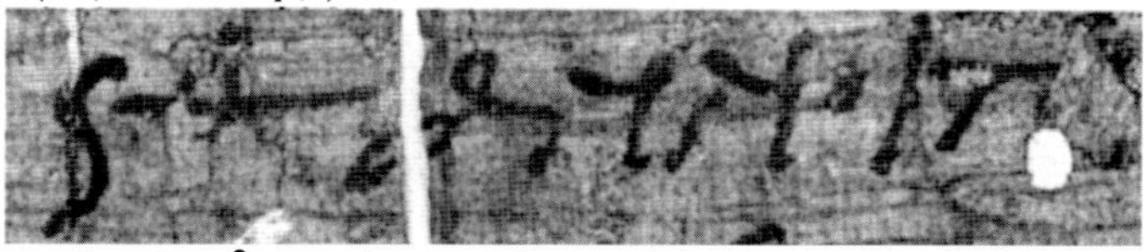

Die Lesung (ἀν)θ' (οὗ) verdanke ich D. Hagedorn, der mit Hinweis auf die Schreibung von (ἄν)δ(ρεϲ) in den thebanischen Ostraka (vgl. z.B. O.Heid. 403, 13 mit Abb.) für die geschwungene Senkrechte den Lautwert αν vermutet. Ebenso in Kol. XXIX 11, XXXI 7, XXXVI 5, XLVI 5. Die Formel ἀνθ' οὗ wird oft zu ἀνθ' (οὗ) gekürzt. Eine genaue Parallele zur Schreibung hier ließ sich nicht finden.

Der Name nach ἀνθ' οὗ bezeichnet offenbar einen anderen Namen derselben Person. Vgl. R. Calderini, Aeg. 21, 1941, 221ff. und zuletzt Y. Broux, Explicit Name Change in Roman Egypt, Chr.Ég. 88, 2013, 323–326.

Ἀννόιτο̣(ϲ): die Lesung scheint sicher, der Name ist aber so nicht belegt. Nicht selten ist die Variante Ἀννοῦϲ. Vgl. PSI 1108 Ἀννοεῖϲ (fem., 4. Jh.)

10 Ein Ἀπολ(λ) Φαβούλ(ου) ist in der Rolle sonst nicht belegt, wohl aber in Kol. XXXVI 11.14.19 und XLV 10–11 ein Phaboul(os), Sohn des Apollo(nios). Der lateinische Name Φαβοῦλοϲ (Fabulus; I. Kajanto, The Latin Cognomina, Helsinki 1965, S. 170) wird in den Papyri mit einem oder zwei Lambda geschrieben.

11 ἅ̣ϲπ(οροϲ)  Vgl. zu Kol. XXXIX 7.

12 Der Name Μοναιμοϲ kommt in der Rolle wiederholt vor, ist aber in den Papypri bisher nicht belegt und scheint auch sonst in dieser Schreibung nicht bekannt zu sein. Üblich ist in den Papyri hingegen der Name Μόνιμοϲ und in syrischen Inschriften der Name Μονεμοϲ. Μονεμοϲ, Μονημοϲ und Μονιμοϲ stehen für den arabischen Namen *Mun'im* (E. Littmann, zu PPUAES III A 2 Nr. 127 = IGLSyr 21, 5.1, Nr. 663; H. Wuthnow, Die semitischen Menschennamen, Leipzig 1930, S. 78). Das wird auch für die

Schreibung Μοναιμος gelten. Ein Beispiel für die Schreibung αι an Stelle von ε findet sich oben in Kol. XII 11. — Π̣αντβ(ωοῦτος): die Lesung ist durch Z. 14 gesichert.

16 Der Personenname Τίγρις ist in den Papyri bisher unbelegt.

17 Die Lesung ἀ̣πὸ̣ μ̣(έρους) ἐπ(ιγραφῆς) scheint trotz der schlechten Erhaltung sicher zu sein. Es scheint hier also aus einer so bezeichneten Fläche weiterverpachtet worden zu sein. — Offenbar Ἀμμω[ν- und nicht Λάκωsν̣[ο(ς).

18 Auf Grund der Größe der Lücke offenbar [ἐν] μισθ anstelle des eher zu erwartenden [ἐ]μισθ. Man vermisst hier eine Jahresangabe, die sonst nach ὑπό steht. — Zu [Σεν]θουώνσιος vgl. Kol. L 17 Anm.

19 Λάκωνο(ς) Νεμεσᾶτ[ος auch in Kol. XVIII 9, XXIX 12, XXX 4.16, XLVI 21.

20 (πρότερον) [Σ]α̣ραπ(ίωνος) ergänzt und gelesen nach Kol. XXX 10–11.

21 Vielleicht ψα̣θι̣ .( ) (das Iota wird immer wieder als Schleife geschrieben). Es gibt aber kaum Namen mit diesem Bestandteil. Belegt ist der Frauenname Θαψᾶθις, Ταψᾶθις, vgl. auch Ψατίος, Ψατισνεῦς. In den Inschriften gibt es einmal Ψάθος (SEG III 730, Teos, kaiserzeitlich?). Noch ungewöhnlicher wäre ein Name mit dem Bestandteil ψαθρ-. Zu vergleichen wäre dann vielleicht Ψατρῆς. Auf dem Mumientäfelchen SB I 818 findet sich der Name Σενψαθρῆς. Der Name Ψάθις, in dieser Form noch nicht belegt, scheint in Fr. 2, 3 und Kol. XV, 6 zu stehen. Vgl. auch Kol. XXX 22 und Kol. XXXIV 21. Kol. XLV 17 hat Ψιάθις, in Kol. XLI 22 steht Ψιαθίου.

22 Die Ergänzung zu Ψο[σναῦτ(ος) Ἰ]σᾶτος ist nicht sicher. Vgl. aber Kol. XXI 8.9, wo ein Psosnaus Vater eines Isâs ist.

Kol. XXIX

In der Mitte der Zeilen 4–8 war ein Fragment plaziert, das auf dem Photo unter der Bezeichnung Fr. a vom Rest der Kolumne abgesetzt ist. Ob es zu dieser Kolumne gehört, ist ungewiss. Es ist in der Transkription nicht berücksichtigt.

\- -

πρ̣ὸc νότ̣(ον) ̣[ ] ̣ ̣ἐν κλήρῳ̣
2 [̣] ̣ιγ ̣( ) ὑ̣π̣ὸ Κ[ ] ̣ ̣[ ] Δω[c]ι̣θέου ̣ ̣ ̣ ̣ ̣ ̣λ̣ου
3 [̣ ̣] (ἀρ.?) ̣ ̣ [ ] ̣ ̣ ̣[ ] ̣ου λοιπ( ) Αc ̣ ̣ ̣ ̣( ) Τιμ( )
4 δι’ ἐπ(ιγραφῆc) (γίν.?) ὑπολ( ) [ ] καὶ ὑποcχ ̣[ἀπὸ] μ(έρουc)
ἐπι[γ]ρ̣(αφῆc) Ζ̣ηναρίωνο̣̣(c)
5 Ἐπιμάχ(ου) (ἀρ.) α[ ] ̣ αι ̣ ̣ ̣ [ ]Ld α ̣ ̣[̣ ̣ ̣] ̣( )
̣ ̣ ̣/
6 (γίν.) (ἀρ.) ια Ld/ (γίν.?) [ ] ̣ ̣ ̣ ̣ [ ] ̣Ld (γίν.?) ̣ ̣[̣ ̣ ̣ ̣] ̣π̣ ̣
[̣ ̣ ̣] ̣ ̣
7 μετὰ τὰc ὑποc[χεθ] Ἥ̣ρ̣ωνο(c) ̣ρηω̣ ̣ ̣ ̣
8 (ἄρ.) καdιϛλβ ̣[ ] ̣ καὶ δι’ ἐπ(ιγραφῆc) ̣ [̣ ̣] ̣ ̣π̣ο( )
ὀνόμ(ατοc) Διοcκό(ρου)
9 τοῦ κ(αὶ) Ψύλλου ̣[] ̣ (ἀρ.) ζ ̣[ ] (ἀρ.) αLd/ ̣ ̣ (ἀρ.) κ̣ε̣dηιϛλβρ̣κ̣η
10 αἱ ο(ὖcαι) ἐν μιcθ(ώcει) Κ ̣[] ̣ ̣ [̣]υ πρ̣[ε]c̣β(υτέρ) Φανο( )
ἀν(ὰ) κδ// (ἄρ.) ̣ ḍλ̣[β]ξ[δ]ρ̣[κη]
11 (πρότερον) Νιcθ (ἀν)θ’ (οὗ) Ἀπ̣ο[ ] Θεοδώ(ρου)
Φ̣[ ] ̣ ̣ ἀν(ὰ) S/ (ἄρ.) α//
12 καὶ (πρότερον) Λάκω(νοc) Νεμ̣[εcᾶτο(c) ἀπὸ] μ(έρουc) ἐπιγρ(αφῆc)
[Θ]εοδώ(ρου) Φαήcιο(c)
13 ἀν(ὰ) κδ// (ἄρ.) α (καὶ) δι’ ἐ̣[π(ιγραφῆc)] ̣ ̣
ἐ̣[π]ι̣γρ̣( ) ὁ̣μοίωc
14 ἀ̣ν̣(ὰ) α (ἀρ.) ḍη̣ι̣ϛξδ ̣[ ] ̣ ̣ ̣ ̣ [ ] ̣ ἄλλο ἀπὸ μ(έρουc)
ἐπιγρ(αφῆc) [Θ]ε̣οδώ̣[(ρου) Ἀ]χον̣ρ̣η[̣] ̣ ̣
16 Π̣ετ̣[ε]ν̣εφώ(του) [ ] ̣ ̣ ̣
Θεοδώ[ρο(υ)] Φάcει(τοc) [
18 Ἰcχυρι( ) Π ̣χ̣ ̣[
(ἄρ.) α Ld ̣ ̣ ̣[
20 Ν̣ιcθ μ̣ι̣[cθ?
γί(τονεc) ὅλω(ν) (ἀρουρῶν) [

22 ταντ. . .[
[.]. .[. . . .]ω.[
– –

(8–15) und durch Zuschreibung – – – unter dem Onoma des Diosko(ros) alias Psyllos – – –
Ar. 7 – – – Ar. 1 1/2 1/4 – – – Ar. 25 (?) 1/4 1/8 1/16 1/32 1/128
in Pacht – – – Presb(yteroi) von Phano( ) zu 1/24; Ar.: . 1/4 1/32 1/64 1/128
vormals Nisth, auch Apo[ ] genannt, S. d. Theodoros, Enkel (?) d. Ph- zu 1/2; Ar.: 1
und vormals Lakon, S. d. Nem[esâs], Teilzuschreibung
aus Theodo(ros), S. d. Phaesis zu 1/24; Ar.: 1
und durch Zuschreibung (?) – – – – – – – zu 1; Ar.: 1/4 1/8 1/16 1/64
– – – anderes: Teilzuschreibung aus Theodo(ros) – – –

2 Der Klerosname wohl nicht Τ̣ίγρ̣(ιδος) wie in Kol. XXVIII 16, aber wohl auch nicht [Ὠ]ρ̣ιγέ̣(νους). Zum ungelesenen Namen am Ende der Zeile s. zu Kol. XXXIX 14.

3 Nach λοιπ( ): Ἀσκ̣λ̣η̣π̣( )?

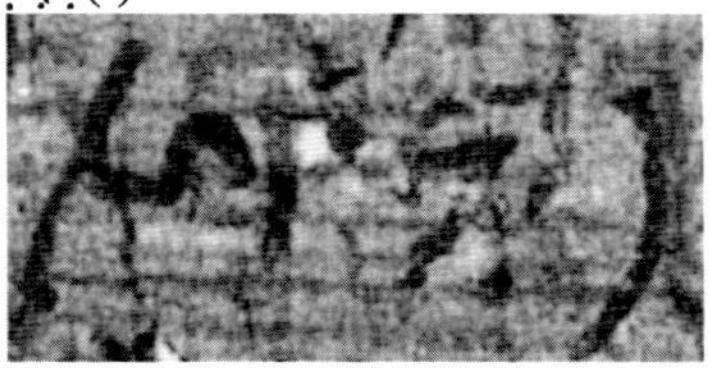

4 Ob] καὶ ὑποσχ.[in diese Zeile gehört, ist nicht ganz sicher.

4–5 Ζ̣ηναρίωνο̣(ς) Ἐπιμάχ(ου) auch in Kol. XXXII 2.[22]–23 und XXXV 19.

7 Vgl. Kol. XXXVI 10–11.13.18. Nach Ἥρωνο(ς) wohl weder Ἀ̣ρηωτ̣- noch Ὡ̣ρήω̣ν̣[ο]ς̣.

8–9 Διοσκό(ρου) τοῦ κ(αὶ) Ψύλλου auch in Kol. XXXII 8.13, XXXV 15, XLI 12. Der Name Ψύλλος, den man auch aus Dalmatien, Illyrien und vom Pontos kennt, ist in Ägypten nicht ganz selten und ab dem 2. Jh. v.Chr. belegt.

10 πρ̣[ε]ς̣β(υτερ-) Φανο( ) gelesen nach Kol. XLVII 21, L 6.16, LI 2. Vgl. Kol. XXXVIII 12, XL 15 und XLV 1. Demnach steckt in Φανο( ) kein Personenname, sondern der Name eines Dorfes. Lesung und Auflösung zu πρεσβ(υτερ-) an all diesen Stellen verdanke ich D. Hagedorn.

11 Zu (ἀν)θ' (οὗ) vgl. zu Kol. XXVIII 9.

Vielleicht Φ[αῆϲι]ο̣ϲ̣ wie in der nächsten Zeile — die ergänzten Buchstaben müssten aber recht breit geschrieben sein — oder aber Φ[άϲειτ]ο̣ϲ̣ nach dem Theodoros, Sohn des Phaseis, in Z. 17.

12 Λάκω(νοϲ) Νεμ̣[εϲᾶτο(ϲ) auch in Kol. XVIII 9, XXVIII 19, XXX 4.16, XLVI 21.

13 Offenbar ὁ̣μοίωϲ

14–15 Die Wortfolge ἄλλο ἀπὸ μ(έρουϲ) ἐπιγρ(αφῆϲ) auch in Kol. XLVI 5.8.

15 Der Name Ἀχονρῆϲ auch in Kol. XXXI 8–9. Er ist bisher nur aus ptolemäischer Zeit in P.Petr. III 46 V 8 und UPZ II 180 a XLVII 9 belegt, kommt aber auch in einem noch unveröffentlichten Papyrus des Bubastites vor (Hinweis von J. Frösén).

18 Vielleicht Πα̣χ̣η̣[μ-.

Kol. XXX

Hinter dem Zeilenbruch von Z. 14–23 sind kleine Bruchstücke angeordnet, die sich nicht sicher plazieren lassen. Sie sind in der Transkription nicht berücksichtigt.

. . .[ ]φ̣οβο̣υ (ἄρ.) δ . . ξ̣[δ
2 καὶ ὀν̣[όμ(ατος) ἀ]π̣ὸ̣ μ(έρους) ἐπιγρα(φῆς) Ψονcναῦτο̣(c) [
ἀν(ὰ) κδ//[ ] . . [ ] Δι . [.] . . ο Cαραπ(ίωνος) ιθ (ἔτει) εἰc (ἔτη) ε [ἀπὸ]
4 ὑπολόγ[ου] . . c . [ ] . . . Λάκωνο(c) Νεμεcᾶτ[οc
ἀπὸ . (ἄρ.) β ἀ̣[ποτ]άκ(του) (ἄρ.) ι . (ἀρτ.) δ ϛιβ καὶ ὀνόμα̣τ̣(οc) Παντ[β(ωοῦτοc)]
6 Ν̣ιcθ καὶ Διοcκ̣[ό(ρου)] Λ̣εο̣ντ(ᾶ) Cύρου (πρότερον) Cαραπ(ίωνος) Διοcκό(ρου) ιϛ (ἔτει)
εἰc (ἔτη) ε ἀν(ὰ) κδ// (ἄρ.) δ καὶ ὀνόμ(ατος) Ἀρτεμ(ᾶ) τοῦ̣ κ(αὶ) Cερήνο(υ)
8 ἀν(ὰ) κδ// (ἄρ.) δ (καὶ) ὑπὸ Οὐορcάιτοc ἀν(ὰ) ϛ// (ἄρ.) β (πρότερον) Οὐ-
ορcάιτοc Ψιθ̣νούπ̣(ιοc) Ν̣ι̣[c]θ̣ ἀν(ὰ) ϛ// (ἄρ.) β (πρότερον) Νιcθ
10 τοῦ κ(αὶ) Ἰcχ( ) Πε . ωνο̣( ) . [. . ἀ]ν(ὰ) κδ (ἄρ.) Ld/ (πρότερον) Cαραπ(ίωνος)
Μοναίμο(υ) ἀν(ὰ) d/ (ἄρ.) β [ὑ]πὸ Ἀρτεμ(ᾶ) τοῦ κ(αὶ) Cερήνου (ἄρ.) ιε
12 ἀποτάκ(του) ὅλ(ων) (ἀρ.) κζ (ἀρτ.) . Ḷḍη) καὶ ἀν(ὰ) κ̣δ̣// (ἄρ.) α Ld/
(γίν.) (ἄρ.) ιϛLd/ (πρότερον) Ν̣οφο(ρῶτοc) [το]ῦ κ(αὶ) C̣ . . . ( ) ἀν(ὰ) κδ// ἀπὸ
14 (ἄρ.) δLξδ ἐπιγρα(φὴ) Δημ(ητρίου) Ἀγαθοκλ(έους) (ἄρ.) . . Ldιϛ . . καὶ [ὀ]ν̣όμ(ατος) . [
Cερήνο(υ) ἀν(ὰ) κδ// (ἄρ.) ηLdλβ̣ ἀν̣(ὰ) Ḷκδ (ἄρ.) δ (γί.) (ἄρ.) κβ . . . [
16 Λάκωνο(c) Ν̣εμεcᾶτο(c) ἀπὸ μ(έρους) ἐπιγρα(φῆς) Μέμνων(οc)
Λεπτείνου [ἀ]ν(ὰ) . [.] (ἄρ.) adι̣ϛ ἐπιγρα(φὴ) Ζηναρίω̣(νοc) . . . [
18 ἀν(ὰ) α (ἄρ.) γ[ ]δ̣d/ καὶ (πρότερον) Ψόιτο(c) Ἰcιδώ(ρου) ὑπ̣[
(ἄρ.) adη) (πρότερον)[ ]α̣ιτο( ) τοῦ̣ κ(αὶ) Ἀπ̣αλοῦ(τοc) Νοφορῶ(τοc) [

20 ὑπολ(όγου) ἀπὸ (ἀρουρῶν) [ ]. ἀν(ὰ) ϛ// .[.]. (ἄρ.) βS/
(ἀρ.) ηιϛλβ ..[
Ψιθνούπ(ιος) [ ].γ ἀν(ὰ) .// (ἄρ.) γ ἀν(ὰ) κδ// .[
22 (γίν.) (ἄρ.) ι .[ ] ψ[.]θιο( ) ἀν(ὰ) Lιβ (ἄρ.) α|Ld[
(καὶ) Ϲε ..[ ].// ..[ ]. ηιϛλβ[

- -

22 (ἄρ.) ϊ Pap.

(1–15) – – – [ ]phobos	Ar.: 4 [ ] 1/64
und unter dem Onoma – – – – – – Teilzuschreibung aus	
Psonsnaus – – – – – –	zu 24; [Ar.:]
[(gepachtet) von] Di-, S./T. (?) d. Sarap(ion) im 19. Jahr für fünf Jahre	
[aus] Hypologos – – – – – –	[– – –]
– – – Lakon, S. Nemesâs, von – – –	Ar.: 2
von dem festgesetzten (Pachtzins) für 10 Aruren:	Artaben: 4 1/6 1/12.
und unter dem Onoma Pan[tb(oous)], S. d. Nisth, und Diosko(ros), S. d. Leont(âs), E. d.	
Syros, vormals Sarap(ion), S. d. Diosko(ros), im Jahr 16 für fünf Jahre	zu 1/24, Ar.: 4
und unter dem Onoma Artem(âs) alias Serenos	zu 1/24, Ar.: 4
und von Ouorsais	zu 1/6, Ar.: 2
vormals Ouorsais, S. d. Psithnoup, E. d. N[is]th,	zu 1/6, Ar.: 2
vormals Nisth alias Isch(yrion), S. d. Pe-,	zu 1/24, Ar.: 1/2 1/4
vormals Sarap(ion), S. d. Monaimos,	zu 1/4, Ar.: 2
von Artem(âs) alias Serenus	Ar.: 15,
von dem festgesetzten (Pachtzins) für insgesamt 27 Aruren	[ ] 1/2 1/4 1/8 Artaben.
und	zu 1/24, Ar.: 1 1/2 1/4
Summe:	Ar.: 16 1/2 1/4
vormals Nophoros alias S-, zu 1/24, von Ar.: 4 1/2 1/64 der	
Zuschreibung aus Dem(etrios), S. d. Agathokl(es)	Ar.: [ ] 1/2 1/4 1/16 [ ]
Und unter dem Onoma [Artemâs? alias] Serenos	zu 1/24, Ar.: 8 1/2 1/4 1/32
	zu 1/2 1/24, Ar.: 4
Summe:	Ar. 22 – – –

(16–23) Lakon, S. d. Nemesâs, Teilzuschreibung aus Memnon, S. d. Lepteines	
	zu [ ], Ar.: 1 1/4 1/16
Zuschreibung aus Zenarion, [ ],	zu 1, Ar.: 3 [und Ar.:] 4 1/4
und vormals Psois, S. d. Isido(ros), Hy[pologos(?)	zu (?)], Ar.: 1 1/4 1/8

vormals [ ]ais alias Hapaloûs, S. d. Nophoros, Hypologos aus Ar.: [ ]
zu 1/6 - - -, Ar.: 2 1/2; Ar.: 1/8 1/16 1/32 - - -
[ ] Psithnoup(is) [ ]- - - zu [ ], Ar.: 3; zu 1/24, [Ar.:]
Summe Ar.: 10[+]
[ ]ps[.]thi( ) zu 1/2 1/12, Ar.: 1 1/2 1/4 [ ]
[ ] und S- [zu - - -, Ar.:] 1/8 1/16 1/32 [ ]

1]φοβο̣υ scheint die wahrscheinlichste Lesung zu sein, kaum]Π̣ρ̣όβο̣υ.

3 Nach Kol. XXXIII 15.21 erwartet man Διοcκο(ροῦc) Cαραπ( ). Diese Lesung ist jedoch zumindest schwierig. Anstelle von Διο̣[sieht man eher Διδ̣[. Vgl. aber das erste Omikron in Διοcκο unten in Z. 6. Auch Διδ̣[ύ]μ̣ο(υ) wäre als Lesung schwierig und ist nicht sehr wahrscheinlich.

4 Λάκωνο(c) Νεμεcᾶτ[οc auch Kol. XVIII 8, XXVIII 19, XXIX 12, XLVI 21 und unten in Z. 16.

5 Nach ἀπό ein ungeklärtes Zeichen:

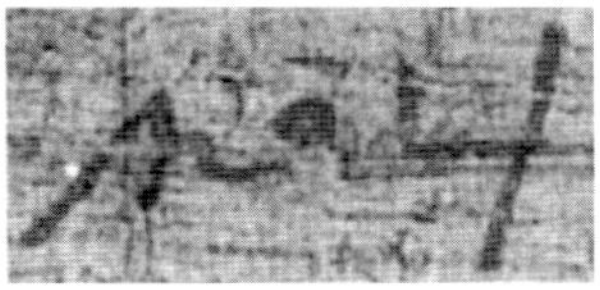

Ist ἀπὸ (τούτων) (γίνεται) gemeint? Vgl. zu Kol. XXVII 14.

Zu ἀ̣[ποτ]άκ(του) vgl. oben zu Kol. XXVII 10. Danach vielleicht (πυροῦ) (ἀρτ.). Zur Form des hier vorauszusetzenden und in Resten erhaltenen Artabenzeichens s. zu Kol. XXV 7.

5–6 Παντ[β(ωοῦc)], Sohn des Nisth, auch in Kol. XXXIII 4 und XLI 15.

6 Cαραπ(ίωνοc) Διοcκό(ρου) wohl auch in Kol. XXV 5, dort ebenfalls mit dem Vermerk (πρότερον).

7 Artem(âs) alias Serenus ist in Z. 11 Pächter (ὑπό) von 15 Aruren. Er ist auch in Kol. XXXV 7 belegt. Sein Vater hieß nach Kol. XXVII 9 Kollouthos.

8–9 Der Name Οὐορcάιc auch in Kol. XLIII 16. – Wohl Ψιθ̣νοῦπ(ιc), wie auch unten in Z. 21. Der Name ist aber in dieser Form offenbar noch nicht belegt. In noch unveröffentlichten Bubastos-Papyri findet sich aber nach Auskunft von J. Frösén einmal Ψινθνοῦφιc und einmal Ψιθνοῦφιc. Unter den Namen auf -θνουπιc/θνουφιc gibt es aus dem Delta Θεν-, Κεν-, Χενθνοῦπιc/-φιc, alle in W.Chr. 208, 10.29.36 (= P. Lond. II 324, p. 64), Prosopites, 161 n.Chr.

10 Πέ[δ]ωνọ(c) oder Πέ[τ]ωνọ(c)? Wohl nicht Πε[c]β̣ω(οῦτοc) und auch nicht Πε[τ]ώυ[τοc.

10–11 Cαραπ( ) Μοναίμο(υ) auch in Kol. XXVIII 20.

12 ἀποτάκ(του) ὅλ(ων) (ἄρ.) κζ, „von dem festgesetzten (Pachtzins) für insgesamt 27 Auren“. Ebenso in Kol. XXVII 10 ἀποτάκ(του) ὅλων (ἀρ.) λζ (ἀρτ.) διϛ[ ] ̣ ̣. Vgl. die Anm. dort.

13 Zwischensumme von 16 1/2 1/4 Aruren. Danach ein neuer Abschnitt, der bis Z. 15 zu reichen scheint. Die nächste Zwischensumme in Z. 15 beträgt etwa 22 Aruren.

Νọφο(ρῶτοc) ist schwierig; man sieht eher Νεοφο( ), aber nicht Νεοφύ(του). Danach vielleicht τοῦ κ(αί) Ϲ̣α̣μ̣β[α]θ(ίωνοc) (vgl. Kol. XL 11.18.23, XXIV 18):

14 Δημ(ητρίου) Ἀγαθοκλ(έουc) wie in Kol. XXXII 2.8.9.

14–15 Vermutlich wie in Z. 7 und 11 wieder Artem(âs) alias Serenos.

16 Lakon, der Sohn des Nemesâs, auch schon in Z. 4. Memnon ist vermutlich ein Sohn des Lepteines. Dies würde nicht zutreffen, wenn ein kleines Fragment, das hier ans Zeilenende gestellt ist, wirklich hierher gehörte. Dort sieht man]ορc [, was man nach Kol. XXX 8–9 zu Οὐ]ορc( ) ergänzen könnte.

17 Nach Ζηναρίω̣(νοc) erwartet man nach Kol. XXIX 4, XXXII 2.[22]–23 und XXXV 19 Ἐπιμάχ(ου), was aber nach den Resten nicht mehr nachzuvollziehen ist. An dieser Stelle befindet sich auch noch ein anderes loses Fragment, dessen Position nicht sicher bestimmt werden kann.

18 Ψόιτο(c) Ἰcιδώ(ρου) auch in Kol. XXXIV 13 und XLVIII 9.

19 Ἀπ̣αλοῦ(τοc) ?

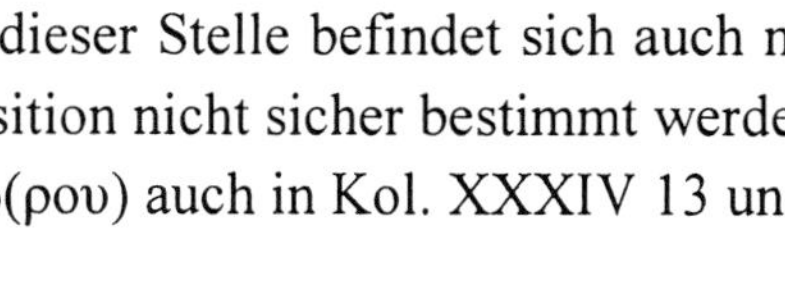

21 Zu Ψιθνοῦπ(ιc) vgl. oben zu Z. 8–9.

22 Vielleicht Ψ̣[α]θι̣ο̣( ). Vgl. zu Kol. XXVIII 21.

Kol. XXXI

Vor den Zeilen 18–24 befinden sich Fragmente, die sich mit einer Ausnahme nicht sicher plazieren ließen und unberücksichtigt geblieben sind. Bei einem Fragment ist am Faserverlauf zu erkennen, dass es aus zwei Stücken besteht, die übereinander kleben. Auch das links außen angeordnete größte Bruchstück besteht aus zwei Fragmenten, die sich überlappen. Wie die beiden ersten Zeilen mit] . Ψύλ̣λ̣ο(υ) [in der ersten Zeile sich zu den folgenden verhalten, ist nicht zu eruieren. Die dritte bis fünfte Zeile dieses zusammengesetzten Bruchstücks muss dann aber zu den Zeilen XXXI 18–20 gestellt werden und ist dort in der Transkription berücksichtigt.

– –

] . [ ] . ρθω . [ ]η ϛ (ἔτους) ἕω̣[ϲ ι (ἔτους) ὁμ(οίωϲ)

2 ὁμ(οίωϲ)

[πρὸϲ] ν̣[ό]τον (τούτων) ἀνὰ μ(έϲον) [ὄντο(ϲ)] διαϲτή(ματοϲ) κληρο( ) . [ca. 3]

4 [ἐ]π̣ιγρα(φ-) Περκ(εήϲιοϲ) Πααθρήο(υϲ) Πετοϲί(ριοϲ) (ἄρ.) γ (γίν.) ἀπὸ μ(έρουϲ) ἐ̣[πιγρα(φῆϲ)]

[(ἄρ.)] ιεLιϛξδ̣ ὑπολ[ό]γου (ἄρ.) αS/ (γίν.) (ἄρ.) ιζιϛξδ ἐξ ὧν[]

6 [ἐ]μ̣ιϲθ(ώθη) καὶ δι̣' ἐ̣π(ιγραφῆϲ) ὀνόμ(ατοϲ) Ϲαραπ(ίωνοϲ) Ϲα̣[ρ]απ(ίωνοϲ) ἀπὸ μ(έρουϲ) ἐπιγρα(φῆϲ) Αρ̣[ ]

[ ] . ϲ̣ (ἀν)θ' (οὗ) Ἁρμ̣ . . ( ) ἀν(ὰ) κδ// [(ἄρ.)]διϛλβξδ (καὶ) ὑπὸ Ϲερήνου

8 Κ̣ολλούθο(υ) μ̣ι[ϲ]θ( ) ἀπὸ μ(έρουϲ) [ἐπιγρα(φῆϲ)] α̣ν(ὰ) η) (ἄρ.) β (πρότερον) Ἀχον-

[ρ]ήο(υϲ) Ἀχονρή[ο(υϲ)] Πετε̣νεφώ[του] ἀν(ὰ) S/ (ἄρ.) αS/ (καὶ) ὀνό(ματοϲ)

10 ʹἩ̣ρωνο(ϲ) τοῦ κ(αὶ) [ʽΗ]ρ̣ακλείω(νοϲ) ἀ[ν(ὰ)] κδ (ἄρ.) κ̣αd/ καὶ ὀνόμ(ατοϲ)

[. . .]ν̣τ̣ . [. .] . Ἰϲ̣χ̣υ̣ρᾶτο(ϲ) ὑπολ(όγου) ἀν(ὰ) Lι[β] (ἄρ.) ια ἀπὸ μέρουϲ

12 [ἐπιγρ(αφῆϲ) Π]α̣αθ[ρ]ή(ουϲ) Φαήϲιο(ϲ) ἀν(ὰ) Lιβ (ἄρ.) δ (γί.) (ἄρ.) ϛ (καὶ) ὀνομ(ατοϲ)

[ἐ]πιγρα(φὴ) Πααθ[ρήο(υϲ)] Π̣ετοϲί(ριοϲ) ἀν(ὰ) Lιβ (ἄρ.) β

14 [ ]. ο( ) Σαραπάμ(μωνος) Τ[η]λ̣αυ( ) ἐπιγρα(φὴ)
ἀν(ὰ) η) (ἄρ.) αd/
[ ]ϲ Ὀννώφριο(ϲ) ἀν̣(ὰ) κδ// (ἄρ.) αS/ (καὶ) ἐν
16 [μιϲθ( )? Ἰϲ]χυρίωνο(ϲ) μη(τρὸϲ) Ν[ε]μεϲοῦτο(ϲ)
ὑπολ(όγου) ἀν(ὰ) L̅ι̅β̣̅
[(ἄρ.)]. . ἑ̣τ̣έ̣[ρ]ων ἐδαφῶν ἀποπλ/
18 [ ]δημ(οϲία) βορρ(ᾶ̣) Ταφαήϲιοϲ̣ Ἀπολλωνίο(υ)
[Μυρ]τίλ(ου) (καὶ) ἄλ(λων) ϛ (ἔτουϲ) ἕωϲ ι (ἔτουϲ)
ὁμ(οίωϲ)
20 [ ] ὁμ(οίωϲ)

[ ](καὶ) Λε . τ( ) Δημ(ητρίου)
ἐκχω(ρουμένη)
22] (ἄρ.) .[ ] / ἐξ ὧν ἐν μιϲθ[ώϲει
]ἀ̣[ν](ὰ) κδ// (ἀρ.) S/ (καὶ) [
24]. (ἄρ.) α .[
– –

(3–20) Davon nach Süden, mit Zwischenraum in der Mitte Kleru(chenland)
Zuschreibung aus Perk(eesis), S. d. Paathres, E. d. Petosi(ris) Ar.: 3
Summe der Teilzuschreibung [Ar.:] 15 1/2 1/16 1/ 64
Hypologos Ar.: 1 1/2
Summe Ar.: 17 1/16 1/64
Daraus wurden gepachtet auch durch Zuschreibung unter dem Onoma des Sarap(ion), S. d. Sarap(ion) Teilzuschreibung aus (H)ar-, auch Harm- genannt,
zu 1/24, [Ar.:] 1/16 1/32 1/64
und von Serenus, S. d. Kollouthos, – – –, aus Teilzuschreibung zu 1/8, Ar.: 2
vormals Achonres, S. d. Achonres, E. d. Petenepho[tes] zu 1/2, Ar.: 1 1/2
und unter dem Onoma Heron alias Herakleion zu 1/24, Ar.: 21(?) 1/4
und unter dem Onoma – – –, S. d. Ischyrâs, Hypologos, zu 1/2 1/1[2], Ar.: 11
Teil[zuschreibung aus Paathres, S. d. Phaesis zu 1/2 1/12, Ar.: 4
ergibt Ar.: 6
und unter dem Onoma [– – – – – –]zuschreibung aus
Paathres, S. d. Petosi(ris), zu 1/2 1/1[2], Ar.: 2
[– – – – – –] S. d. Sarapam(mon), E. d. Telau( ), Zuschreibung, zu 1/8, Ar.: 1 1/4
[– – – – – –] S. d. Onnophris, zu 1/24, Ar.: 1 1/2

und in [Pacht Is]chyrion, S. der Nemesoûs, Hypologos, zu 1/2 1/12, [Ar.:]
[– – – Anrainer: – – –] und anderer Grundstücke – – – Staatsland, im Norden: Taphaesis, T. des Apollonios [– – – Usia des Myr]tilos und von anderem.

Im 6. bis 10. Jahr ebenso. Ebenso.

1 Nach] . ρθω vielleicht λ̣ι̣[βί oder ἀπ̣[(ηλ.).

3 κληρο( ) nach ἀνὰ μ(έcον) ὄντο(c) διαcτή(ματοc) auch in Kol. XLV 20. Wohl κληρο(υχική); s. zu Kol. XLV 20.

4 Zur Form des Rho in Περκ( ) vgl. z.B. das Rho in Θερμοῦθιc und Παθερμοῦθιc in Kol. XXXVIII 16 und XL 7. Der Name ist vermutlich zu Περκ(εῆcιc) aufzulösen.

Πααθρήο(υc) Πετοcί(ριοc) auch in Z. 13 und in Kol. XLIV 4.

5 ὑπολ[ό]γου: vor dem Lambda eine Senkrechte, die ohne Bedeutung zu sein scheint.

6 Cαραπ(ίων) Cαραπ(ίωνοc) auch in Kol. XXXIII 16.

7 Zur Lesung (ἀν)θ' (οὗ) vgl. zu Kol. XXVIII 9.

7–8 Cερήνου Κ̣ολλούθο(υ) auch in Kol. XLII 9 und XLIII 15.

8 μ̣ι[c]θ( ) ist an dieser Stelle auffällig, das My ist aber sicher, also nicht Νι[c]θ.

8–9 Der Name Ἀχονρῆc auch in Kol. XXIX 15.

10 [Ἡ]ρ̣ακλείω(ν) seltener, aber durchaus belegt, anstelle von Ἡρακλέων.

11 Wahrscheinlich [Λεο]ν̣τ̣ᾶ̣[το]c̣ Ἰc̣χ̣υ̣ρᾶτο(c) wie in Kol. XXXV 8 und XLI 19, wobei allerdings der Vater in Kol. XLI 19 Ischyrion heißt.

14 Wenn ὀν]ό(ματοc) Cαραπάμ(μωνοc), dann hier ohne den üblichen Abkürzungsstrich.

Wohl Τ[η]λ̣αυ( ) wie in Kol. XXXII 20 und XL 20, nicht Ψ̣[οc]ν̣αῦ(τοc):

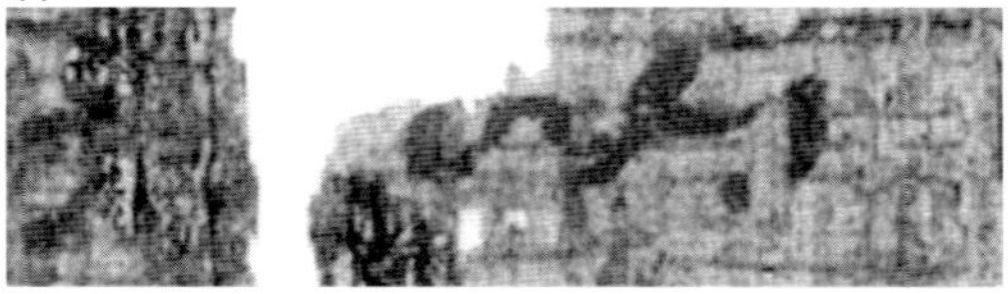

Hinter dem zumindest in Kol. XXXII 20 und XL 20 sicher bezeugten Τηλαυ( ) wird vielleicht nicht der griechische Name Τηλαύγηc stecken, der in den Papyri nicht belegt ist, sondern Τηλαῦc, Genetiv Τηλαῦτοc, als eine freilich bisher nicht bezeugte Variante des enchorischen Namens Τηλεῦc.

17 ἀπὸ πλ(εοναcμοῦ)? Vgl. oben zu Kol. XXII 12.

21 Λεπ̣τ( ) oder Λεο̣ν̣τ( ).

Kol. XXXII

– – – – – – – – – – – – – – – – – – – –

[ ] . Δ̣ιδυ̣μ̣[ ] . . .
[Ζηνα]ρίωνο(ς) Ἐπιμά̣χου (ἀρ.) S/[Δημ(ητρίου)]
Ἀγαθοκ[λ(έους)]
ἄρ.) ιγλβ// Μον[αί]μ̣[ου] (ἄρ.) .]adηξδ
ἐξ ὧ̣ν [ἐμ]ι̣ς̣θ(ώθη) (καὶ) δ̣[ι' ἐ]π̣ιγραφῆς) [ ]ε̣ινο( )
Ἡλεῖτος
ἀπὸ μ(έρους) ἐπιγρα(φῆς) Διδ[ύ(μου)] ο̣ς̣ ἀν(ὰ) [] κ̣δ̣
(ἄρ.) αLη
Νεμεσ̣ᾶ̣τος Ν̣οφορῶτο(ς) ἐπιγρα(φὴ) Δ[ιδύμου] Τίχων̣το(ς) ἀν(ὰ) α̣Ṣ
(ἄρ.) βLξδ Φερῶς Ν̣ισθ ἐπιγρα(φὴ) Διδύ(μου) Τίχω̣ν̣τος ἀν(ὰ) κδ̣[//]
ἀπὸ (ἀρ.) αLd < (ἄρ.) – – > ἐ̣πιγ̣ρα(φὴ) Δημ(ητρίου) Ἀγαθοκλ(έους)
(ἄρ.) δ̣ . [ ]ḍ/ Διόσκο(ρος)
ὁ καὶ Ψύλλ̣ο̣(ς) ἐπιγρα(φὴ) Δημητ(ρίου) Ἀγαθοκλ(έους) ἀν(ὰ) Lις ἀπὸ
(ἀρ.) . . [] . . .
(ἀρ.) S/ (πρότερον) Ἁρποκ(ράτους) Νοφορῶ(τος) ἐπιγρα(φὴ)
Διδύμ(ου) Τ̣ίχωντο̣ς
ἀν(ὰ) κδ// (ἄρ.) αLd/ (ἀρ.) S/ Βησαρίων [] Τιθο . . [ἀν](ὰ) α (ἄρ.) η̣S/
Σαραπ(ίωνος) Ἰσχυρᾶ(τος) (καὶ) Ἑρμίων̣(ος) νεωτ(έρου) Σ̣αρα̣ . [.] . .
Διδύ(μου) Τί-
χωντο(ς) ἀν(ὰ) α (ἄρ.) αS/ (καὶ) ὀνόμ(ατος) Δ̣ι̣[ο]σ̣κ(όρου) το(ῦ) [κ(αὶ)]
Ψύλλου
ἐπιγρ̣(αφὴ) Διδύμ(ου) Τίχωντο(ς) ἀν(ὰ)[ ] . . [ ] . . εισ̣ . [ ]
(ἀρτ.) . . // καὶ Ἀπολλ̣ω . ( ) Νεμ̣ε̣[σ]ᾶ̣το(ς) [ἐπιγρα(φὴ)
Διδύ(μου) Τί]-
χω̣ντος ἀν(ὰ) γ (ἄρ.) αηιςξδ (καὶ) Δ . [ ] . ( ) (πρότερον) [ ]
ἐπιγρα(φὴ) Διδύμου Τίχ[ω]ντο(ς) . [ ]
Θνοφορῶτο(ς) Παντβ(ωοῦτος) ἐπιγ[ρα(φὴ)] Δ[ιδύμου Τίχωντος]
ἀν(ὰ) κδ (ἄρ.) αSις Διοσκό(ρου) . . . [ ]
ἀν(ὰ) κδ// (ἄρ.) dιςξδρκη ἄλλ(ς) Τηλαυ( ) [ ]
Ἀχιλλέως κ(αὶ) Διοκ( ) Ἰσιδώ(ρου) Ἀ̣πολ[ ]
ἀν(ὰ) κδ// (ἀρ.) Ldηιςλβ κ̣α̣ὶ Σαραπ̣( ) Β . . . [Ζηνα]-
ρ̣ίωνο(ς) Ἐπιμάχου ἀν(ὰ) κδ// ἀπὸ [(ἀρουρῶν)]
[ ] . ο̣ικ̣ο( ) ἐν [ ] ι . . ( ) Δ[ ]

– – – – – – – – – – – – – – – – – – – –

(1–23) – – – Didymos – – – [Zena]rion, S. d. Epimachos, Ar.: 1/2 [ ]
– – – [Dem(etrios)], S. d. Agathokles, Ar.: 13 1/32
Monaimos – – – [Ar.:]1 1/4 1/8 1/64
Daraus wurde gepachtet auch durch Zuschreibung [ ]einos, S. des Heleis,
Teilzuschreibung aus Did[ymos, S. d. Tichon,] zu 1/24, Ar.: 1 1/2 1/8
Nemesâs, S. d. Nophorôs, Zuschreibung aus Didymos,
S. d. Tichon, zu 1 1/2, Ar.: 2 1/2 1/64
Pherôs, S. d. Nisth, Zuschreibung aus Didymos,
S. d. Tichon, zu 1/24, aus Ar.: 1 1/2 1/4 <Ar.: . . . >
Zuschreibung aus Dem(etrios), S. d. Agathokles, Ar.: 4 [ ] 1/4
Dioskoros alias Psyllos, Zuschreibung aus Demet(rios),
S. d. Agathokl(es), zu 1/2 1/16, aus Ar.: [ ] Ar: 1/2
vormals Harpok(rates), S. d. Nophorôs, Zuschreibung aus
Didym(os), S. d. Tichon, zu 1/24, Ar.: 1 1/2 1/4, Ar.: 1/2
Besarion, S. d. Titho[eous] zu 1, Ar.: 8 1/2
Sarap(ion), S. d. Ischyâs, und Hermion der Jüngere, S. d. Sarap(ion),
[Zuschreibung aus] Didy(mos), S. d. Tichon, zu 1, Ar.: 1 1/2
und unter dem Onoma Dioskoros alias Psyllos, Zuschreibung
aus Didym(os), S. d. Tichon, zu [. . , Ar.:] – – – – – – Art.: . .
und Apollo-, S. d. Nemesâs [Zuschreibung aus Didy(mos),
S. d. Ti]chon, zu 3, Ar.: 1 1/8 1/16 1/64
und D-, – – – , vormals [ ], Zuschreibung aus Didymos,
S. d. Tichon, [zu . . , Ar.:],
[– – –] Thnophorôs, S. d. Pantb(oous), Zuschreibung aus
D[idymos, S. d. Tichon: – – –], zu 1/24, Ar.: 1 1/2 1/16
Dioskoros, [S. d. – – –] zu 1/24, Ar.: 1/4 1/6 1/64 1/128
anderes: Telau( ) [ ]
[S. d.] Achilleus, und Diosk(oros), S. d. Isido(ros),
E. d. Apol[l] zu 1/24, Ar.: 1/2 1/4 1/8 1/16 1/32
und Sarap( ), S. d. B- – – – [Zuschreibung aus Zena]rion,
S. d. Epimachos, zu 1/24, aus [Ar.:]
[ ] – – – [

1–2 In diesen Zeilen sind die Personen genannt, deren Grundstücke durch Epigraphe verpachtet wurden. Für Zenarion siehe unten zu Z. 22–23, für Demetrios zu Z. 8. In der ersten Zeile muss zu Διδύμ[ου Τίχωντος ergänzt werden, der unten in Z. 5.6.7.10.12–13.14. [15]–16.17 und wohl auch in Z. 18 genannt ist, ebenso in Kol. XXXV 7.9.11.

4 Ἡλεῖϲ vielleicht dieselbe Person wie in Kol. LII 6.

6 Νεμεϲ̣ᾶ̣τ̣οϲ

Vgl. Kol. XLV 8 Νεμεϲᾶτο(ϲ)

Zu Didymos, Sohn des Tichon, s. auch oben zu Z. 1–2. Der Name Τίχων ist offenbar noch nicht belegt. Ob man ihn mit dem Namen Τύχων (zuletzt in BGU XVI 2646, 30.38) in Verbindung bringen darf, ist fraglich, zumal der Genetiv zu Τύχων Τύχωνοϲ lautet, der zu Τίχων jedoch Τίχωντοϲ.

7 Wohl Φ̣ερῶϲ. Der Name ist in den Papyri bisher nur aus ptolemäischer Zeit belegt (zuletzt P.Sijp. 10b r 14 und P.Herakl.Bank 2 a V 2).

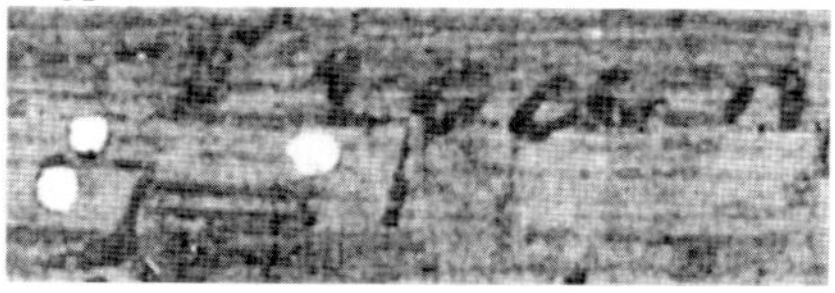

8 Nach ἀπὸ (ἀρ.) αLd muss die Angabe der Fläche ausgefallen sein, die zugeschrieben wird (vgl. Z. 9–10). — Δημ( ) Ἀγαθοκλ( ) hier und in der nächsten Zeile und oben in Z. 1–2, dieselbe Person auch in Kol. XXX 14.

8–9 Zu Διόϲκο(ροϲ) ὁ καὶ Ψύλλ̣ο̣(ϲ) s. zu Kol. XXIX 8.

10 Ἁρποκ(ράτηϲ) Νοφορῶ(τοϲ): in Kol. XXIII 6 ist ein Nophorôs, Sohn des Harpok(r), belegt.

11 Βηϲαρίων [] Τιθο . . [auch in Kol. XXXVII 5; vgl. auch zu Kol. L 18.

12 Anstelle von Ϲ̣αρα̣ .[ist vielleicht Π̣αρμ̣[nicht ganz auszuschließen, zumal in Kol. XLIII 8 ein Hermion, S. d. Π̣α̣ρ̣μ̣[genannt zu sein scheint.

14 εἰϲ (ἔτη)?

18 Hier steht die Namensform Θνοφορῶϲ und nicht wie hier sonst Νοφορῶϲ, worauf mich D. Hagedorn aufmerksam gemacht hat. Vgl. den Namen Θνεφερῶϲ in der Liste in P.Ryl. II 220, S. 362 als eine unterägyptische Variante zu Τνεφερῶϲ und P.Bub. I 4 XXII 10 Θνεφερϲόϊ mit Komm. Der

Name Θνοφορῶς findet sich auch in noch unveröffentlichten Bubastos-Papyri (Hinweis von J. Frösén).

20 ἄλλ̣(ο) Τηλ̣α̣υ( )

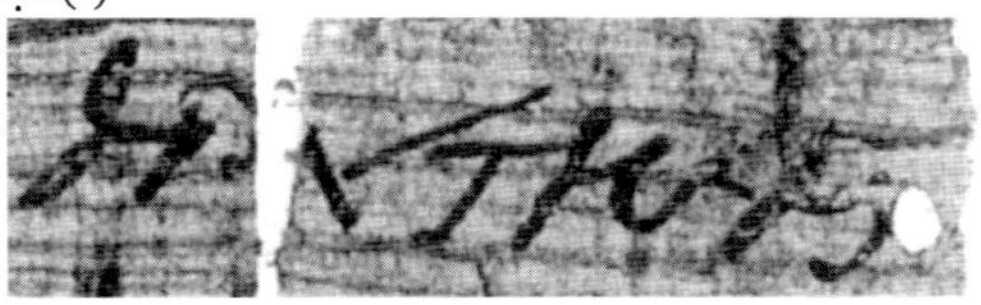

Zu Τηλαυ( ), vielleicht zu Τηλαῦ(ς) aufzulösen, s. oben zu Kol. XXXI 14.

21 Hinter Διοκ( ) steckt vielleicht der in Kol. XLVI 2 belegte Name Διοκλῆς.

22 Wahrscheinlich Σαραπ̣( ) Βα̣ς̣ι[λ-. Vgl. Kol. XXXVIII 21 und XLII 2.

22–23 [Ζηνα]ρίων 'Επιμάχου schon oben in Z. 1–2. Dieselbe Person auch in Kol. XXIX 5 und XXXV 19.

24 Offenbar nicht ἐν [μ]ισθ̣( ), stattdessen ἐν [ ] ἱε̣ρ̣( )?

Kol. XXXIII

– –

(*sovrapposto*) *eine Zeile frei*

2 πρ̣ὸ̣ς̣ βορρ(ᾶν) (καὶ) λί(βα) (τούτων) [ ] . . ιο̣ς ἐξ ὧν
ἐμι[cθ(ώθη)]

3 ὑ̣π̣[. .]μ̣α̣. . υ̣ Λ̣ε̣οντᾶ (καὶ) [ ]η. . . ἐξ ὧν̣ .

4 [ ] . Π̣[α]ντβ(ωοῦτος) Νι[cθ] . .
α̣[ν](ὰ) κ[δ]// (ἀρ.) S/ (καὶ) ὑπὸ

5 [ ]Ν̣ι̣cθ ἀν(ὰ) κδ̣//[ ]ὑπὸ Ἰcχ(υρ)
Ἐφιμήνιο̣c ιζ (ἔτει)

6 εἰc (ἔτη) ε ἀν(ὰ) S/ (ἄρ.) . d/. . . ὑπὸ̣ . . . .μ Cαραπ(ίωνοc) ιθ (ἔτει)

7 εἰc (ἔτη) ε ἀν(ὰ) γιβ (ἄρ.) αS/ [ἥ]περ πρὸc ἐ̣λογ(ίcθη) κατὰ

8 τὴν δ[ι]άταξ(ιν) (καὶ) ὑπὸ . . [. . .]ω̣νοc Βαcιλ̣εῖτοc ια (ἔτει)
εἰc (ἔτη) ε

9 ἀν(ὰ) S/ (ἄρ.) α ἥπερ πρὸc [μ(έροc)] ἐ̣λογ(ίcθη) κατὰ τὴν διάταξ(ιν)

10 γί(τονεc) ὅλ(ων) νότῳ Μνήμ(ων) [β]ορρ(ᾶ̣) ἀπὸ μ(έρουc) ἐπ(ιγραφῆc)
ὑπολ(όγου) λιβὶ

11 (καὶ) ἀπ(ηλιώτῃ) ἰδιω(τικὴ) (καὶ) Μ/ οὐc(ία) καὶ ἄλ(λων) ἐν
μιcθ(ώcει).

12 ὁμ(οίωc)

13 πρὸc νότ(ον) καὶ λίβα (τούτων) ἀνὰ μ(έcον) ὄντο(c) διαcτή(ματοc)
ἐκ<κ>εχω(ρημένη)

14 ὑπὸ Οὐαλερίου Μαρκέλ(λου) (καὶ) θ̣ παρε[.] .( ) χέρc(ου)
(ἄρ.) βdιςλβ

15 Διοcκοροῦτο(c) Cαραπ(ίωνοc) ις (ἔτει) . . . . . . (ἄρ.) ιγηις
ἀν(ὰ) γι[β]

16 (ἄρ.) αLdηις (καὶ) δι' ἐπ(ιγραφῆc) (πρότερον) Cαρα[π(ίωνοc)]
Cαρ̣απ(ίωνοc) ἀν(ὰ) ιβ// (ἀρ.) dλβρκη

17 γί(τονεc) νότῳ (καὶ) ἀπ(ηλιώτῃ) λίμνη̣ λ̣ι̣β̣[ὶ] ἡ ἐξ(ῆc) ς (ἔτουc) ἕωc
ι (ἔτουc) ὁμ(οίωc)

18 ὁ̣μ(οίωc)

19 λιβὸc ἐχόμ(ενον) ἐν̣ κλ(ήρῳ) .[.] . . [. .] ἐ̣κκεχω(ρημένη) ὑπὸ
Οὐαλερίου Μαρκέλ(λου)

20 [(ἄρ.)] ε̣Ld/ ἐξ (ὧν) ἐμιcθ(ώθη) ὑ̣π(ὸ) [*ca. 8*] Π̣αθε[ρ]μ̣(ούθιοc)

ἀν(ὰ) S/ (ἄρ.) α

21 (καὶ) ὑπὸ Διοςκ(οροῦτος) Cαραπ(ίωνος) [̣ (ἔτει) ε]ἰς (ἔτη) ε ἀν(ὰ) γιβ̣̅
ἐ̣ν κλ(ήρῳ̣?) (ἄρ.) κη (καὶ)

22 πρὸς (ἀρ.) αLd/ γί(τονες) νότ[ῳ̣] ̣( ) βορρ(ᾶ̣) λίμνη λιβὶ ὑπ̣ὸ̣
Π[ρω]-

23 τᾶτο(ς) Νοφορῶ(τος) ἀπ(ηλιώτῃ̣) ̣[ς (ἔτους)] ἕως ι (ἔτους)
ὁμ(οίως)

– –

(2–12) Davon nach Nordwesten, [ ], daraus wurde gepachtet
von – – –, S. d. Leontâs und [ ] – – –,
daraus [– – – – – –] Pantb(oous), S. d. Ni[sth] zu 1/24, Ar.: 1/2
und von [ ], S. d. Nisth, zu 1/24, [Ar.:]
[und] von Ischyrion, S. d. Ephimenis, im 17. Jahr für fünf Jahre zu 1/2, Ar.: ... 1/4 [ ]
[und] von – – –, S. Sarap(ion), im 19. Jahr für fünf Jahre, zu 1/3 1/12, Ar.: 1 1/2
die zusätzlich berechnet wurden gemäß der Diataxis,
und von – – –, S. d. Basileis, im 11. Jahr für fünf Jahre, zu 1/2, Ar.: 1
die anteilig (?) berechnet wurde gemäß der Diataxis.
Anrainer aller Aruren: im Süden: Mnem(on), im Norden: Teilzuschreibung, Hypologos; im Westen und Osten: Privatland und Usia des M(yrtilos) und von anderen in Pacht.
Ebenso.

(13–18) Davon nach Südwesten, mit Zwischenraum in der Mitte, zediert von Valerius Marcellus und ein Neuntel (?) aus verlassenem (?) Ödland, Ar.: 2 1/4 1/16 1/32
<von> Dioskoroûs, T. (?) d. Sarap(ion) im 16. Jahr – – – [aus?] Ar.: 13 1/8 1/16
zu 1/3 1/12, Ar.: 1 1/2 1/4 1/8 1/16
und durch Zuschreibung aus vormals Sarap(ion), S. d. Sarap(ion)
zu 1/12, Ar.: 1/4 1/32 1/128
Anrainer: im Süden und Osten: See, im Westen: die folgende (Parzelle).
Im 6. bis 10 Jahr ebenso. Ebenso.

(19–23) Im Westen angrenzend, im Kleros – – –, zediert von Valerius Marcellus
[Ar.:] 5 1/2 1/4
Daraus wurde gepachtet von [Sarapion?], S. d. Patherm(outhis) zu 1/2, Ar.: 1
und von Diosk(oroûs), T. (?) d. Sarap(ion) [im Jahr .] für fünf Jahre
zu 1/3 1/12, im Kl(eros?) Ar.: 28 und zusätzlich Ar.: 1 1/2 1/4

Anrainer: im Süden [--- ---], im Norden: See, im Westen: (gepachtet) von P[ro]tâs, S. d. Nophorôs, im Osten: [--- ---].

[Im 6.] bis 10. Jahr ebenso. Ebenso.

2–3 ἐξ ὧν zweimal hintereinander auch in Kol. XXXVIII 10–11.

4 Π̣[α]ντβ( ) Νι[cθ ergänzt nach Kol. XXX 5–6 und XLI 15.

5 Zum Namen 'Επίμηνιc s. zu P.Count 23, 126; 6, 282 ('Επίμηνιc) und P.Sorb. III 105, 2. v 2. Dazu gehört Ἀπίμηνιc in P.Ent. 77, 5 [BL VIII 120] und PSI VII 863, 55 (W. Clarysse, in: Crawford – Quaegebeur – Clarysse, Studies in Ptolemaic Memphis, S. 116, Anm. 1). Eine Variante zu diesem Namen scheint Φίμηνιc zu sein, welcher sich nach Auskunft von J. Frösén auch in einem noch unveröffentlichten Bubastos-Papyrus findet. Vielleicht ist Φιμ̄ in Kol. XLIII 6.14 und Φιμ ̣( ) in Kol. XV 7 so aufzulösen.

7 Zwischen πρόc und ἐ̣λογ(ίcθη) ein Spatium. Ebenso könnte man auch in Z. 9, wo sich zwischen diesen beiden Wörtern eine Lücke befindet, vermuten, dass dort eine lang ausgezogene Waagerechte, die über diese Lücke hinausreicht, noch zum Sigma von πρόc gehört, so dass auch dort nur πρὸc ἐ̣λογ(ίcθη) geschrieben gewesen wäre. Da aber offenbar in Kol. XLIII 21 und XLIX 12–13 πρὸc μ(έροc) ἐλογ(ίcθη) zu lesen ist, liegt für Z. 9 die Ergänzung zu πρὸc [μ̄] ἐ̣λογ̄ nahe. Dementsprechend wäre vielleicht in Z. 7 zu πρὸc <μ(έροc)> ἐ̣λογ(ίcθη) zu ändern.

8 Vielleicht nicht Ἀ̣μ̣[μ]ω̣νοc, sondern Ϲ̣α̣[ραπί]ω̣νοc, da ein Sarapion in Kol. XXXVIII 21 als Sohn eines Basileides (sic) und in Kol. XLII 2–3 als Sohn eines Basi(l) erwähnt ist. Die Buchstaben in der Lücke müssten aber sehr eng geschrieben sein. Vgl. auch zu Kol. XXXII 22. — Das Jahr des Vertragsabschlusses, ια (ἔτει) εἰc (ἔτη) ε, ist auffällig, aber eindeutig zu lesen. Da die in der Rolle verzeichneten Abschlüsse immer weit zurückliegen, ließe sich erwägen, dass hier nicht das 11. Jahr des Severus Alexander gemeint ist, sondern das des Septimius Severus. Andernfalls stammte sie aus dem laufenden Jahr. Es fällt auf, dass in Z. 12 der übliche Zusatz ϛ (ἔτουc) ἕωc ι (ἔτουc) ὁμ(οίωc) fehlt. Das könnte für die Vermutung sprechen, dass hier tatsächlich eine Verpachtung aus jüngster Zeit vorliegt. Eine andere Erwähnung eines 11. Jahres findet sich in Kol. LI 8.

9 πρὸc [μ(έροc)] ergänzt nach Kol. XLIII 21 und XLIX 12–13. Vgl. oben die Anm. zu Z. 7.

10 Wohl Μνήμ(ων) und nicht μνῆμ(α) oder μνημ(εῖον), zumal in Kol. XXXVIII 18 ein Kleros des Mnem(on) erwähnt ist. — ἀπὸ μ(έρους) ἐπ(ι-γραφῆc) in einer Anliegerangabe auch in Kol. XLV 18.

14 (καὶ) (ἔνατον) παρε[ιμ](ένηc) χέρc(ου)? Παρειμένη (γῆ) muss, wie die Belege, wo dieser Terminus mit εἰc τὸν δεῖνα verbunden ist, zeigen, „überlassenes, abgetretenes Land" bezeichnen und nicht, wie auch vermutet worden ist, „verlassenes Land". Belege aus der Zeit unserer Rolle sind SB XX 14312, 19 (203/4); PSI VII 796, 18.20 (222/3); P.Oxy. XII 1549, 14.35 (240 n.Chr.). An all diesen Stellen ist von Teilflächen aus der παρειμένη die Rede. In PSI VII 796, 18 ist der Anteil ausdrücklich genannt: παρειμένηc (ἕκτον) μέροc. Vielleicht darf man daher auch hier daran denken, dass mit Theta ἔνατον sc. μέροc gemeint ist. — Eine Verpachtung aus Land, das χέρcoc und nicht, wie in der Rolle sonst üblich, ὑπόλογοc genannt wird, auch in Kol. XXV 16 und XLVI 20.

15 Διοcκοροῦc Cαραπ(ίωνοc) auch in Z. 21, vielleicht auch in Kol. XXX 3. Vor Διοcκοροῦτο(c) vermisst man ὑπό, wenn er, wie zu vermuten, 1 1/2 1/4 1/8 1/16 Aruren aus 13 1/8 1/16 Aruren gepachtet hat. Nach ιϛ (ἔτει) vielleicht nicht εἰc (ἔτη) ε. Man könnte zwar (ἔτη) ε lesen, davor stand aber möglicherweise mehr als εἰc.

16 Cαρα[π(ίων)] Cαρạπ(ίωνοc) auch in Kol. XXXI 6.

17 ἡ ἑξ(ῆc) wie in Kol. XVIII 14; gelesen von D. Hagedorn. Entsprechend unten in Z. 19 λιβὸc ἐχόμ(ενον).

20 Wahrscheinlich ὑπ̣[ὸ Cαραπ(ίωνοc)] Π̣αθε[ρ]μ̣(ούθιοc) wie in Kol. XXXIV 20, XLIII 2.19 und XLVI 11.

22 Vielleicht βαcι]λ̣(ική). — Hier befindet sich eine λίμνη im Norden, bei dem im Osten angerenzenden Areal (Kol. XXXIII 13–17) befindet sie sich im Süden und Osten (Z. 17).

22–23 Die Ergänzung zu Π[ρω]|τᾶτο(c) erscheint wahrscheinlich, da in Kol. XXXV 12 ein Νοφο(ρῶc) νεώτ(εροc) Πρωτᾶ̣(τοc) genannt ist.

23 Da dieses Areal an das zuvor genannte im Westen anschließt, muss die Ostgrenze in Z. 23 mit der Westgrenze in Z. 17 wenigens zum Teil übereinstimmen.

Kol. XXXIV

– –

1] ̣ινου Πασίω̣ν̣[ο(ϲ)] ̣[
2] (ἔτει) [εἰ]ϲ̣ (ἔτη) ε̣ ἀν(ὰ) γ// (ἄρ.) α̣
γί(τονες) ν̣[ό]τ̣[ῳ̣
3 [ ] ̣ (καὶ) λοι(πὸν?) μ[ ] ̣π̣ ̣ ̣μονο(ϲ) ̣ ̣( )
ἐληλυθο ̣[
4 ἀπὸ̣ Οὐλ̣[π]ίο̣υ Π̣ρ̣ιμι[α]νοῦ τοῦ ἡγεμ(ονεύϲαντοϲ) (καὶ) ϲυμ̣π̣( ) ἐπ( ) [
5 Ἀλφήν[ο]υ Ἀπολιναρίου τοῦ κρ̣α̣(τίϲτου) γ̣ ̣ ̣ ̣ ̣ ̣[̣] ̣ πρὸϲ ταῖϲ
ἐ̣π̣[ιϲκ(έψεϲιν)]
6 ̣ ̣φ[̣] ̣ ̣ εκ ̣ ̣ ̣ ̣( ) ̣[̣ ̣ ̣ ̣] ̣ ̣θ γί(τονεϲ) νό̣τῳ̣ [] ̣λ( ) ἐκ γ̅ ἀνέμ(ων)
7 ἰδιω(τικὴ) (καὶ) βαϲιλ(ικὴ) γῆ (καὶ) Μ/ ο̣[ὐ]ϲ̣ί̣(α) ὑπ̣[ό]λ(ογοϲ) (καὶ)
ἄλ(λων) ϛ̣ (ἔτουϲ) ἕωϲ ι (ἔτουϲ) ὁμ(οίωϲ)
8 ὁμ(οίωϲ)

9 λιβὸ(ϲ) ἐ̣[χόμ(ενον)] Ἀτιλ̣λ̣ιαν̣ο(ῦ) (καὶ) βορρ(ᾶ̣) ὑπόλ(ογοϲ) (ἄρ.) ϛ αἱ
μιϲθ(ούμεναι) ὑπὸ
10 Μ ̣ ̣ ̣[̣ ̣]ο̣υ ̣[̣ ̣] ̣ κ (ἔτει) εἰϲ (ἔτη) ε ἀν(ὰ) η) γί(τονεϲ) νότῳ̣
ἰδιω(τικὴ) βορρ(ᾶ̣)
11 ἰδιω(τικὴ) (καὶ?) [Μ]υ̣ρτ[ίλ(ου)] ̣ ̣[Μ]υ̣ρ̣τίλ(ου) ἀπ(ηλιώτη)
λίμνη ϛ (ἔτουϲ)] ἕωϲ ι (ἔτουϲ) ὁμ(οίωϲ)
12 ὁμ(οίωϲ) *(2. Hand?)* ̣ ̣ ̣ ̣ ̣ ̣ ̣

13 πρὸϲ [ ] ὑπόλ(ογοϲ) (ἄρ.) δ ἐξ ὧν ἐμιϲθ(ώθη) ὑπὸ Ψόιτο(ϲ)
Ἰϲιδώ(ρου)
14 καὶ ̣[ ] ἀν(ὰ) η̣) (ἄρ.) γ (καὶ) ὑπὸ Πετενώφ(ιοϲ) Ϲαραπ(ίωνοϲ)
(πρότερον)
15 [ ] ιϛ̣ (ἔτει) [εἰϲ] (ἔτη) ε ἀν(ὰ) η) (ἄρ.) α
γί(τονεϲ) νότῳ̣ Μυρτίλ(ου)
16 [ ] ̣ ̣μ/ β̣ο[ρ]ρ(ᾶ̣) ὑπό[λ(ογοϲ)] λιβὶ ἐν
ἐκφο(ρίῳ̣)
17 [ ] ϛ (ἔτουϲ)] ἕωϲ ι (ἔτουϲ) ὁμ(οίωϲ)
18 ὁμ(οίωϲ)

19 ὄν]τ̣ο(ϲ) διαϲτή(ματοϲ) ἐκκεχω(ρημένη) ὑπὸ
Οὐαλερίο[υ]

20 [Μαρκέλ(λου)]/[ἐ]ξ̣ (ὧν) ἐ̣μ̣ι̣ϲ̣θ(ώθη) ὑπὸ Cαραπ(ίωνοϲ) Παθερμ(ούθιοϲ)

21]αθ̣ι̣ο( ) ἀπὸ τῶν ἐ . . . δ . . . [ ]

22] . . ἀν(ὰ) γ̅ι̅β̅ (ἄρ.) β γί(τονεϲ) αὐ(τῶν) [ ]

23 ἐν] ἐκφο(ρίῳ̣) (ἀρ.) Ld η̅ι̅ϲ̅ ε̣ .[ ]

– –

(1–8) – – –]-inos, S. (?) d. Pasion [– – – – – –]
[– – – – – –] im Jahr [ ] für fünf Jahre zu 1/3, Ar.: 1
Anrainer im Süden – – – – – – – – –
und der Rest (?) – – – – – – – – – gekommen [ ]
von dem ehemaligen Präfekten Ulpius Primianus und – – – – – – Alfenus Apollinarius, vir egregius, vormaliger (?) πρὸϲ ταῖϲ ἐπ[ιϲκέψεϲιν] – – – – – –
Anrainer: im Süden – – –, in drei Himmelsrichtungen: Privatland und Königsland und Usia des M(yrtilos), Hypologos und von anderem.
Im 6. Jahr bis zum 10. Jahr ebenso. Ebenso.

(9–12) Im Westen angrenzend (Land des) Atillianus und im Norden Hypologos Ar.: 6, die gepachtet sind von M-, S. d. – – – im 20. Jahr für fünf Jahre zu 1/8.
Anrainer: im Süden: Privatland, im Norden: Privatland und Myrtilus – – –, [im Westen:] Myrtilos, im Osten: See.
Im 6. bis zum 10 Jahr ebenso. Ebenso.

(13–18) Nach [ ] Hypologos, Ar.: 4
Daraus wurde gepachtet von Psois, S. d. Isido(ros), und [von] zu 1/8, Ar.: 3
und von Petenoph(is), S. d. Sarap(ion), vormals [ ] im 16. Jahr für fünf Jahre zu 1/8, Ar.: 1
Anrainer: im Süden: Myrtilos [– – – – – –], im Norden: Hypologos, im Westen: Ekphorionland, [– – – – – –].
Im 6. bis 10. Jahr ebenso. Ebenso.

(19–23) [ ] mit Zwischenraum [in der Mitte], zediert von Valerius [Marcellus – – –]
Daraus wurde gepachtet von Sarap(ion), S. d. Patherm(outhis) [– – – – – – – – –]

S. d. -athis, von den – – – [– – – – – – – – –] zu 1/3 1/12, Ar.: 2

Anrainer davon [und – – – – – – – – –] Ekphorionland zu Ar.: 1/2 1/4 1/16 – – –

3 λοι(πὸν) μ[έροϲ]? — Zwischen π und -μονο(ϲ) zwei bis drei Buchstaben. Es wurde keine überzeugende Lesung gefunden. Eine Möglichkeit wäre vielleicht [Cαρ]ạπạ́μ̣μονο(ϲ), wenig überzeugend wäre Πọλ̣ẹ́μονο(ϲ), Πọτ̣ạ́μονο(ϲ), wohl nicht Πạλ̣ῆμονο(ϲ).

4 M. Ulpius Primianus war in den Jahren 195–196 Praefectus Aegypti (PIR^2 V 846; RE Suppl. XI 1276, Nr. 13a). Mit seinem Namen sind drei ἀβροχία-Deklarationen verbunden (P.Prag. I 23 = SB VI 9582; PSI XVII Congr. 25; BGU III 973).

5 Ἀλφῆνοϲ Ἀπολινάριοϲ (PIR I 377a = I^2 517) ist auch in P.Mich. VI 426, 24 (199/200 n.Chr.?) erwähnt, wo die Angabe seiner Funktion in einer Lücke der Z. 23 verloren ist. Der Herausgeber ergänzte zu τῷ̣ κρα[τίϲτῳ ἡγεμόνι ἡμ]ῶ̣ν, während N. Lewis, CE 43, 1968, 370–373, die Ergänzung τῷ̣ κρα[τίϲτῳ ἐπὶ κῆνϲ]ω̣ν vorschlug. Diese Vermutung würde durch unsere Stelle bestätigt, wenn am Ende der Zeile zu πρὸϲ ταῖϲ ἐπ̣[ιϲκ(έψεϲιν)] ergänzt werden darf, was man als ein Äquivalent zu [ἐπὶ κῆνϲ]ω̣ν auffassen darf (A. Stein, Ἐπίϲκεψιϲ, in: Charisteria. Alois Rzach zum achtzigsten Geburtstag dargebracht, Reichenberg 1930, S. 176). Vor dem hier vermuteten πρὸϲ ταῖϲ ἐπ̣[ιϲκ(έψεϲιν)] ist aber τοῦ κρ(ατίϲτου) ἐπιτρόπου nicht zu lesen, vermutlich aber stattdessen τοῦ κρ(ατίϲτου) γ̣ε̣ν̣ο̣μ̣έ̣ν̣[ο]υ̣ πρὸϲ ταῖϲ ἐπ̣[ιϲκ(έψεϲιν)]. Zu dieser Formulierung vgl. z.B. PSI X 1105, 15–16 (173 n.Chr.) τοῦ κρατίϲτου \`γενομένου´ πρὸϲ τῷ̣ ἰδίῳ λόγῳ.

Andere Belege für Prokuratoren πρὸϲ ταῖϲ ἐπιϲκέψεϲιν sind:

Aurelius Marcus: SB XII 11033, 6–9 (Oxyrhynchites, 220/1 oder 224/5? BL VII 224; VIII 365).

Aurelius Maximus: PSI IX 1066, 3–5 (Oxyrhynchos, 223; BL IX 319 mit Verweis auf SB XX 14385, 7).

Aurelius Antoninus (H.–G. Pflaum, Les carrières proc. équest. III 1084): P.Oxy. XLII 3046, 6–13 (Oxyrhynchites, 244/5), P.Oxy. XLII 3047, 6–13 (Oxyrhynchites, 245), P. Oxy. LXV 4488, 7–10 (Oxyrhynchos, 244/5), P. Oxy. VI 970 descr. (Antinoupolis?, 244/5; BL VII 133).

Ferner P.Oxy. XLII 3032, 5 (Oxyrhynchos, 218/9 oder 222/3), W.Chr. 41 III 14 (= P.Par. 69; Sel.Pap. II 242; Elephantine, 232 n.Chr.; BL VI 203), P.Erl. 19, 1 (nach 216/7; BL VIII 120; Herkunft unbekannt).

6 Nach γί(τονεϲ) νό̣τῳ wäre für [βα]ϲ̣ι̣λ(ικῇ) nicht genug Platz.

9 Ἀτιλ̣λ̣ιαν̣ο(ῦ)

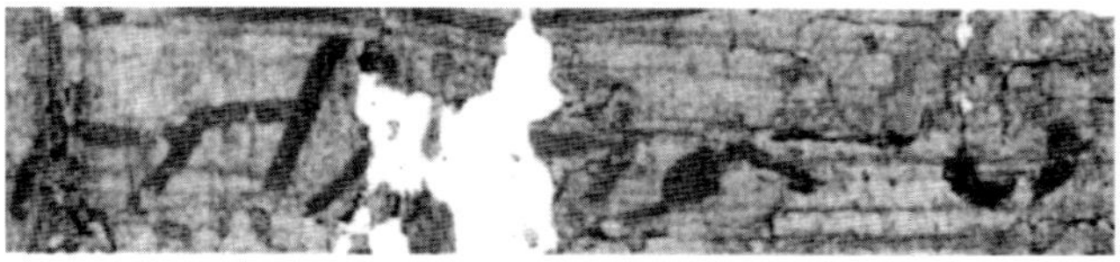

10 Vielleicht Μο̣ν̣α̣[ίμ]ο̣υ Ν̣[ιϲ]θ̣. Vgl. zu Kol. XXXVI 21 und 23.

12 Als Zusatz, offenbar von zweiter Hand, vielleicht ein Name, der mit ορ beginnt. Davor mit deutlichem Abstand vielleicht δι'.

13 Ψόιτο(ϲ) Ἰϲιδώ(ρου) auch in Kol. XXX 18 und XLVIII 9.

14 Πετενωφ( ) ist deutlich zu lesen, in Kol. XLVIII 10 steht Πετενεφω(τ) Ϲαραπ( ).

20 Ϲαραπ(ίων) Παθερμ(ούθιοϲ) auch in Kol. XLIII 2.19 und XLVI 12. Vgl. auch XXXIII 20 Anm.

21 Ψ]άθι̣ο(ϲ) oder Ψι]άθι̣ο(ϲ)? Vgl. zu Kol. XXVIII 21. Danach ἀπὸ τῶν ἐπε̣ι̣δί̣ξ̣(εων)?

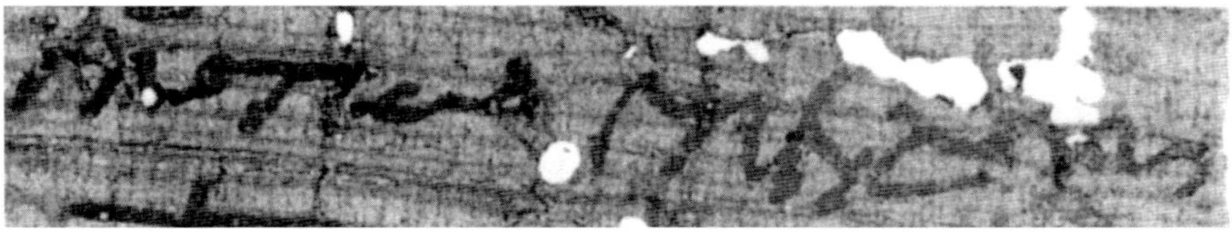

Die Epideixis wäre in Kol. XXV 7.14 erwähnt, jeweils ἐπιδιξ- geschrieben. Oder eher ἐνβα̣δε̣υ̣ϲ( )?

Kol. XXXV

– –

] . (λοιπ.)
2 . λβρκη ἐξ (ὧν) δι̣' ἐπ(ιγραφῆς) ὀν̣[όμ(ατος)]ρ̣( ) ὑπολ(όγου) (ἄρ.)
ςLις (ἄρ.) α . . ὀνόμ(ατος) [Κο]λλούθ(ου)
ἀν(ὰ) dκ̣δ̣
4 (ἄρ.) αLd/ (καὶ) ὀνόμ(ατος) Ἁρ̣ωοῦτο(ς) [ ] . χ . . ἐπ(ιγραφὴ)
Δ̣[ι]δ̣[ύ(μου)] Τί-
χωντο(ς) ἀν(ὰ) α̣ (ἄρ.) αLηρκη κ[αὶ] ὀνόμ̣(ατος) Βασιλ(είδου)
Βασιλείδου
6 . [. . .]λ̣ογ ἀν[(ὰ)] 2 α [ ] . . . . . . [ ] . α— . . [. .] . ‾ κατὰ
τ̣ὴν διάτ̣α̣ξ(ιν) [καὶ] ὀ̣νόμ(ατος) Ἀρτεμ(ᾶ) τοῦ [κ(αὶ) Ϲ]ερήνο(υ)
ἐπ(ιγραφὴ) Δ[ιδύ(μου)] Τίχω(ντος)
8 ἀν(ὰ) κδ// (ἀρ.) dηιςξδρκη (καὶ) ὀνόμ(ατος) Λεοντ(ᾶτος) Ἰσχυρ(ίωνος)
ἐπιγρ(αφὴ)
Διδύμ(ου) Τίχωντο(ς) ἀν(ὰ) Lη (ἀρ.) L[. . .] . . [. . .] . . . ‾
Βασιλ(είδου)
10 Βασιλ(είδου) ὑπόλ(ογος) ἀν(ὰ) κδ// ἀπὸ (ἀρ.) α (ἀρ.) Ldις
[. . . .]κ̣ολ[.] . . . . Παθερμ(ούθιος)
Ἰσιδώ(ρου) ἐπ(ιγραφὴ) Διδύ(μου) Τίχω(ντος) ἀν(ὰ) β [ ]ηρκη
καὶ
12 ὑπὸ Νοφο(ρῶτος) νεωτ(έρου) Πρωτᾶ̣(τος) ὑπο̣λ(όγου) [ ]
Ldηιςξδρκη
(καὶ) ὑπὸ Πετεεῦτο(ς) Πανιχά(θιος) τ[ο]ῦ κ(αὶ) . [ ]
Τίχωντο(ς)
14 ἀν(ὰ) S/ (ἀρ.) Ld/ (καὶ) ὑπὸ Διοσκό(ρου) Διδύ(μου) [ὑ]πό-
λ(ογος) ἀπὸ τῶν
προκ(ειμένων) (ἀρ.) βLξδ[ρκ]η̣ (ἄρ.) ad‾ . [ ] Διοσκ(όρου)
τοῦ
16 κ(αὶ) Ψύλλο(υ) ὑπολ(όγου) (ἄρ.) ιδ (καὶ) πρ(ὸς) [Ϲ]αρα-
π(ίωνος)
τοῦ κ(αὶ) Λάκ(ωνος) καὶ τῶν κοι(νωνῶν) [ ]
18 ἀν(ὰ) Lκδ [ἀ]π̣ὸ (ἀρ.) β . λβ (ἀρ.) α [ ] . ν̣δου
ἐπ(ιγραφὴ) Ζηναρίω(νος) Ἐπιμάχο(υ) . [(ἄρ.)]ηdηλβρκη
20 (καὶ) ἑτέρων ἐδαφ(ῶν) ὑπολο . . [ ] ι . . .
(καὶ) Μυρτίλ(ου) ἀπ(ηλιώτη) ὑπόλ(ογος) (καὶ) ἄ̣λ̣(λων) [ ] α̣// Ψ[.]

Spuren [ ] . . . . α̣

πρὸϲ νότ(ον) καὶ λίβ(α) (τούτων) ἀν̣[ὰ μ(έϲον)] . . . . ( )
[ ]αι[μ]ι̣ϲθ . [
[ ] . . [

– –

(1–22) [– – – – – – – – –] Rest: Ar.: ... 1/32 1/128

Daraus durch Zuschreibung unter dem Onoma [des] Hypologos

Ar.: 6 1/2 1/16, Ar.: 1 ...

unter dem Onoma [des] S.(?) d. Kolluthos zu 1/4 1/24, Ar.: 1 1/2 1/4

und unter dem Onoma des Harooûs [S. d. – – –] – – – –

Zuschreibung aus Didymos, S. d. Tichon zu 1, Ar.: 1 1/2 1/8 1/128

und unter dem Onoma Basil(eides), S. d. Basileides – – – – – – berechnet zu [ ], Ar.: 1

– – – – – – – – – nach der Diataxis

[und] unter dem Onoma des Artem(âs) alias Serenos Zuschreibung aus

[Didymos], S. d. Tichon, zu 1/24, Ar.: 1/4 1/8 1/16 1/ 64 1/128

und unter dem Onoma des Leont(âs), S. d. Ischyr(ion), Zuschreibung

aus Didym(os), S. d. Tichon, zu 1/2 1/8, Ar.: 1/2 [– – –]

– – – – – – – – – Basil(eides), S. d. Basil(eides), Hypologos

zu 1/24, aus Ar.: 1, Ar.: 1/2 1/4 1/16 [ ]

[– – –]kol[– – –] Patherm(outhis), S. d. Isido(ros), Zuschreibung

aus Didymos, S. d. Tichon, zu 2, [Ar.:]1/8 1/128

und von Nopho(rôs) dem Jüngeren, S. d. Protâs, Hypologos

[zu – –, Ar.:]1/2 1/4 1/8 1/16 1/64 1/128

und von Peteeus, S. d. Panicho(this) alias [– – – Zu(schreibung)

aus Didymos S. d.] Tichon zu 1/2, Ar.: 1/2 1/4

und von Diosko(ros), S. d. Didy(mos) [ ] Hypologos

aus den vorgenannten Ar.: 2 1/2 1/64 1/28 Ar.: 1 1/4 [ ]

[und unter dem Onoma (?) des] Diosk(oros) alias Psyllos, Hypologos,

Ar.: 14 und zusätzlich [– – – – – –] Sarapion alias Lak(on) und

Teilhaber [– – – – – –] zu 1/2 1/24 aus Ar.: 2 ... 1/32, Ar.: 1 [ ]

[– – – – – –] S. des -ndos? Zuschreibung aus Zenarion,

S. d. Epimachos [zu – – Ar.: – – –]

[Anrainer der Ar.:]8 1/4 1/8 1/32 1/128 und anderer Grundstücke, Hypologos, [– – – – – – – –] und Myrtilos, im Osten: Hypologos und von anderem – – –

(23–25) Davon nach Südwesten, [– – –] in der Mitte [ ] [ ] gepachtet [

2 Am Beginn der Zeile vor λβρκη vielleicht nicht mehr als die Sigle für die Arure. Nach ὑπόλ(ογος) fehlt die Angabe des Pachtzinses wie auch in Z. 16.

4 Ἁρωοῦτο(ς). In dieser Schreibung öfter in der Rolle. Die übliche Schreibung wäre Ἁροοῦς. Didymos, S. d. Tichon, auch in Z. 7.9.11 und in Kol. XXXII 6.7.10.12.14.15.17.18.

5 Βασιλ( ) Βασιλείδου auch unten in Z. 9–10.

6 Unmittelbar vor κατά könnte man in der Lücke nach Kol. XXXIII 7.9 und XLIX 12–13 ἐλογ erwarten, wozu ausreichend Platz wäre. Offenbar steht das Verbum aber schon am Beginn der Zeile.

7 Die Lesung Ἀρτεμ(ᾶ) το(ῦ) ist dadurch erschwert, dass hier ein Fragment zu hoch und überlappend angesetzt ist, was auch in den folgenden Zeilen bis Z. 14 zu berücksichtigen ist. Trennt man die beiden Teile in der rechten Weise, so ergibt sich das folgende Bild:

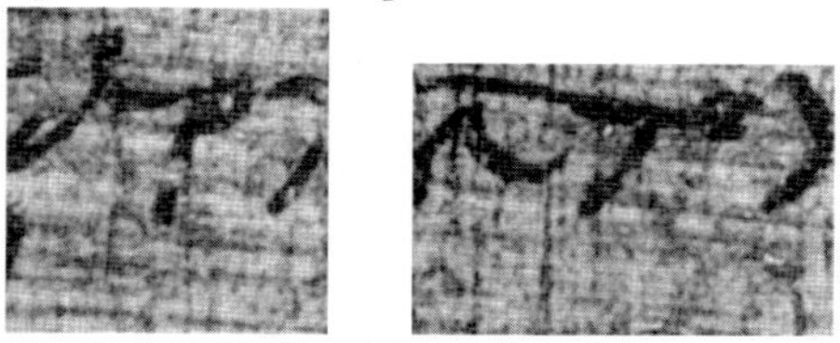

Die Lesung ist durch Kol. XXX 7.11 und XXVII 9 gesichert. — Zu Δ[ίδυ(μος)] Τίχω(ντος) s. zu Z. 4.

8 Λεοντ(ᾶς) Ἰσχυρ(ίωνος) auch in Kol. XLI 19.

9–10 Vor Βασιλ( ) wahrscheinlich Reste von ὀνομ. Offenbar hießen Vater und Sohn Βασιλείδης, und es handelt sich um die bereits in Z. 5 genannte Person. Man wird also das zweite βασιλ( ) nicht zu ὑπόλ(ογος) ziehen dürfen, auch wenn z.B. in P.Ryl. II 221, 11–[12].27 vermutlich zweimal ἀπὸ βασιλικοῦ ὑπολ(όγου) zu lesen ist.

10 Vor Παθερμ(ούθιος) ist auf zwei hier plazierten Fragmentchen weder ὀνομ noch ὑπό zu erkennen. Möglicherweise sind diese Fragmente falsch angesetzt. Παθερμ(οῦθις) Ἰσιδώ(ρου) auch in Kol. XXXVI 22 und XL 7.

12 Νοφο(ρῶς) νεώτ(ερος) Πρωτᾶ(τος) auch in Kol. XLIV 10.

13 Πανιχῶ(θιc) sonst nur noch in P.Ryl. II 220 (Einl., S. 362; Thmouis, 134/8 n.Chr.). Vgl. Πανιχάτηc.

14 Διόcκο(ροc) Διδύ(μου) auch in Kol. XLIV 8, XLIX 10 und wohl auch in Kol. XLIII 14.

15–16 Zu Διοcκ(όρου) τοῦ κ(αὶ) Ψύλλο(υ) s. zu Kol. XXIX 8.

16 In (ἄρ.) ιδ (καὶ) πρ(όc) muss πρόc adverbiell sein, da es wie in Kol. XLVII 22 und L 7.16 als ρ) geschrieben ist, wo der adverbielle Gebrauch feststeht.

17 Vermutlich καὶ τῶν κοι(ωνῶν). Vgl. Kol. LI 16.

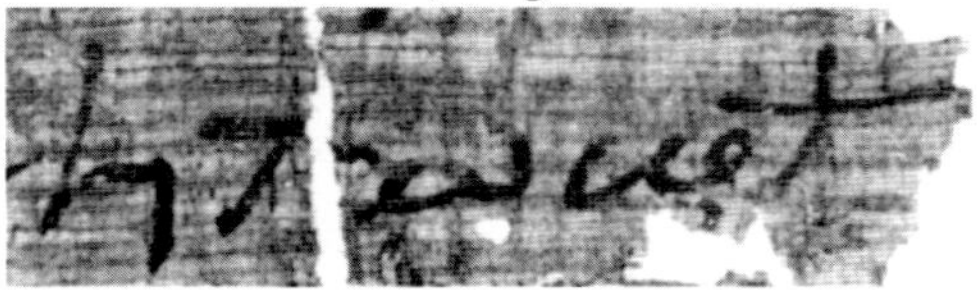

18] . ν̣δου oder] . ε̣ι̣δου?

19 Ζηναρίω(ν) Ἐπιμάχο(υ) auch in Kol. XXIX 4–5 und XXXII 2.[22]–23.

19–20 Dieselbe Wortfolge auch in Kol. XXXVIII 21–22.

24 Wahrscheinlich αἱ [οὖcαι ἐν μ]ι̣cθ(ώcει).

Kol. XXXVI

\- -

. . [ ] . . . . . [
2 κ̣αὶ ἀπ(ηλ.) . [ ] *Reste* [ ]. Ldη) (γίν.) (ἄρ.) . [
(καὶ) ὑπὸ Λ . [ἀ]πὸ μ(έρους) ἐπ(ιγραφῆς) [ ] . τοπ( )
ἀν(ὰ) S/
4 γί(τονες) τῶ̣ν [ ]ειϲ̣λβρκη (καὶ) ἑτέρων [ἐδαφ]ῶν
ἀναπ . . . ( )
αὐ(τῶν) (ἀρουρῶν) αη̅[. . . νό]τω βασιλ(ικὴ) γῆ (καὶ) Μ[ ]ο .
(ἀν)θ' (οὗ) Ἰϲχ[.] .
6 το . ( ) Ψαμμητίχο(υ) (καὶ) ἄλλων . . . [ ] Μ̣υ̣[ρ]τ̣ίλ(ου) [ ]
Spuren?
ἀπ(ηλώτη̣) διῶρυξ ϛ (ἔτους) ἕωϲ ι (ἔτους) [ὁμ(οίωϲ)]
8 ὁμ(οίωϲ)

πρὸϲ νότ(ον) (καὶ) λίβα (τούτων) [ἀ]νὰ μ(έϲον) ὄντο(ϲ) διαϲτή(ματοϲ) ἐν
τῷ̣ α̣ὐ̣τ̣(ῷ̣) [κ]λ̣(ήρῳ)
10 ἐκκεχω(ρημέναι) ὑπὸ Οὐαλ(ερίου) Μαρκέλ(λου) ὑπολ(όγου)
(ἄρ.) δLη) μετὰ τὰ
ὑ̣ποϲχεθ(έντα) ὑπὸ Φαβο̣ύλ(ου) Ἀπολ(λ) κ (ἔτει) (ἄρ.) β λοιπ(αὶ)
(ἄρ.) βLη)
12 γί(τονεϲ) νότῳ̣ γύηϲ βορρ(ᾶ̣) Μυρτίλ(ου) οὐ̣ϲ̣(ία) καὶ ἐν ἐκφ(ορίῳ̣)
ἀνειλη(μμένη)
ἀπ(ηλιώτη̣) Μυρτίλ(ου) λιβὶ . . . λ̣( ) με̣[τ]ὰ̣ τὰϲ̣ ὑ̣ποϲχεθ(είϲαϲ) ὑ̣π̣ὸ̣
14 Φαβούλ(ου) Ἀπολ(λ) (καὶ) ἀπ' ὀνό̣μ(ατοϲ) Εὐδαίμ(ονοϲ) . [.] . μ̅
(ἄρ.) βLη)
ϛ (ἔτουϲ) ἕωϲ ι (ἔτουϲ) ὁμ(οίωϲ)
16 ὁμ(οίωϲ)

λιβὸϲ ἐ̣χο̣μ(όμενον) ἐν τῷ Μικ̣κ̣ίω̣νοϲ κλ(ήρῳ̣) ὑπόλ(ογοι)
ἐκκ̣ε̣[χω(ρημέναι)]
18 ὑπὸ τοῦ αὐ(τοῦ) (ἄρουραι) η ιϲ// με[τ]ὰ̣ τὰϲ̣ ὑποϲχεθ(είϲαϲ) ε . . . [
ὑπὸ Φαβούλ(ου) Ἀπολ(λ) τῶ̣ν̣ εν̣ . . . [.] . . [ ] . [ ] . [
20 ἐξ ὧν ἐμι[ϲ]θ(ώθηϲαν) (καὶ) δι' ἐπ(ιγραφῆϲ) ὀ̣ν[ό]μ̣(ατοϲ) Φ̣θιάυ(τοϲ)
Λεοντᾶ ἀ̣[πὸ (ἀρ.)]
γLξ̅δ̣̅ ἀν(ὰ) [.]κδ// (ἄρ.) βξδ// (καὶ) (πρότερον) Μοναίμ[ου]

ἀν(ὰ) Lκ̅δ̅ (ἄρ.) [ ]// (καὶ) (πρότερον) Παθερμο[ύθ(ιος) Ἰσι]δώ(ρου) ἐ̓[π(ιγραφὴ)]
Μοναίμου̣ [. . . . .]θ ἀν(ὰ) Ḷκ̣̅δ̅ (ἄρ.) β γί(τονες) νότῳ̣ . .[
(καὶ) λιβὶ [ ] . . α̣ρ̣ . . . . . ι ς (ἔτους) ἕως ι (ἔτους) ὁμ(οίως) [
– –

(9–16) Davon nach Südwesten, mit Zwischenraum in der Mitte in demselben Kleros,
zediert von Val(erius) Marcel(lus), Hypologos Ar.: 4 1/2 1/8
abzüglich dessen, wofür von Phaboul(os), S. d. Apol(l), im 20. Jahr ein
Pachtangebot gemacht wurde, Ar.: 2
Rest Ar.: 2 1/2 1/8
Anrainer: im Süden: Katastergrenze; im Norden: Usia des Myrtilos und zurückgenommenes Ekphorionland; im Osten: (Land) des Myrtilos; im Westen: – – –. — Außer den Ar., für die von Phaboul(os), S. d. Apol(l), ein Pachtangebot gemacht wurde, und aus dem Onoma des Eudaim(on), [S. d. – – –], Ar.: 2 1/2 1/8.
Im 6. bis 10. Jahr ebenso. Ebenso.

(17–24) Im Westen angrenzend, im Kleros des Mikkon, Hypologos, zediert
von demselben (Valerius Marcellus) Ar.: 8 1/16
abzüglich der Aruren, für die von Phaboul(os), S. d. Apol(l), ein
Pachtangebot gemacht wurde, – – – – – – – – –
Daraus wurde gepachtet auch durch Zuschreibung unter dem Onoma Phthiays, S. d.
Leontâs aus [Ar.:] 3 1/2 1/64, zu [ ] 1/24, Ar.: 2 1/64
und vormals Monaimos [– – – – – –] zu 1/2 1/24, Ar.: [ ]
und vormals Pathermo[uthis, S. d. Isi]do(ros), Z[uschreibung]
aus Monaimos,, S. d. [ ]th, zu 1/2 1/24, Ar.: 2
Anrainer: im Süden – – – – – – und im Westen – – – – – –
Im 6. bis 10. Jahr ebenso. Ebenso.

2–3 Am Zeilenende zwischen den Z. 2 und 3 ein Fragment, das nicht hierher gehört.

4 Das Ende der Zeile ist wahrscheinlich nach Kol. XLIV 13–14 und XLVI 10 zu ergänzen, wo ἐδάφη ἀναπεπαυ(μένα) ἐν ἐκφ(ορίῳ) ὄντα erwähnt sind. Vgl. auch XXXVII 10–11.

5 Zu (ἀν)θ' (οὗ) vgl. zu Kol. XXVIII 9.

9 ἐν τῷ ạὐṭ(ῳ̣) [κ̣]λ̣(ήρῳ̣) sehr unsicher, vgl. Kol. XLII 8.

10–11 Hier offenbar μετὰ τὰ ὑ̣ποσχεθ(έντα), in Z. 18 ist aber wohl με[τ]ὰ̣ τ̣ὰ̣ς̣ ὑποσχεθ(είσας) zu lesen, ebenso in Z. 13. — Für diesen Gebrauch von μετά vgl. z.B. P.Pher. 81 μετὰ τὰ ση(μαινόμενα), ebenso in Z. 78 und 303; P.Flor. I 64, 37 und 41 (4. Jh. n. Chr.?) φόρου ἀποτάκτου μετὰ τὰ δημόσια.

11 Φαβοῦλ(ος) Ἀπολ(λ) ist auch in Kol. XLV 10–11 Pächter von Land, das ursprünglich von den περὶ Μάρ̣κ̣ε̣λλο̣(ν) (dem Staat) zediert worden war; außerdem erwähnt unten in 14 und 19. Ein Apol(l), S. d. Phaboul(os), findet sich in Kol. XXVIII 10. — κ (ἔτει) D. Hagedorn.

12 ἀνειλη(μμένη), (vom Staat) zurückgenommenes (Land), in Verbindung mit ἐν ἐκφ(ορίοις) (s. dazu oben die Einl. S. 21–24) in der Rolle nur hier. Ἀνειλη(μμένη) allein steht in Kol. VIII 9, XL 21, XLV 12 und wohl auch XXI 16. Andere Belege für ἀνειλημμένη in römischer Zeit sind P. Mich. VI 364, 5 und P.Ryl. II 377, 7, beide 2. Jh. n. Chr.; ἀναλαμβάνειν und ἀναλημπτός z.B. auch wiederholt in P.Thmouis 1 Kol. 68–160 (s. Index).

13 Nach λιβί könnte man eher sehr kursiv geschriebenes β̣α̣ς̣ι̣λ̣(ική) lesen, kaum ἡ ἐξ(ῆς), was man aber auf Grund der Z. 17 erwarten kann und was vielleicht auch in der Vorlage stand. Vielleicht also auch hier eine Entstellung der Vorlage wie in anderen Fällen.

14 Εὐδαίμ(ονος) gelesen von D. Hagedorn.

17–24 Wieder ein Areal, das von (ὑπό) Valerius Marcellus (dem Staat) zediert worden war, jetzt im Ausmaß von 8 1/6 Aruren. Das Areal schließt an das zuvor genannte unmittelbar an. Daher wird man annehmen müssen, dass das in Z. 18–19 genannte Land, für das Phabou(los), S. d. Apol(l), ein Pachtangebot abgegeben hat, mit dem in Z. 13–14 als im Westen anrainend genannten identisch ist, das ebenfalls mit dem Namen des Phaboul(os) verbunden ist. Offenbar gehörte auch das in Z. 11 genannte Land des Phaboul(os) dazu. Die doppelte Erwähnung erklärt sich wohl so, dass dieses Land, das beiden Arealen angehörte, nicht zu den in dieser Rolle behandelten Verpachtungen gehörte und ausdrücklich ausgenommen werden musste.

17 Der Name des Kleros scheint auf -ιωνος zu enden. Anstelle des Omega sieht man aber eher Sigma (Korrektur eines Sigma zu Omega?). Wohl Μικ̣κίω̣νος. Allerdings schreibt man diesen Namen in den Papyri regelmäßig nur mit einem Kappa (einzige Ausnahme bisher P.Herkl.Bank 1 f II 11). In den Inschriften ist hingegen die Form Μικκίων gut bezeugt (LGPN I 314, II 314, III A 301, III B 285).

18 ὑπὸ τοῦ αὐ(τοῦ): Gemeint ist Valerius Marcellus (Z. 10).

20 Φ̣θιάυ(τοc) Λεοντᾶ auch in Kol. XLIV 12.

21 Am Zeilenende wäre vielleicht Μοναίμ[ου Νιcθ] eine Möglichkeit. Vgl. zu Kol. XXXIV 10, aber auch unten zu Z. 23.

22 Παθερμο[ύθ(ιος) Ἰcι]δώ(ρου) ergänzt nach Kol. XXXV 10–11 und XL 7.

23 [Νιc]θ. wäre wohl zu kurz (vgl. zu Kol. XXXIV 10 und oben zu Z. 21). Sicher belegt ist nur, dass ein Sohn des Monaimos so hieß (Kol. XXXVII 9 und XLIV 10).

Kol. XXXVII

Zwei Fragmente vor den Zeilen 4–15 sind falsch plaziert. Das erste, das sich vor den Zeilen 4–9 befindet, gehört zum Beginn der Zeilen 10–15. An den Beginn der Zeilen 3–9 gehört hingegen ein Fragment, das in der Kolumne XXXVIII steht. In Tafel zu Kol. XXXVII ist dies korrigiert. Das überzählige Fragment, das vielleicht fälschlich dieser Kolumne zugerechnet ist, ist unten getrennt als Fr. a hinzugefügt.

Vor den Zeilen 16–23 befinden sich vier kleine Fragmente, die sich nicht sicher lokalisieren ließen und in der Transkription nicht berücksichtigt sind.

– –

1 [ ] . . η̣[ ]θ νοφ[ο]ρ̣[ῶ(τος)
2 . . [. . .] . υρου Δ̣[ ] . ατο( ) (καὶ) Ὥρου [
3 . . [. .] . . . . [ ] . . ἀν(ὰ) Ḷκδ (ἀρ.) ḍ[ ]ι̣ϲ̣θ
4 . . [Ἁ]ρῳοῦτ̣[ο(ϲ)] (ἀρ.) S/ (καὶ) δι’ ἐπ(ιγραφῆϲ) (πρότερον)
Φ[ ]ντ
5 ἀν(ὰ) γκδ (ἄρ.) αη̣/ (καὶ) ὀνόμ(ατοϲ) Βηϲ(αρίωνοϲ)
Τ̣ιθ[ο(ηοῦτοϲ)]δLdη)
6 κ̣α̣ὶ Π̣ . . . ( ) . . . . ( ) [.] . . ἀν(ὰ) ιβ// (ἄρ.) αη̣) [καὶ] ὀνόμ(ατοϲ)
7 . . . . . . [ ] . . . . . . ( ) ἀ̣π̣ὸ̣ Ψεντίνηϲ ἀν̣[(ὰ)]κδ// (ἄρ.) αS//
8 (καὶ) . . . . . Νοφορῶ(τοϲ) (ἄρ.) ιζξδ̣ρ̣κ̣η̣ (πυροῦ) (ἀρτ.) λ̣γLd[. . .]
(καὶ) ὀνόμ(ατοϲ)
9 . . . [.] . α̣ρ̣ . ( ) Ν̣ο̣φ̣ο̣ρῶ(τοϲ) (πρότερον) Νιϲθ Μοναί[μο(υ) . .]
. . . υἱῶν
10 ἀνα̣ . ( ) (ἄρ.) ιδS/ (ἀρτ.) γιβ// γί(τονεϲ) αὐ(τῶν) (καὶ) ἑτέρω[ν]
ἐ̣δαφῶν̣ ἀνα-
11 περι . (καὶ) ἐ̣ν̣ ἐκφ(ορίῳ̣) νότῳ̣ ὑπό[λ(ογοϲ)] βορρ(ᾶ̣) βαϲι[λ(ικὴ)]
λιβὶ ὑπόλ(ογοϲ)
12 ἀπ(ηλιώτῃ̣) ἐωνη(μένη) (καὶ) ἄλ(λων) ϛ (ἔτουϲ)
ἕωϲ ι (ἔτουϲ) ὁμ(οίωϲ)
13 [ ] ὁμ(οίωϲ)

14 π̣ρὸϲ β[ο]ρ̣ρ(ᾶν) (καὶ) λίβα (τούτων) ἀνὰ μ(έϲον) ὄντοϲ διαϲτή(ματοϲ)
ἱερα(τικὴ) ὑπόλ(ογοϲ)
15 [ἐξ ὧν] ἐμιϲθ(ώθη) (καὶ) δι’ ἐπ(ιγραφῆϲ) ὀνόμ(ατοϲ)
Φαή̣ϲ̣ι(οϲ) . . . ου ὑπολ(όγου)

16 [ ] (ἀρ.) ις (ἄρ.) ̣Lηις (καὶ) ὀνόμ(ατος) Ἰςχυρίων(ος) Ν̣ι̣ςθ
17 [νό]τῳ ̣[ ] (καὶ) ἀπ(ηλιώτῃ) βαςιλ(ικὴ) γῆ λ̣[ι]β̣ὶ ςυνορ(ία)
18 [ ]ηc ς (ἔτους) ἕως ι (ἔτους) ὁμ(οίως)
19 [ὁ]μ(οίως)

20 [πρὸς λ]ίβ(α) (τούτων) [ἀ]νὰ μ(έςον) ὄντο(ς) δια[ςτή(ματος)] (καὶ) γύης
21 [ ]υ ἐπικα̣(λουμένου) Ἀπολ( ) Πτολ(εμαίου) ἀπ̣[ὸ] μ̣(έρους) ἐπιγρ(αφῆς)
22 [ ]μιχηους (ἄρ.) αηις[Π]ε̣τενεφ(ώτου)
23 [ ]Lηιςλ̣β̣ξ̣δ̣ ἐξ ὧν ̣[δ]ι' ἐπ(ιγραφῆς)

– –

Fr. a

– – – – –

] ἐωνη(μένη) [
2] ἄλ(λαι) (ἄρ.) βS[/
]ιςθ Λε̣ῳ̣[
4]Κολλο̣ύ̣θ(ου) ̣ ̣ ̣[
]δ ̣ηιςλ̣β [
6]ιςθ Λε̣ ̣[

– – – – –

(3–13) – – – – – – – – – – | zu 1/2 1/24, Ar.: 1/4 [ ]
– – – [S.? d.] Harooûs | [zu ...], Ar.: 1/2
und durch Zuschreibung, vormals Ph-, – – – – – – | [zu] 1/3 1/24, Ar.: 1 1/8,
und unter dem Onoma Bes(arion), S. d. Tith[o(eous)] | [zu ... , Ar.:]4 1/2 1/4 1/8
und – – – – – – | zu 1/12, Ar.: 1 1/8
[und] unter dem Onoma – – – – – – aus Psentine | zu [...] 1/124, Ar.: 1 1/2,
und – – – – – – Nophorô(s) Ar.: 17 1/64 1/128, Artaben Weizen: 33 1/2 1/4 [ ]
und unter dem Onoma – – – – – – Nophoros, vormals Nisth,
S. d. Monaim[os] – – – der Söhne | zu ... , Ar.: 14 1/2, Artaben: 3 1/12

Anrainer davon und von anderen Grundstücken in – – – und Ekphorionland: im Süden: Hypo[logos]; im Norden: Königsland; im Westen: Hypologos; im Osten: verkauftes Land und von anderem.

Im 6. bis 10. Jahr ebenso. Ebenso.

(14–19) Davon nach Nordwesten mit Zwischenraum in der Mitte Hiera(tike) Hypologos.

[Daraus] wurde gepachtet, auch durch Zuschreibung, unter dem Onoma
Phaesi(s), S. d. – – –, Hypologos – – – [zu ...,] Ar.: 1/16, Ar.: [ ] 1/2 1/8 1/16
und unter dem Onoma Ischyrion, S. d. Nisth, [zu ... , Ar.:].
[Nachbarn: im Sü]den und Osten: Königsland; im Westen: Gemarkung von [– – – – – –]
Im 6. bis 10. Jahr ebenso. Ebenso.

(20–23) Davon [nach] Westen mit Zwischenraum in der Mitte, Katastergrenze [– – –]
[– – –] genannt Apol(l), S. d. Ptol(emaios), Teilzuschreibung
aus [– – –, S. d. -]michês, Ar.: 1 1/8 1/16 [ ]
[ ] Peteneph(otes) [– – – – – –] [Ar.:] 1/2 1/8 1/16 1/32 1/64
Daraus [wurde gepachtet – – – – – –] durch Zuschreibung – – –

1]θ Νοφ[ο]ρ̣[ω-? Oder Θνοφ[ο]ρ̣[ω-? Vgl. zu Kol. XXXII 18.

5 Βηϲ(αρίωνοϲ) Τιθ[ο(ηοῦτοϲ) auch in Kol. XXXII 11. Vgl. auch Kol. L 18 Anm.

7 ἀπὸ̣ Ψεντίνηϲ wie in Kol. XXV 12. Über ϲ αν̣[(α) sonderbarerweise ein waagerechter Strich, der aber offenbar keine Abkürzung anzeigt.

8 Zur Sigle für (πυροῦ) (ἀρτ.) s. zu Kol. XXV 7. Zu den Artabenbeträgen hier und in Z. 10 vgl. zu Kol. XXVII 9–10.

9 Νιϲθ Μοναί[μου wohl auch in Kol. XLIV 9–10.

10–11 ἀνα|περιλ̣( ) oder ἀνα|περιμ̣( ), verschrieben anstelle von ἀνα|[πε-παυ(μένων)?

15 Φαή̣ϲ̣ι(οϲ)? Danach Ϲ̣ύ̣ρ̣ου?

16 Ἰϲχυρίων Ν̣ι̣ϲ̣θ auch in Kol. XXVII 6.

18 [Ψεντίν]ηϲ wie oben in Z. 7.

20 Gemeint ist wohl (καὶ) γύου. Vgl. P.Bingen 60, 7 (Arsinoites, 46 n. Chr.) ἀνὰ μέϲον ὄντοϲ γύου. Ebenso bereits in P.Tebt. I 106, 10 (101 v. Chr.).

22 [Ψεν]μιχήουϲ? Der Name Ψενμιχῆϲ ist in P.Achm. 7, 134 (Panopolis, 196/7) belegt. Vgl.]μιχ. . ( ) in Kol. XIV 9.

Fr. a 3 Offenbar hier und in a 6 dieselbe Person, wahrscheinlich Ν]ιϲθ. In LI 7 ist ein Λ̣ε̣ω̣ν̣ίδ(ηϲ), Sohn des Nisth, belegt.

Kol. XXXVIII

Zwischen dem Hauptstück mit den Zeilenanfängen und dem mit den Zeilenenden fehlt auf dem Photo ein hier irrtümlich plazierter Papyrustreifen, der zu Kol. XXXVII 3–9 gehört und dort berücksichtigt ist.

\- - - - - - - - - - - - - - - - - - - -

1] ϛ (ἔτους) ἕως ι (ἔτους) ὁμ(οίως) [
2 [ὁμ(οίως)]

3 πρὸς βορρ(ᾶν) καὶ ἀπ(ηλιώτην) (τούτων) [ ] . . . . [ἐξ ὧν
ἐμις]θ(ώθηcαν)
4 καὶ δι' ἐπ(ιγραφῆς) ọν[ὀμ(ατος)] . . . . [ ] . . . . η̣ *Spuren* ϛd/
(ἀρτ.) κγ . . . ( ) ε . ( )
5 γί(τονες) αὐ(τῶν) (καὶ) ἑ̣τέ̣ρω̣[ν ἐ]δαφ(ῶν) ἀν[απ(επαυμένων)] . . [ ]
νό̣τ̣ῳ̣ (πρότερον) Θανι̣ϲ̣θ
6 Λάκωνο(ϲ) (καὶ) ἄ[λ]λων [] . . (ἀρ.) . . [.]χ̣ . . . ι̣ . . . . γ)
. . . . .
7 [ἐ]ωνη(μένη) [ ]
8 ὁμ(οίως) [

9 ν[ότ]ῳ̣ καὶ ἀπ(ηλιώτῃ) ἐχ[ό]μ(ενον) (πρότερον) [ ] . . ϲ̣ ἐ̣ν̣
κ̣λ(ήρῳ) Διονυϲίου
10 ἐκκεχω(ρημένηϲ) ἀπὸ μ(έρουϲ) ἐπιγρ(αφῆϲ) [ ] . . ἐξ
(ὧν) (ἄρ.) δLdηιϛλβξδ
11 ἄλ(λαι) (ἄρ.) βS/ (γίν.) (ἄρ.) ζ [dιϛ]λβξδ[ ] ἐ̣ξ̣ [ὧν] ἐμιϲθ(ώθηϲαν)
(καὶ) δι' ἐπ(ιγραφῆϲ) (πρότερον)
12 Λεοντᾶτο(ϲ) Βαϲιλ(είδου) (καὶ?) Ψονϲν[αῦτ(οϲ)] . . Φανọ( )
ἀν(ὰ) κδ// (ἄρ.) ε
13 (ἄρ.) βS// (καὶ) (πρότερον) Cιϲίν(ου) . λ( ) [ἀ]πὸ μ(έρουϲ)
ἐπ(ιγραφῆϲ) ἀν(ὰ) α (ἄρ.) β
14 ἀν(ὰ) S/ (ἀρ.) Lηιϛλβ[ ] γί(τονεϲ) αὐ(τῶν) νότῳ γύηϲ
15 βορρ(ᾶ̣) ἰδιω(τικὴ) (καὶ) ὑπόλ(ογοϲ) . [ ] . κλέọντο(ϲ)
ἀπ(ηλιώτῃ) Θερμ( )
16 Θερμούθιοϲ . [ ]
17 [ὁμ(οίωϲ)]

18 πρ[ὸ]ς̣ νότ[ον] (καὶ) ἀπ(ηλιώτην) ̣[?διας]τ̣ή(ματος) ἐν κλ(ήρῳ)
Μνήμ(ονος)
19 ἀπὸ μ(έρους) ἐπιγ[ρ(αφῆς)]ου (ἄρ.) ̣Ldηις̅λ̅β̅ρ̅κ̅η̅
20 ἐξ ὧν ἐμισθ(ώθη) [ ] ἀν(ὰ) α (ἄρ.) βS/ καὶ ὑπὸ
21 Σαραπ(ίωνος) Βασιλείδο̣[υ] ̣ ̣λ( ) ̣ ̣ ̣ ̣ ̣( ) (ἀρ.)
d̅η̅λ̅β̅ρ̣̅κ̣̅η̣̅ κα̣ὶ
22 ἑτέρων̣ ἐ̣δ[α]φ̣ῶν [ ] ̣ ̣ ̣ ̣ ἄλλ̣(ων) Ὥρου
23 (πρότερον) Μ̣ ̣ ̣θα̣ρας [ ] ̣ ̣ ̣ ̣ (καὶ) ἄλ(λων)
λιβὶ
24 λιβὶ ̣[̣ ̣] ̣ ̣( ) Δι ̣γ̅[ ] ̣ μ̣ι̣ς̣θ[] ̣ ἐ̣ωνημ(ένη)

– –

(3–8) Davon nach Südosten, [ ] – – – – – –
[Daraus wurde gepach]tet auch durch Zuschreibung unter dem Onoma [ ]
– – – – – – – – – 1/8 [Ar.:]6 1/4, Art. 23 – – –
Anrainer davon und von anderen Grundstücken in [Brache] – – – im Süden: vormals Thanisth, Tochter d. Lakon und von anderen – – – – – – – – – verkauftes Land.
[Im 6. bis 10. Jahr ebenso.] Ebenso.

(9–17) Im Südosten anschließend, vormals [ ] im Kleros d. Dionysios, zediert, Teilzuschreibung – – –,
daraus Ar.: 4 1/2 1/4 1/1/8 1/16 1/32 1/64, ferner Ar.: 2 1/2 Aruren,
ergibt: Ar.: 7 [1/4 1/16] 1/32 1/64 [ ].
Daraus gepachtet, auch durch Zuschreibung aus vormals Leontâs, S. d. Basil(eides) und (?) Psonsnaus, [S. d. – – –] Phani(as) zu 1/24, Ar.: 5, Ar.: 2 1/2
und vormals Sisin(es), S. (?) d. – – – [– – –] Teilzuschreibung zu 1, Ar.: 2,
zu 1/2, Ar.: 1/4 1/8 1/16 1/32 [ ]
[– – – – – –]
Anrainer dieser Fläche: im Süden: Katastergrenze; im Norden: Privatland und Hypologos, [im Westen: – – –] des -kleon; im Osten: Therm(outhis), T. d. Thermoutis.
[Im 6. bis 10. Jahr ebenso. Ebenso.]

(18–24) Nach Südosten [ ] – – – im Kleros des Mnem(on), Teilzuschreibung aus [– – – – – –] Ar.: . . 1/2 1/4 1/8 1/16 1/32 1/128.
Daraus gepachtet [ ] zu 1, Ar.: 2 1/2
und von Sarap(ion), S. d. Basileides, [– – –] – – – [zu], Ar.: 1/4 1/8 1/32 1/128

und von anderen Grundstücken – – – [und] von anderem, Horos, vormals M- – – – und von anderem; im Westen: – – –, S. d. Di.g( ) [– – –] – – – in Pacht (?), verkauftes Land [

4 Vielleicht (ἀρτ.) κγ ὑ̣π̣ο̣λ(όγου) ἐλ̣(λιπούϲηϲ)? Vgl. Kol. XLVI 16 ὑπολ(όγου) ἐλ̣λ̣ιπ(ούϲηϲ) (ἄρ.) β̣.

5 (καὶ) ἑ̣τ̣έ̣ρ̣ω̣[ν ἐ]δαφ(ῶν) ἀν[απεπαυμένων wie in Kol. XLIV 13–14 und XLVI 10. Am Zeilenende Θαν̣ι̣ϲ̣θ | Λάκωνο(ϲ), gelesen nach Kol. XLII 16–17. Der Name Θανιϲθ, „die des Nisth", ist in dieser Form neu. Θανιϲθ ist gekürzt aus Θανιϲθερωοῦϲ. Dieser Name ist, worauf mich J. Frösén hinweist, in einem noch unveröffentlichten Bubastos-Papyrus zu lesen: μητ(ρὸϲ) Θανιϲθερωοῦτοϲ. Zum Namen Νιϲθ s. oben zu Kol. XII 9.

6 Nach ἄ[λ]λων vielleicht] ἐ̣ω̣(νημένων) (ἀρουρῶν) μ̣η̣[:

9 ν[ότ]ω̣ καὶ ἀπ(ηλιώτη̣) ἐχ[ό]μ(ενον), aber in Kol. XXXIII 19, XXXIV 9, XXXVI 17 und XLV 6 mit Genetiv λιβόϲ oder λιβὸ(ϲ) ἐχόμ(ενον).

12 Offenbar Ψονϲν[αῦτ(οϲ), so geschrieben auch in Kol. XXX 2. Nach der Lücke wohl Φανο( ):

Davor vielleicht, wie auch sonst wiederholt an dieser Stelle, πρεϲβ(υτερ-); vgl. zu Kol. XXIX 10.

13 Ϲιϲιν( ) aufgelöst zu Ϲιϲίν(ου) nach Kol. XXVII 4. Vgl. auch Kol. XXVII 15.

15 Vermutlich Ἡρ]α̣κλέοντο(ϲ).

16 Θερμούθιοϲ, geschrieben wie Π[α]θερμούθι(οϲ) in Kol. XL 7

21 Ϲαραπ( ) Βαϲιλείδο̣[υ auch in Kol. XLII 2–3. Vgl. auch zu Kol. XXXII 22 und XXXIII 8.

22. Vgl. Kol. XXXV 19–20 mit Anm.

23 (πρότερον) Μ̣ . . θα̣ρ̣αϲ?

Offenbar nicht Μυcθαρᾶc. Eher sieht man Μ̣α̣ν̣θα̣ρας. Dies wäre aber ein unbelegter Name, sieht man von LGPN IV 220 ab, wo ein ganz unsicher gelesener, isolierter und daher sehr fraglicher Beleg aus Makedonien vermerkt ist.

Nach der Lücke offenbar nicht] ἐωνη( ) (καί):

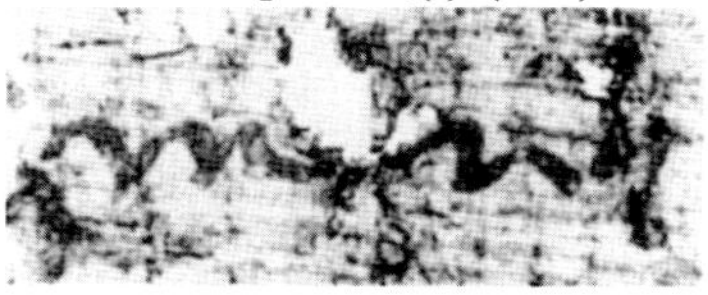

24 Διο̣γ[oder Δια̣γ[? Danach wohl ἐ]ν̣ μ̣ιc̣θ(ώcει) ἐ̣ωνημ(ένη).

Kol. XXXIX

An den Bruchrand der Zeilen 2 bis 13 schließen rechts Fragmente an, die nicht berücksichtigt sind, da sie nicht plaziert werden konnten. Das längste unter ihnen gehört wahrscheinlich nicht zu dieser Kolumne.

– –

1 [ ] Πατορμο(ύθιος) . (ἄρ.) α (καὶ) .[
2 *Spuren* [ ] ἀν(ὰ) η) (ἄρ.) αd/ ạṿ(ὰ) η) (ἄρ.) αS
(γίν.) [ ] . .[
3 ο .[ ] .( ) Σαραπ(ίωνος) ἀν(ὰ) κδ// (ἄρ.) α
γị(τονες) [. . . .] . . . .[
4 (καὶ) ἄλ(λων) [ ] .(καὶ) ἰδιω(τικὴ) (καὶ) ὑπόλ(ογος) (καὶ)
βασιλ(ικὴ) λ̣ιβὶ ἰδιω(τική) [
5 ὁμ(οίως)

6 πρὸς νό|τ̣(ον) (καὶ) λίβα (τούτων) ὑπόλ(ογοι) ἐκκεχω(ρημέναι) (ἄρ.) γ . .[
7 τ . τη . .|ευρεθ(εῖσαι) ἐν σπ(ορᾷ̣) (ἄρ.) αS// λοι(παὶ) (ἄρ.) αS/ λοι(παὶ)
(ἄρ.) . . . .[οὖσαι]
8 ἐν μισ|θ(ώσει) ὀνόμ(ατος) Γαίου Ἰουλ̣(ίου) Εἰρηναίου τοῦ κ(αὶ) .[
9 μισθ(ούμεναι) τ|ῷ̣ κγ (ἔτει) εἰς (ἔτη) β ς (ἔτους) ἕως
ι (ἔτους) ὁμ(οίως) [ ]
10 γί(τονες) | ṿότῳ̣ διῶρυξ (καὶ) ἐκ (τριῶν) ἀνέμ(ων) ἰδιωτικ̣(ὴ) [
ὁμ(οίως)

12 πρὸς νότ(ον) (τούτων) ἀνὰ μ(έσον) ὄντο(ς) διαστήμ(ατος) π̣ερ( )
απα . . .[
13 ἀπὸ μ(έρους) ἐπιγρ(αφῆς) (ἄρ.) δ ἐξ (ὧν) ἐμισθ(ώθη) ὑπὸ Διοσκό[(ρου)
14 (καὶ) . . . . . .λου Διοσκόρου α (ἔτει) εἰς (ἔτη) ε̣ ἀν(ὰ) κδ̣// [
15 .ο .[. .]¯ Νι̣σ̣θ ἀν(ὰ) κδ// (ἄρ.) αd/ γί(τονες) ὅλ(ων)[
16 ἐδα̣φ[ῶ]ν ἀν(ὰ) β) (ἄρ.) αd/ (καὶ) . . . .ω̣ṿο̣ς̣ (ἀρ.) ις// [
17 (καὶ) Πα̣ṿ[τ]β(ωοῦτος) Πετοσίριος βορρ(ᾷ̣) Μ/ οὐσ(ία) λ̣[ιβὶ
18 Ὥρο[υ] (καὶ) ἄλλων ἀπηλ(ιώτῃ) Παṿτβ(ωοῦτος) Ὡρίω̣(νος) [
ὁμ(οίως)

20 π̣ρὸς .[ ] (τούτων) ἀνὰ μ(έσον) ὄντος διαστή(ματος) ἐν κ̣λ̣(ήρῳ̣) .[
21 Π[Φ]ομμοῦτο(ς) Πα̣φμούιτο̣(ς) . .[

22 [ ] . . . [.] . . λλου Ἰcχ[υ]ρ̣ί̣ω(νοc) ἐ̣π̣(ιγραφὴ) . [
23 [ ] *Reste* [

– –

(6–11) Davon nach Südwesten, Hypologos, zediert: Ar.: 3 – – –
vorgefunden in besätem Zustand: Ar.: 1 1/2, Rest: Ar.: 1 1/2, Rest – – –
in Pacht unter dem Onoma Gaios Ioulios Eirenaios alias [ ] gepachtet im 23. Jahr für zwei Jahre.
Im 6. bis 10. Jahr ebenso. Ebenso.
Anrainer: im Süden: Kanal; in den drei anderen Himmelsrichtungen: Privatland [ ].
Ebenso.

(12–19) Davon nach Süden, mit Zwischenraum in der Mitte, – – – – – –,
Teilzuschreibung, Ar.: 4.
Daraus gepachtet von Diosko(ros) und -los, S. d. Dioskoros, im 1. Jahr für fünf Jahre
zu 1/24, [Ar.: – –]
– – –, S. d. Nisth zu 1/24, Ar.: 1 1/4
Anrainer aller [– – – – – –] Grundstücke zu 2/3, Ar.: 1 1/4 und – – – – – – Ar.: 1/16
[– – – – – –] und Pantbo(ous), S. d. Petosiris; im Norden: Usia d. M(yrsilos); im Westen:
– – – S. (?) d. Horos und von anderem; im Osten: Pantb(oous), S. d. Horion [ ]
[Im 6. bis 10. Jahr ebenso.] Ebenso.

(20–23) Davon nach [ ], mit Zwischenraum in der Mitte im Kleros [des]
– – – – – – des [Ph]ommous, S. d. Paphmouis – – –
– – –] des -llos, S. (?) d. Ischyrio(n) Zuschreibung (?) [aus – – –

1 Πατορμο(ύθιοc), an anderen Stellen in der Rolle aber immer Πατερμοῦθιc.

7 Wenn wirklich -ευρεθ( ) ἐν cπ̣(ορᾳ̣) zu lesen ist, wäre dies auffällig, da in der Regel solche Hinweise fehlen. Vgl. Kol. XXVIII 11, XLVII 2 und XLIX 4, wo ἄcπ(οροc) zu stehen scheint. Vgl. dazu oben die die Einleitung, S. 11–12. Ist ἀ̣ν̣|ευρεθ zu lesen?

8 Γαίου Ἰουλ̣(ίου) gelesen von D. Hagedorn. Nach τοῦ κ(αὶ) lässt sich vielleicht ein Eta erahnen. Daher vielleicht Εἰρηναίου τοῦ κ(αὶ) Ἥ̣[ρωνος wie in Kol. XLI 11. — Bei Verpachtungen mit ὄνομ(α) fehlt in der Regel die Angabe des Zeitpunkts des Pachtantritts und der Pachtdauer; vgl. die Anm. zu Kol. XLII 8–13.

9 Der Eintrag ς (ἔτους) ἕως ι (ἔτους) ὁμ(οίως) steht hier sonderbarerweise vor den Anrainern. Dies könnte man auf zweierlei Weise zu erklären versuchen: Wenn es zutrifft, dass dieser Vermerk erst nachträglich hinzugefügt wurde, dann wäre er ausnahmsweise an diese Stelle gesetzt worden, weil in dieser Zeile noch freier Platz war. Vielleicht stand aber der Vermerk ς (ἔτους) ἕως ι (ἔτους) ὁμ(οίως) bereits in der Vorlage und dort an der richtigen Stelle, und unser Schreiber setzte ihn dann irrtümlich in diese Zeile, bevor er die Angaben zu den Anrainern abgeschrieben hatte.

12 Zu dem ungeklärten π̣ερ( ) vgl. zu Kol. XLI 6 und XLIII 8. Danach Ἀπαλ̣ο̣ῦ̣[τος?

14 Hier und in Kol. XXIX 2 scheint derselbe Name zu stehen. Eine überzeugende Lesung ließ sich nicht finden. Am Ende vielleicht -λλου. Etwa Γεμέλλου? Nicht Ἑρμευ- oder Σιμευ-? Offenbar auch nicht Σωσύλλου. J. Frösén erwägt Σκυβάλου, ein Name, der auch in Kol. XLV 10 vorkommt.

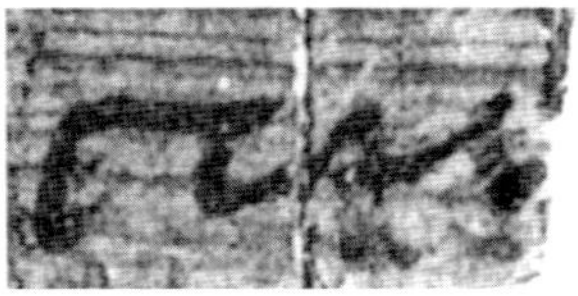

Vgl. Kol. XXIX 2:

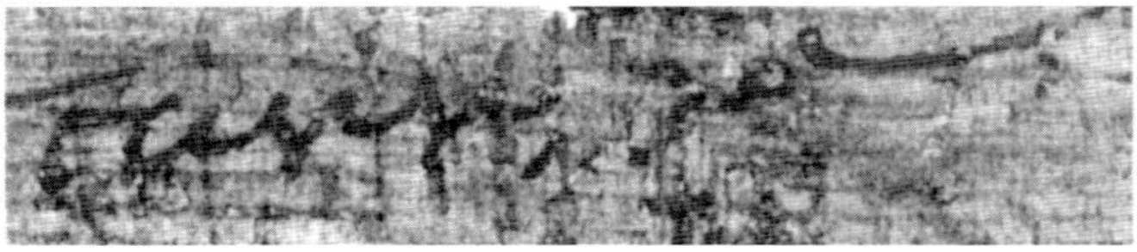

15 Am Beginn der Zeile ein Name auf -γον[ος? Der erste Buchstabe könnte aber auch ein Sigma sein.

16 (καὶ) . . . .ω̣ν̣ο̣ς̣ (ἀρ.) ις//. Es ist nicht gelungen, den Namen zu lesen:

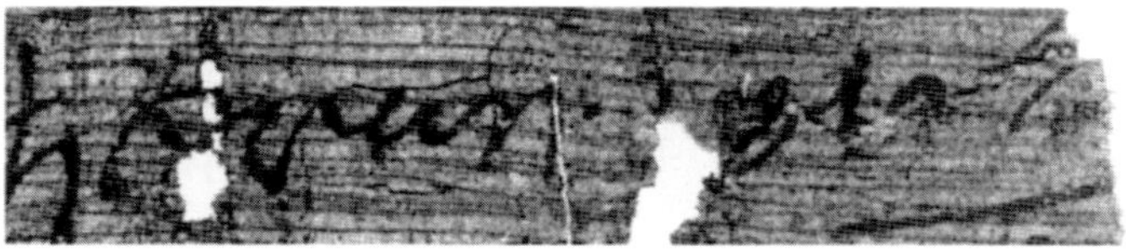

17 Πα̣ν̣[τ]β( ) Πετοcίριοc wie in Kol. XLVIII 12.

21 Φ]ομμοῦc, vermutlich die griechische Form von *P3-in-mw.t*, „Bringer des Todes", vgl. Demot. NB I 1, S. 157; P. War of Scepters 6, 10 Anm. (102 v.Chr.; Ort der Abfassung: Mendes). Die Hinweise verdanke ich W. Clarysse. Andere Belege aus dem Delta sind SB XXIV 16085, 63 (Mendesios; 11/12 n.Chr.) und P.Thmouis 1 Kol. 139, 4.7. — Der Name Παφμοῦιc scheint noch nicht belegt zu sein. Der Name Φμοῦιc findet sich in Kol. XL 19.

22 Wahrscheinlich Ψ̣ύ̣λλου.

Kol. XL

– –

] . . . . . . [

2 α̅ τόπ(ος) (ἄρ.) αLdη̅ι̅ϛ̅λ̅β̅ ἐξ (ὧν) δ[ι'] ẹπ̣(ιγραφῆς) [ ] . .
[ἐ]π(ιγραφὴ)

3 Λεπτείνου . . δ̣ίωνο(ς) ἀν(ὰ) α . [ ] Διοσκό(ρου)
νεωτ̣[(έρου)] . β .

4 (ἀρ.) S/ γ̣ί(τονες) [ὅ]λ̣(ων) (ἄρ.) α . η̅λ̅β̅ξ̅δ̅ νότῳ Θ[ ] Πετοσί-
(ριος) καὶ Οὐαλ̣(ερίου) Μα̣[ρ̣]κε̣[λ]λ(ου)

5 λιβὶ Παaθρ̣ή̣ο(υς) Ἑ̣ρμα̣ίο(υ) ἀπ(ηλιώτη) σιτ̣[ικ(ὰ) [ἐ]δάφ(η)
ϛ (ἔτους) ἕως ι (ἔτους) ὁμ(οίως)

6 ὁμ(οίως)

[β̅] τόπ(ος) (ἄρ.) δ αἱ ο(ὖσαι) ἐν μισθ(ώσει) ὀνόμ(ατος) Π[α]θερμού-
θιο(ς) Ἰσιδώ(ρου) ἐπ(ιγραφὴ) Πτολ(εμαίου)
Σαμβ̣α̣θ(ίωνος)

8 ἀν(ὰ) S/ γί(τονες) νότῳ διῶρυξ Ψ̣απ . [ ]θ βορρ(ᾶ̣) (καὶ) λιβὶ ἰδιω(τικὴ)
ἀπ(ηλιώτη) Μ/

9 οὐσίας ϛ (ἔτους) ἕως ι (ἔτους) ὁμ(οίως)

10 ὁμ(οίως)

γ̅ τόπ(ος) (ἄρ.) ζdη̅λ̅[β̅] . . ἐξ ὧν δι' ἐπ(ιγραφῆς) ὀνόμ(ατος) Ν̣οφορῶτο(ς)
Σαμβ̣α̣θ(ίωνος) ἐπιγρα(φὴ)

12 Πετοσείριος Ἁ̣ρφαήσιος ἀν(ὰ) αη) (ἄρ.) α ἀν(ὰ) η) (ἀρ.) Ldη̅ι̅ϛ̅
(γίν.) (ἄρ.) αLdη̅ι̅ϛ̅

13 (καὶ) ὀνόμ(ατος) Λαβ̣ . ( ) μη(τρὸς) Θαψόιτο(ς) ἐπ(ιγραφὴ) Πάππου
Ἡρακλ( ) ἀν(ὰ) α (ἄρ.) γ

14 καὶ ὑπὸ Ἀχ̣ιλ(λέως) τοῦ κ(αὶ) Δείου ἐπ(ιγραφὴ) Πετοσ̣ί(ριος)
Ἁρφαήσιος ἀν(ὰ) Lκ̅δ̅ (ἄρ.) γS/

15 (καὶ) (πρότερον) πρ̣ε̣σβ(υτέρων) Φανο̣( ) ἀν(ὰ) S (ἀρ.) d/ γί(τονες) νότῳ
Μ/ οὐσία(ς) (καὶ) ἄλ(λων) βορρ(ᾶ̣)

16 Οὐαλερίου Μ[αρ]κ̣έλλου λιβὶ (καὶ) ἀπ̣(ηλιώτη) ἰδιω(τική)
ϛ (ἔτους) ἕως ι (ἔτους) ὁμ(οίως)

17 ὁμ(οίως)

18 δ̅ τόπ(ος) (ἄρ.) α̣δ̣ ἐξ (ὧν) ἐν μισθ(ώσει) δι' ἐπ(ιγραφῆς) ἐ̣ωνη(μένης)

(*sic*) Νοφορῶ(τοϲ) Ϲαμβα̣θ(ίωνοϲ) ἐπιγρα̣(φῇ)

19 [Ϲε]νφομῶ̣το(ϲ) Φμούιτοϲ Ϲονθ[φ]μοῦ̣το(ϲ) ἀν(ὰ) κδ// (ἀρ.) d/ καὶ ὀνόμ̣(ατοϲ)

20 [.] . . [.] . λατοϲ Τηλ̣αυ( ) α (ἔτει) ἀν(ὰ) Ld/ [(ἀρ.)] δ̣η) γί(τονεϲ) νότῳ̣ βαϲιλ(ικὴ) γῆ βορρ(ᾶ̣)

21 [(καὶ)] ἀ̣πηλ̣(ιώτη̣) [ ] Οὐαλερίου Μαρκέλλου λι[βὶ] ἀνειλημ(ένη) ϛ (ἔτουϲ) ἕωϲ ι (ἔτουϲ) ὁμ(οίωϲ)

22 [ ] . . . . . ὁμ(οίωϲ)

ε̣̅ τόπ(οϲ) (ἀρ.) δ̣η̅ι̅ϛ̅ ὧν δι' ἐπ(ιγραφῆϲ) ὀνόμ(ατοϲ) [Νοφο]ρῶτο(ϲ) Ϲαμβαθίωνοϲ . π̣ι̣[ ]

24 . . . [ ] Εὐφροϲύνου . [ ] γί(τονεϲ) νότῳ̣ Μ/

25 [ ] . . [ ] . . [ ] . [

– –

(2–6) Erster Topos: Ar.: 1 1/2 1/4 1/8 1/16 1/32

Daraus – – – – – – durch Zuschreibung (?) aus Lepteines, S. d. -dion zu 1, [Ar.:]

[– – –] Diosko(ros), der Jüngere, S. d. – – –, Ar.: 1/2

Anrainer aller 1 [ ] 1/8 1/32 1/64 Aruren: im Süden: Th-, S. (?) d. Petosi(ris) und Valerius Marcellus; im Westen: Paathrês, S. d. Hermaios; im Osten: getreidetragendes Land.

Im 6. bis 10. Jahr ebenso. Ebenso.

(7–10) [Zweiter] Topos: Ar.: 4

in Pacht unter dem Onoma Pathermouthis, S. d. Isido(ros), Zuschreibung aus Ptol(emaios), S. d. Sambath(ion) zu 1/2

Anrainer: im Süden: Kanal Psap-; im Norden und Westen: Privatland; im Osten: Usia des M(yrtilos).

Im 6. bis 10. Jahr ebenso. Ebenso.

(11–17) Dritter Topos: Ar.: 7 1/4 1/8 1/32 [ ]

Daraus durch Zuschreibung unter dem Onoma Nophorôs, S. d. Sambath(ion), Zuschreibung aus Petosiris, S. d. Harphaesis

zu 1 1/8, Ar. 1; zu 1/8, Ar. 1/2 1/4 1/8 1/16, ergibt Ar.: 1 1/2 1/4 1/8 1/16

und unter dem Onoma des Lab-, S. der Thapsois, Zuschreibung aus Pappos, S. Herakl( ) zu 1, Ar.: 3

und von Achil(leus) alias Deios, Zuschreibung aus Petosi(ris), S. d. Harphaesis zu 1/2 1/24, Ar.: 3 1/2

und vormals Presb(yteroi) von Phano( ) zu 1/2, Ar.: 1/4
Anrainer: im Süden: Usia des M(yrtilos) und von anderem; im Norden: Valerius Marcellus; im Westen und Osten: Privatland.
Im 6. bis 10. Jahr ebenso. Ebenso.

(18–22) Vierter Topos: Ar.: 1 1/4
Daraus in Pacht durch Zuschreibung unter dem Onoma (?) Nophorôs, S. d. Sambath(ion), Zuschreibung aus [Se]nphomôs, S. d. Phmouis, E. d. Sonth[ph]mous zu 1/24, Ar.: 1/4
und unter dem Onoma des [ ]las, S. d. Telau-, im 1. Jahr zu 1/2 1/4, Ar.: 1/4 1/8
Anrainer: im Süden: Königsland; im Norden und im Osten: Valerius Marcellus; im Westen: zurückgenommenes Land.
Im 6. bis 10. Jahr ebenso. Ebenso.

(23–25) Fünfter Topos: weitere Ar.: 1/4 1/18 1/16
Daraus durch Zuschreibung unter dem Onoma des [Nopho]rôs, S. d. Sambathion, [?Zuschreibung aus – – –] Euphrosynos – – –
Anrainer: im Süden: M(yrtilos) – – –

2 Am Ende der Zeile erwartet man wie in Z. 11 und 18 ἐπ(ιγραφή).

3 ẹκ Δ̣ίωνο(c) anstelle von ἐκ τῆc Δίωνο(c) sc. γῆc?

5 cιṭ[ικ(ά) oder cιṭ[οφ(όρα) [ἐ]δάφ(η) wie in P.Thmouis 1 Kol. 107, 17; 133, 19; 138, 15; 155, 4

7 Zur Schreibung von τόπ(οc) hier und in den Zeilen 11.18.23 gegenüber der Schreibung in Z. 2 s. oben zu Kol. VI 5. — Π[α]θερμούθιο(c) Ἰcιδώ(ρου) auch in Kol. XXXV 10–11 und XXXVI 22.

8 Offenbar Ψ̣απ- und nicht Ψ̣αν-?

13 Λαβ . ( ): Λαβῳ(ιτοc)? Andere Namen wären Λαβοῦc, Λαβῆcιc.

15 Wohl wie auch sonst wiederholt πρ̣ε̣c̣β(υτέρων) Φ̣ανο̣( ) (vgl. zu Kol. XXIX 10):

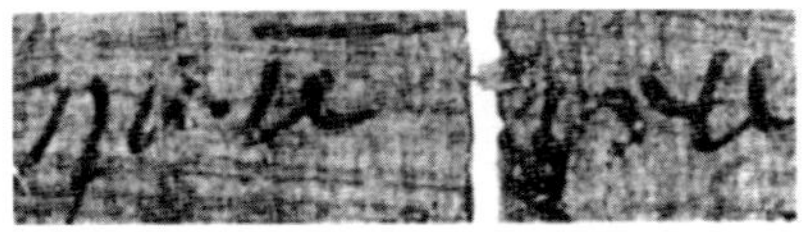

18 ἐω̣νη(μένη) und nicht ὀνόμ(ατοc). Verpachtete ἐωνη(μένη) ist in der Rolle auch sonst erwähnt, so in Kol. XLIV 21 ἐωνη(μένη) ἐν μιcθ(ώcει) oder in Kol. XXXVIII 24 offenbar ἐ]ν̣ μ̣ιc̣θ(ώcει) ẹωνημ(ένη) und in Kol. XLIV 7 ἀπὸ μ(έρουc) ἐπ(ιγραφῆc) ἐωνη(μένηc). Die Formulierung hier ist

aber ohne Parallele. Vermutlich steht ἐωνη(μένη) irrtümlich anstelle von ὀνόμ(ατος) (vgl. Z. 11 und 23).

19 Die Lesung der drei Namen in dieser Zeile ist ein Ergebnis kritischer Bemerkungen, die ich W. Clarysse verdanke.

Die Lesung [Cε]νφομῶ̣το(c) ist nicht sicher. Die Zusammensetzung, „Tochter des Phomôs“, ist bisher nicht belegt; zum Namen Φομῶc s. aber UPZ II 177, 14 mit Demot. NB I 2, S. 497. Anstelle des Omega könnte man aber auch μ̣ο lesen. Danach ließe sich vor το eine Senkrechte zumindest schwach erkennen, die man für ein Iota halten könnte, so dass sich unbelegtes -φομμ̣ο̣ιτο(c) ergäbe. Das fragliche Iota ist aber wohl nur der Schatten eines Risses im Papyrus, der auf dem Photo Tinte gleicht.

Zu Φμοῦις (Φμόις), „der Löwe”, vgl. Demot. NB I 1, S. 186 und Παφμοῦις in Kol. XXXIX 21.

Cονθ[φ]μοῦς, vermutlich so zu ergänzen (für Phi scheint ausreichend Platz zu sein, der Name ist aber neu), erklärt W. Clarysse als eine Zusammensetzung aus dem Gottesnamen Sonth- = sm3-t3.wy, dem Gaugott des Herakleopolites, im Griechischen als Semtheus oder Somthous wiedergegeben, und „Löwe“ und verweist auf den Namen Tithoephmois („Tutu, der Löwe“; O.F. Kaper, The Egyptian God Tutu, Leuven 2003, S. 185–186) als eine parallele Bildung.

20 Weder -c̣ι̣λατος noch -φλατος scheinen zu einer Lesung zu führen.

22–24 Vor diesen Zeilen ein schmaler Papyrusstreifen, der nicht hierher gehören kann.

23 Zur Schreibung von ὦν vgl. Z. 11. Wahrscheinlich [Νοφο]ρῶτο(c), vgl. Z. 18. Nach Cαμβαθίωνος vermutlich ε̣π̣ι[γρ(αφή)].

Kol. XLI

- -

1 *Spuren* [ ] .
2 ὁμ(οίως)

3 π[ρὸς (τούτων) ἀνὰ] μ̣(έσον) ὄντο(ς) διαστή(ματος) ἐν κλ(ήρῳ̣) Ξανθι̣[
4 ἐκκ[εχω(ρημένη) ἀπὸ] μ(έρους) ἐπιγ[ρα(φῆς)] Μαρκ̣ . . . ( ) Πρωτάρ-χ[ου] .
5 Ἀρσιν[ ]υ̣ (καὶ) Ψενα̣θύ̣(μεως) (ἄρ.) adηις Ιπ̣π̣( ) Χῶν̣[σιο]ς̣
6 . . . [ ] . περ( ) Ῥοδίο̣υ Ῥοδ̣[ί]ου (ἀρ.) Ldιςλ[β] ἐω[ν]η(μένη)
7 (ἄρ.) β̣[ ]τεινου (ἄρ.) αLd/ Πετ̣ε̣νε̣φώτ̣ου Ψαμμ̣[] .
8 .[ ]ν̣δρο̣[υ] Κ̣λεάνδρου (ἄρ.) βS/ Φαήσιος .[.] . |ο̣υ
9 .[ ] . γ ἀπὸ μ(έρους) ἐπιγρα(φῆς) (ἄρ.) βLdηιςλβξδ (καὶ) ἀπ[ὸ] ὑ̣|πολ(όγου)
10 . . . [ ] . . . . [.]ρκη (γίν.) . . (ἄρ.) λ . . ιςλβξ[δρκη] μ̣ετὰ τὰ̣ς̣ [ὑ]ποσχ( )
11 [. .]κ . [ ] . . . . [ ] Εἰρηναίου τοῦ καὶ Ἥρωνος Π̣ . . . . | . β̣( )
12 . . λα[ ] . . Δ̣ι̣[ος]κ̣όρου τοῦ κ̣[αὶ] Ψύλλου (ἄρ.) βλβξδ λοιπ( )[ ]/
13 Κ[ ] . . βλβξδρ[κη] (καὶ) ὀν[ό]μ(ατος) Ἁρμιυ̣σίου Ἰσιδώρου (καὶ) . [ ]η
14 Α̣ι̣[ο]υ̣ Απ . | . ἀν(ὰ) β (ἄρ.) . [ ]S/ (καὶ) ὀνόμ(ατος) Μαρσου Ψά[θ]ι̣ο(ς)
15 υ . [ἀν](ὰ) β [(ἀρ.)]ḍ/ (καὶ) ὀνόμ(ατος) [] Παντβ(ωοῦτος) Νισθ ἀ̣πὸ μ(έρους) ἐπ̣|ιγρ(αφῆς)
16 [ ] . . [ ] . (ἄρ.) [.]dιςλβξδ (ἄρ.) . [. .]ḍηιςλβ̣ . [ ] . ον . ( )
17 [ ] . . . . ἐπιγρ( ) ἀ̣ν̣(ὰ) . // ἀπὸ [(ἄρ.)] . d (ἀρ.) Ld|ιςλβ
18 [ ] . . . ὑ̣πὸ Φανή(σιος) ὑποσχ(ομένου) Μιυς̣[|] . χ( )
19 [ ] . . ( ) Λεοντ̣(ᾶτος) Ἰσχ̣υρίω̣ν̣(ος) ὑπολ(ογ) ἀπ̣[ὸ . .]ρκη

20 [?ἐπι]γρ̣( ) ἀν(ὰ) Lις̅ (ἄρ.) adη̣̅λ̅β̅ (καὶ) δι'
[ἐπ(ιγραφῆc)] (πρότερον)
21 [ ] ἀπὸ μ(έρουc) ἐπιγρ(αφῆc) Ἀπολλω-
νίο[υ .] . ου
22 [ ] Νιcθ Ψιάθιοc ἀπὸ μ(έρουc) ἐπ̣[ι]|γρ(αφῆc)
23 [ ] ἀν(ὰ) κδ̅ (ἄρ.) α (καὶ) δι' ἐπ(ιγραφῆc)
Νι̣ . [. . .]S/
24 [ ] . . [ ] . / (ἀρ.) d/ (καὶ) . . [ ] / /

– –

(3–24) [Davon] nach [ ] mit Zwischenraum in der Mitte im Kl(eros) des Xanthi-, – – – ,
zediert, Teilzuschreibung [ ] Mark- (?), Protarchos, Arsin[oos, – – –]
alias (?) Psenathy(mis) Ar.: 1 1/4 1/8 1/16
Hipp-, S. d. Chonsis [ ] – – – Rhodios, S. d. Rhodios,
Ar.: 1/2 1/4 1/16 1/32, verkauftes Land, Ar.: 2 [ ]
[ ] S. (?) d. -teinos Ar.: 1 1/2 1/4
Petenephotes, S. d. Psamm-, – – – [a]ndros, S. d. Kleandros, Ar.: 2 1/2
Phaesis, S. d. [ ], – – –, Teilzuschreibung
Ar.: 2 1/2 1/4 1/8 1/16 1/32 1/64
und aus Hypologos [ ]1/128, Summe: – – –
Ar.: 30 [ ] 1/16 1/32 1/64 [1/128]
abgesehen von [den Aruren], für die geboten wurde, [ ]
Eirenaios alias Heron, P- – – – – – – [ ] Dioskoros alias Psyllos,
Ar.: 2 1/32 1/64; Rest: [ ]
K[ ] [Ar.:]2 1/32 1/64 1/128
und unter dem Onoma Harmiysis, S. d. Isidoros, und [ ] – – –
Ai[ ], S.(?) d. Ap- zu 2, Ar.: [ ] 1/2
und unter dem Onoma Marsês (?), S. d. Psathis [ ] zu 2, Ar.: 1/4
und unter dem Onoma Pantb(ooûs), S. d. Nisth, Teilzuschreibung [ ] – – –
Ar.: [ ] 1/4 1/16 1/32 1/64, Ar.: [ ] 1/4 1/1/8 1/16 1/32
– – – [ ]zuschreibung, zu ..., von [Ar.:] 1/4: Ar.: 1/2 1/4 1/16 1/32
[ ] von Phanesis, der ein Angebot gemacht hat, Miys[is] – – –
[ ] – – Leont(as), S. d. Isychyrion, von (?) [ ] 1/128
[ ]zuschreibung (?) zu 1/2 1/16, Ar.: 1 1/4 1/8 1/32
und durch [Zuschreibung aus] vormals [ ]
Teilzuschreibung aus Apollonios, – – – [ ]
Nisth, S. d. Psiathis, Teilzuschreibung [ ] zu 1/24, Ar.: 1

und durch Zuschreibung aus (?) Ni[	Ar.:] 1/2
[	] Ar. 1/4
und [	

4 Die Wortfolge ἐκκ[εχω(ρημένηc) ἀπὸ] μ(έρουc) ἐπιγ[ρα(φῆc) auch in Kol. XXXVIII 10 und XLV 18.21.

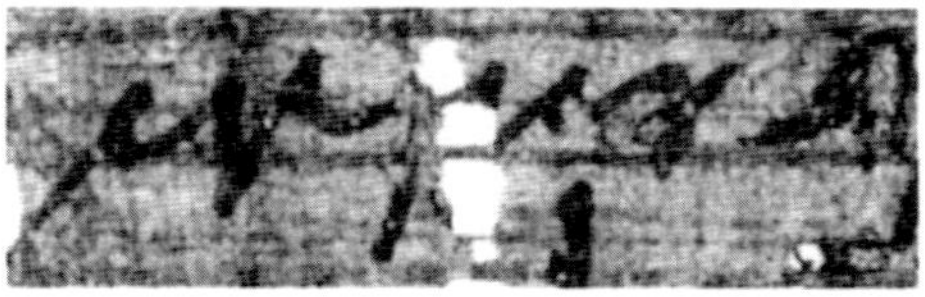

Vielleicht hier nicht [Οὐαλ( )] Μαρκελλ( ), da dies hier nicht in der üblichen Weise geschrieben wäre. Aber auch Μαρκ̣ί̣ω̣ν̣(οc) oder Μαρκι̣α̣ν̣(οῦ) befriedigt nicht recht. Wohl auch nicht Λολιανο̣ῦ̣, auch wenn dieser Name in den Papyri nur mit einem Lambda geschrieben sein kann.

5 Ἀρcιν[ist sicherlich zu Ἀρcιν[όου zu ergänzen. Der gut belegte Name findet sich z.B. auch in P.Bub. II 5 Kol. VII 4, XXXIX 2. Vgl. Kol. LI 14.

Nach Ἱπ̣π̣( ) offenbar Χών̣[cιο]c̣, gelesen von J. Frösén, der darauf hinweist, dass in einer noch unpublizierten Bubastos-Rolle im selben Fragment ein Ἱππικόc und ein Χῶνcιc belegt sind (P.Köln B2 Gruppe 3 + P.Vindob. G 39990 + Athen, Kol. 26).

6 περ( ) ist vielleicht kein Personenname. Ebenfalls ungeklärtes περ( ) findet sich in Kol. XLIII 8 und wohl auch in Kol. XXXIX 12. In Kol. XXXI 4 ist vermutlich Περκ( ) zu Περκ(εῆcιc) zu ergänzen. — Ῥόδιοc als Personenname in den Papyri bisher offenbar nur in SB XXIV 16272, 26.34 (3. Jh. v.Chr.). Der Name Ῥοδία ist öfter belegt.

7 z.B. Κρα]τείνου oder Λεπ]τείνου, ein Name, der in der Rolle mehrmals belegt ist. — Πετ̣ε̣ν̣ε̣φώτ̣ου ebenfalls mehrmals in der Rolle. — Am Zeilenende vermutlich wie auch sonst öfter Ψαμμ̣[ητίχου.

8 Κ̣λεάνδρου D. Hagedorn. Nach Φαῆcιc vielleicht Κ̣[ολ]λ̣|ο̣ύ(θου). Vgl. Kol. XLV 4.

10 Vgl. Kol. XXIX 7, XXXVI 10.13.18.

11 Wohl nicht Παcων-? Τωεω-?

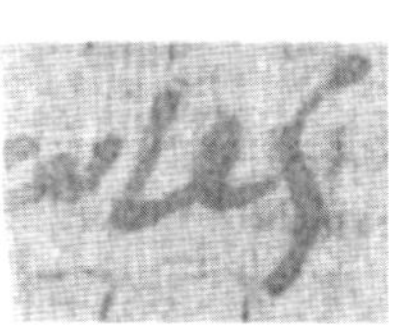

12 Zu Δ̣ι̣[οϲ]κ̣όρου τοῦ κ̣[αὶ] Ψύλλου s. zu Kol. XXIX 8–9.

13 In Kol. XXVI 24 findet sich τοῦ κ(αὶ) Ἁρμιύϲιοϲ Ἰϲι[δώ(ρου).

14 Der Genetiv Μαρϲου ist nicht belegt, ebensowenig die Nominative Μάρϲοϲ oder Μάρϲηϲ. Hingegeben gibt es den Nominativ Μαρϲῆϲ und die Genetive Μαρϲέοϲ (P.Corn. 22, 42) und Μαρϲείουϲ (SB XX 14633, 3.14). Vgl. ferner die Genetive Μαρϲᾶ (z.B. O. Kellis 108, 3), Μαρϲῖτοϲ (P.Corn. 22, 123) und τῆϲ Μαρϲοῦτοϲ in P.Haun I 11 script. int. 3 (= SB VI 9424). Wiederholt belegt ist auch der Name Μάρϲων, so mehrfach in O. Douch. Demnach wäre hier der Name vielleicht eher als ein Genetiv zu Μαρϲῆϲ oder Μαρϲᾶϲ aufzufassen und Μαρϲοῦ(ϲ) zu schreiben oder, da eine Abkürzung nicht angezeigt ist, Μαρϲοῦ.

15 Παντβ( ) Νιϲθ wie Kol. XXX 5–6 und XXXIII 4.

16 Am Zeilenende vielleicht (καὶ) | [Δ]ι̣ονυ̣(ϲίου).

18 Φανή(ϲιοϲ) oder Φανῆ(τοϲ). — Am Zeilenende vermutlich Μιῦϲ̣[(ιϲ) Ἀ]ρ̣χ(ήβιοϲ) wie in Kol. XLVIII 4.16, L 9.

19 Λεοντ̣(ᾶϲ) Ἰϲχυρίω̣ν̣(οϲ) wie in Kol. XXXV 8.

22 Zu Ψιάθιϲ s. zu Kol. XLV 17.

23 Wahrscheinlich Ν̣ι̣ϲ[θ.

Kol. XLII

– –

Reste

2 . [. .] . . . [ ] ἀν(ὰ) Lιβ (ἄρ.) β (καὶ) (πρότερον) Cαραπ(ίωνοc)

3 Βαcι(λείδου) ἀν](ὰ) Lιβ (ἀρ.) . . [ ]ε̣π( ) Φα̣ . [ ] . ( ) ἀν(ὰ) α (ἄρ.) ζS/

4 (καὶ) ὑπὸ̣ Δ̣ιο̣cκό(ρου) Ψα̣μμη[τίχ(ου)] . . . γί(τονεc) αὐ(τῶν) (καὶ) ἄλ(λων) ἐκχω(ρουμένων)

5 ἀπὸ μ(έρουc) ἐπιγρ(αφῆc) νότῳ (καὶ) ἀ̣[πη]λ̣(ιώτῃ) ο̣ὐ̣ϲ̣(ιακὴ) (καὶ) ἄλ̣(λων) βορρ(ᾶ̣) ἐκχω(ρουμένη)

6 (καὶ) ὑπόλ(ογοc) (καὶ) ἰδιω(τικὴ) (καὶ) β̣α̣c̣ιλ(ικὴ) [ ]/ ϛ (ἔτουc) ἕωc ι (ἔτουc) ὁμ(οίωc)

7 [ὁμ(οίωc)]

8 πρὸc βορρ(ᾶν) (τούτων) ἐν τῷ̣ αὐ(τῷ̣) κλή̣ρῳ̣ [ἐκκε]χω(ρημέναι) ὑ̣πὸ Οὐαλ(ερίου) Μαρκέλ(λου)

9 (ἄρ.) ηd̄ξ̄δ̄ ἐξ ὧν ἐμιcθ(ώθη) (καὶ) δι' ἐπ̣(ιγραφῆc) [(πρότερον)] Ϲ̣ερήνου Κολλούθ(ου) ἀν(ὰ) η) (ἄρ.) αS΄

10 ἀν(ὰ) S/ (ἄρ.) δd̄η̣ι̣c̣ρ̣κ̣η̣ι̣ϲ̣ (καὶ) ὀ̣ν̣ό̣μ̣(ατοc) [ ] Νοφο(ρῶτοc) μιcθ κγ (ἔτει) εἰc (ἔτη) ε

11 ἀν(ὰ) η) (ἀρ.) S/ ἄ̣λ̣(λ(αι) (ἄρ.) δρκη// γί(τονεc) [νότ(ῳ̣) ὑ]πόλ(ογοc) (καὶ) ἄλ(λων) βορρ(ᾶ̣) γύηc ἀπ(ηλιώτῃ)

12 βαcιλ(ικὴ) (καὶ) ἄλ(λων) λιβὶ ἐναφ(έcιοc?) γῆ . [ ] . η ϛ (ἔτουc) ἕωc ι (ἔτουc) ὁμ(οίωc)

13 ὁμ(οίωc)

14 πρὸc νό̣τ(ον) (καὶ) ἀπ(ηλιώτην) (τούτων) ἀνὰ μ(έcον) ὄν[το(c) . . . . .] καὶ ἄλ(λ-) ἐπὶ τενάγουc

15 Τραι(αν-) πο(ταμ-) ἐκκεχω(ρημένη) ὑπ̣[ὸ Οὐαλ(ερίου) Μαρκέλ]-λου ὑπολ(όγου) (ἄρ.) βη) αἱ οὖc(αι)

16 δι' ἐπ(ιγραφῆc) ὀ̣ν̣ό̣μ̣(ατοc) Cερήνου [ ] γί(τονεc) νότῳ̣ γύηc βορρ(ᾶ̣) Θα-

17 νιcθ Λ . . ω( ) λιβὶ [ ] / ϛ (ἔτουc) ἕωc ι (ἔτουc)

18 ὁμ(οίωc)

19 πρὸϲ νότ(ον) (τούτων) ἐν κλ(ήρῳ) [ ] . . Μ̣άρκου ἐκκε-
χω(ρημέναι)
20 ὑπὸ Οὐαλ̣ερίου Μαρ[κέλλου]ἀ̣πὸ̣ μ(έρουϲ) ἐπιγρ(αφῆϲ) Ἀρ-
21 φαήϲιο(ϲ) Ἀ̣ρ . . α . []ϲ̣ι̣[δι'] ἐπ(ιγραφῆϲ) ὀνό̣μ(ατοϲ)
Ἀρνού(φιοϲ)
22 Ἰϲᾶτο(ϲ) ἀπ[ὸ] μ(έρουϲ) ἐ̣π(ιγραφῆϲ) Φα . [ ] (ἄρ.) β̣d/
(ἄρ.) αS/
23 (καὶ) ὀνόμ(ατοϲ) Διοϲ̣[κ]ό̣(ρου) Ψα[μμη(τίχου)] . . οϲ
Β̣α̣ϲ̣ιλ( ) (καὶ) . ( )
24 πρεϲβ(υτερ-) [ ] . . // . [ ] . β (ἄρ.) ξ̣/
25] . . [
– – – – – – – – – – – – – – – – – –

(2–7) – – – zu 1/2 1/12, Ar.: 2
und vormals Sarap(ion), S. d. Basi(leides) zu 1/2 1/12 Ar.: – – [ ]
[ ] – – –, S. d. Pha- zu 1, Ar.: 7 1/2
und von Diosko(ros), S. d. Psamme[tichos] – – –
Anrainer davon und anderer zedierter Grundstücke in Teilzuschreibung: im Süden und Osten: Us(iake) und von anderem; im Norden: zediertes Land, Hypologos, Privatland, Königsland [ ].
Im 6. bis 10. Jahr ebenso. [Ebenso.]

(8–13) Davon nach Norden, im selben Kleros, von Valerius Marcellus zediert
Ar.: 8 1/4 1/64
Daraus gepachtet auch durch Zuschreibung [vormals?] Serenos, S. d. Kollouthos
zu 1/8, Ar.: 1 1/2; zu 1/2, Ar.: 4 1/4 1/8 1/16 1/128
und unter dem Onoma des Nopho(rôs), S. d. Nisth (?) im 23. Jahr für fünf Jahre
zu 1/8, Ar.: 1/2; ferner Ar.: 1/4 1/128
Anrainer: [im Süden] Hypologos und von anderem; im Norden: Katastergrenze; im Osten: Königsland und von anderem; im Westen: Enaph(esios?)-Land [ ].
Im 6. bis 10. Jahr ebenso. Ebenso.

(14–18) Davon nach Südosten, mit [– – –] und anderem (?) in der Mitte im (?) Flachwasser des (?) Trajanskanals, zediert von [Valerius Marcel]lus, Hypologos Ar.: 2 1/8
welche (gepachtet sind) durch Zuschreibung unter dem Onoma des Serenos, [S. d. zu].
Anrainer: im Süden: Katastergrenze, im Norden: Thanisth – – –; im Westen: [ ].
Im 6. bis 10. Jahr ebenso. Ebenso.

(19–25) Davon nach Süden, im Kleros [des] – – – Markos, zediert von Valerius Mar[cellus] Teilzuschreibung aus Harphaesis, S. d. Har- [ ] [durch] Zuschreibung unter dem Onoma des Harnou(phis), S. d. Isâs, Teilzuschreibung aus (?) Pha-] [zu], Ar.: 2 1/4; Ar.: 1 1/2 und unter dem Onoma des Dios[k]o(ros), S. d. Psa[mmetichos] Basil(eides) (?) und – – Presb(yter) – – – – Ar.: 60

– – –

2–3 Σαραπ(ίων) Βασι(λείδου) auch in Kol. XXXVIII 21, vgl. Kol. XXXII 22 Anm.

3 Viell. [Ἰσιδώ(ρου)] ἐπ(ικαλουμένου) Φ̣α̣ή̣[ϲ]ι̣(οϲ), vgl. Kol. XLVIII 11.

4 Δ̣ιό̣ϲκο(ροϲ) Ψα̣μμη[τίχ(ου)] auch unten in Z. 23 und in Kol. XLVI 16, vielleicht auch in XLIII 11. Der Name Ψαμμήτιχοϲ war bisher nur in ptolemäischer Zeit belegt.

8–13 Zwei Verpachtungen aus zediertem Land des Valerius Marcellus, die erste (καὶ) δι' ἐ̣π̣(ιγραφῆϲ); bei der zweiten ist eine zeitliche Befristung angegeben, was zwar für eine Epigraphe untypisch ist, aber auch in Kol. XLIX 7–14 und XXXIX 8–9 belegt ist. In Kol. XLIX 7–14 handelt es sich auch auch um Verpachtungen aus dem Land eines Römers, Λούκιοϲ Φ̣ίβιοϲ, in Kol. XXXIX 8 ist der Pächter ein Gaius Iulius Eirenaius. Offenbar wurden Römer bevorzugt behandelt.

8 [ἐκκε]χω(ρημέναι) ὑ̣πὸ Οὐαλ(ερίου) Μαρκέλ(λου) wie Kol. XXVI 11, XXXIII 13–14.19, XXXIV 19, XXXVI 10, XLII 19–20.

9 Auf (καὶ) δι' ἐ̣π̣(ιγραφῆϲ) sollte ὀνόμ(ατοϲ) oder (πρότερον) folgen. Der Platz reicht nur für (πρότερον). Als ein ehemaliger Pächter erscheint Serenos, Sohn des Kollouthos, auch in Kol. XLIII 15, nicht jedoch in Kol. XXXI 7–8.

10 (ἄρ.) δd̅η̣̅ι̅ϲ̅ρ̅κ̅η̅ι̅ϲ̅, offenbar versehentlich zweimal ι̅ϲ̅, hervorgerufen durch das zweimalige Eta.

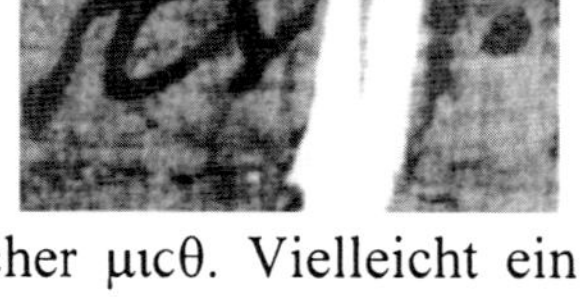

Νοφο(ρῶτοϲ), danach sicher μιϲθ. Vielleicht ein Versehen, da man nach Νοφο(ρῶτοϲ) den Vatersnamen erwartet und μιϲθ eigentlich überflüssig ist. Vielleicht stand also in der Vorlage anstelle von μιϲθ als Vatersname Νιϲθ.

Eine Person mit dieser Namenskombination ist aber in der Rolle nicht nachweisbar.

11 In der Lücke sollte νότ(ω̣) gestanden haben. Es müsste aber eng geschrieben gewesen sein.

12 Man liest eher ἐναπ̣( ) γῆ. Gemeint sein wird aber ἐναφ(έcιοc) γῆ; s. zu Kol. XVII 17.

14 τὸ τέναγοc, „Tümpel, Flachwasser“, in den Papyri bisher nur in ptolemäischer und frührömischer Zeit belegt: in dem Brief P.Petr. II 6, 12 (3. Jh. v.Chr.) ἐ]πὶ τὰ τενάγη und in der Abrechnung BGU I 14 III 1 παρυλίζοντεc χῶμα Λιβύων τενάγουc und Z. 13 εἰc παρυλιcμὸν τενάγουc (3. Jh. n. Chr.), ferner in dem Pachtvertrag BGU IV 1119, 9 (6/5 v.Chr.) und vielleicht auch in BGU IV 1118, 4 (Pacht eines Gartens; 23/2 v.Chr.).

14–15 Ist ἄλ(λων) zu lesen? — ἐπὶ τενάγουc „im Flachwasser“ oder „bei Flachwasser“ (temporal) und danach Τραι(ανοῦ) πο(ταμοῦ)?

15 ὑπ̣[ὸ auf einem losen Fragmentchen, auf dem auch noch die Endung von Cερήνου in Z. 16 zu sehen ist.

16 Wahrscheinlich Cερήνου [Κολλούθου] wie in Z. 9.

16–17 Wohl Θα|νιcθ Λά̣κ̣ω(νοc) wie in Kol. XXXVIII 5–6.

21 Der Name des Vaters offenbar nicht Ἁρφ̣α̣η̣c̣ι̣[, vielleicht Ἀ̣ρα̣ν̣ά-ι̣[ο]c . [. Vgl. P.Oxy. XLVI 3300, 7 Ἀρανάϊc (3. Jh.).

23 Zu Dioskoros, Sohn des Psammetichos, s. oben zu Z. 4.

24 Vielleicht (ἄρ.) ξ/ | [καὶ (πρόc) wie in Kol. XLIII [13], XLVII 22, L 7.16.

Kol. XLIII

Ein Fragment (auf dem Photo am unteren Rand) ließ sich nicht lokalisieren und ist in der Transkription nicht berücksichtigt.

– –

] *Reste* [ ]αLηρκη

2 [ ]η̣ι̣ϲρ̣κη̣ καὶ ὑπὸ Ϲαραπ(ίωνοϲ) Παθερ̣μο[ύθιοϲ (ἄρ.)]
λ̣βρκη γί(τονεϲ) νότῳ

3 [ ] . ἰδιω(τικὴ) λιβ[ὶ] ὁδὸϲ ἀπ(ηλιώτῃ) ἐναφ(έϲιοϲ) γῆ
ϛ (ἔτουϲ) ἕ[ωϲ ι (ἔτουϲ)] ὁμ(οίωϲ)

4 ὁμ(οίωϲ)

5 πρὸϲ λίβα (τούτων) ἐν̣ τ̣οῖϲ αὐτ(οῖϲ) κ̣λήροιϲ Ϲτράτων[οϲ . .] . ιοτ̣ο()
Δη̣[ ]ου

6 καὶ Κάρπου (γίν.?) (ἄρ.) ιεη) (καὶ) ἀπὸ μ(έρουϲ) ἐπιγρ(αφῆϲ)
Ἱππ̣ . . [ ] . Νικίου Φιμ

7 (ἀρ.) βS/ Φ . . [. .]ι̣ϲ̣ι̣( ) Πετεεῦτο(ϲ) (ἄρ.) θρκη// . π . . τ . λ( ) . . . . ϲιο( )

8 Β[αϲ]ι̣λε(ίδου) (γίν.) (ἄρ.) . ḍ ἐωνη(μένη) Ἑρμίωνο(ϲ) Πα̣ρ̣μ̣[.]( ) [.] β̣
περ( ) Κον-

9 νῶτοϲ Τιμ[ο]θέου (ἄρ.) β̣ Λουκίου Πρίϲ̣κου ἐ̣ω̣ν̣η̣(μένηϲ) ἀ̣π̣ὸ̣
ὑπολ(όγου)

10 (ἄρ.) δLηλβ (γίν.) ἀπὸ μ(έρουϲ) ἐπιγρ(αφῆϲ) (ἄρ.) ιηη) ὑπολ(όγου)
[(ἄρ.)] θLdξδ

11 (γίν.) (ἄρ.) λζLdηλβ (καὶ) ἀπὸ ὀνόμ(ατοϲ) Διο̣ϲ̣κό(ρου) Ψ . [.] . ( ) (καὶ)
Ἰϲχ( ) ἰδί(ῳ) λό(γῳ)

12 λ̣ο̣(ιπῶν) τ̣ό̣π̣(ων) (ἄρ.) λδLdιϛ ἐξ (ὧ̣ν) ἐμιϲθ(ώϲατο) Ϲαμβ( )
Παφο[. .] . . ἀ̣π̣ὸ μ(έρουϲ) ἐ̣πιγρ(αφῆϲ)

13 (καὶ) (πρότερον) π̣ρ̣ε̣ϲ̣β(υτέρων) τῆϲ κώμ(ηϲ) ὑπολ(όγου) (ἀρουρῶν) ξ
(καὶ) [πρ(ὸϲ)] (ἀρ.) dι[ϲ]ρκη . . Νιϲθ

14 . . . [.] ἐπ(ιγραφὴ) Νικ(ίου) Φιμ ἀν(ὰ) κβ// (ἄρ.) . . [ ] . . . [.]κ̣( )
Διδύ(μου)

15 ἀ̣π̣ὸ̣ μ̣(έρουϲ) ἐπ(ιγραφῆϲ) (πρότερον) Ϲερήνου Κολλούθ(ου)
[ ]ι Πρωτ( )

16 ἀν(ὰ) . . (ἄρ.) β (καὶ) δι' ἐπ(ιγραφῆϲ) (πρότερον) Ο̣ὐορϲ(άιτοϲ)
[ἀπὸ] μ(έρουϲ) ἐπ(ιγραφῆϲ)

17 Φο[υ]ώνϲ(εωϲ) Πετεχῶ(ντοϲ) ἀν(ὰ) α̣ (ἄρ.) αη[ ]

(καὶ?) Ἁρμ̣[.]
18 Ν[ε]μεϲ(ᾶτοϲ) ἀπὸ μ(έρουϲ) ἐπ(ιγραφῆϲ) Κο̣ννῶτ(οϲ)
[ ] (ἄρ.)..( )
19 (πρότερον) Cαραπ(ίωνοϲ) Παθερμ(ούθιοϲ) ὑπόλ(ογοϲ) ἀν(ὰ) S/ (ἄρ.)
[ ] .ω̣τ̣οϲ
20 Ἁρμ̣άιοϛ̣ <τοῦ> (καὶ) Κ̣ουκ̄ ἀν(ὰ) [ ]// (ἄρ.)...[ ]ρ̣ιτ̣ο̣( )
21 [ἀν](ὰ) κδ// (ἄρ.) η αἵπερ π̣ρ̣ὸ̣ϛ̣ μ̣(έροϲ) ἐλ̣[ογ(ίϲθηϲαν) κατὰ τὴ]ν
διάταξ(ιν)
22 [ ].μ̄ Ἰϲχ.ραμ̄ ..[ ].α̣[ ]....
23].π̣α̣ν̣[ ]..
- - - - - - - - - - - - - - - - - -

(1–4) - - - - - - [zu , Ar.:]1 1/2 1/8 1/128; [Ar.] 1|8 1|16 1|128
und (gepachtet) von Sarap(ion), S. d. Pathermo[uthis zu , Ar.:] 1/32 1/128
Anrainer: im Süden [ ] Privatland; im Westen: Straße; im Osten: Enaph(esios?)-Land.
Im 6. [bis 10. Jahr] ebenso. Ebenso.

(5–23) Davon nach Westen, in denselben Kleroi, Straton - - - De- alias (?) Karpos
Summe Ar.: 15 1/8
und Teilzuschreibung aus Hipp-, S. d. Nikias, E. d. Phim( ) Ar.: 2 1/2
aus Ph-, S. (?) d. Peteeus Ar.: 9 1/128
aus - - -, S. (?) d. - - -, E. (?) d. B[as]ile(ides); Summe: Ar.: [ ] 1/4
verkauftes Land des Hermion, S. d. Parm-, περ( ), Konnôs,
S. d. Timotheos, Ar.: 2
Lucius Primus, verkauftes Land aus Hypologos Ar.: 4 1/2 1/8 1/32
Summe der Teilzuschreibungen Ar.: 18 1/8
Hypologos Ar.: 9 1/2 1/4 1/64
ergibt Ar.: 37 1/2 1/4 1/8 1/32
und aus dem Onoma des Diosko(ros), S. d. Ps- und Isch( )
in getrennter Rechnung von den übrigen Topoi Ar.: 34 1/2 1/4 1/16

Daraus pachtete Samb( ), S. d. Papho( ) Teilzuschreibung und vormals
Presb(yter) des Dorfes, Hypologos von mehr als 60 Aruren Ar.: 4 1/16 1/128
- - - Nisth - - - Zuschreibung aus Nik(ias), S. d. Phim( ) zu 1/24, Ar.: ..[ ]
- - - - - -, S. (?) d. Didy(mos) Teilzuschreibung aus vormals Serenos,
S. d. Kollouth(os), [- - -], S. (?) d. Prot( ), zu ..., Ar.: 2
und durch Zuschreibung aus vormals Ouors(ais) [- - -] durch
Teilzuschreibung aus Pho[u]ons(is), S. d. Petecho(n) zu 1, Ar.: 1 1/8 [ ]
und (?) Harm[ ], S. d. Nemes(âs), Teilzuschreibung
aus Konnôs [- - -] [zu ... ,] Ar.: . . .

vormals Sarap(ion), S. d. Patherm(outhis), Hypologos zu 1/2, Ar.: [ ]
– – – S. d. Harmais alias Kouk( ) zu [ ], Ar.: . . .[ ]
[ ]ritos zu 1/24, Ar.: 8,
die [nach der] Diataxis anteilig [berechnet] wurden – – –

2 Cαραπ(ίων) Παθερ̣μο[ύθιοϲ auch unten in Z. 19 und in Kol. XXXIV 20, XLVI 11–12.

3 ὁδόϲ, gelesen von D. Hagedorn. Zur ἐναφ(έϲιοϲ) γῆ s. zu Kol. XVII 17.

5 ἐν̣ τ̣οῖϲ αὐ(τοῖϲ) κ̣λήροιϲ. Der Plural ist auffällig, die Lesung aber sicher. Vielleicht Δη̣[μητρί]ου. Vielleicht ist nach der Lücke nach Cτράτω-ν[οϲ nicht] ̣ιοτ̣ο( ) zu lesen, sondern [ἄρ.] ̣ιϛλβ. Darüber fehlt aber der waagerechte Strich, den man bei Stammbrüchen erwartet. Dieser fehlt freilich auch an anderen Stellen.

6 Vor (ἄρ.) ist

vielleicht nicht als (γίν.) zu lesen, da dies paläographisch nicht überzeugt und auch nicht zu sehen ist, welche Funktion (γίν.) hier haben sollte.

Νικίου Φιμ̅ auch in Z. 14. Ist Φίμ(ηνιϲ) gemeint? Vgl. Kol. XXXIII 5 zu Ἑφίμηνιϲ und Kol. XV 7.

7 Πετεεῦτο(ϲ), gelesen von D. Hagedorn. Danach viell. Ἀ̣πο̣λ̣( ) Π̣το̣λ( ). Am Zeilenende:

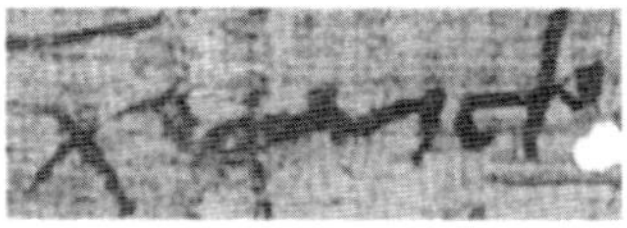

Der Name scheint mit Chi zu beginnen, Χρηϲί(μου) oder Χαριϲίο(υ) lässt sich aber nicht lesen, allenfalls Χα̣ρ̣ήϲιο(ϲ), wenn man annimmt, dass die Schreibung korrigiert ist. Man sieht aber am ehesten ̣ ̣μ̣ηϲιο( ), vielleicht daher Λ̣α̣μ̣ήϲιο(ϲ) oder Λ̣ε̣μ̣ήϲιο(ϲ). Zu den verschiedenen Namensformen s. O.Douch IV 403, 37 Anm.; neuere Belege sind P.Erl.Diosp. 1, 317, SB XXIV 16085, 41.

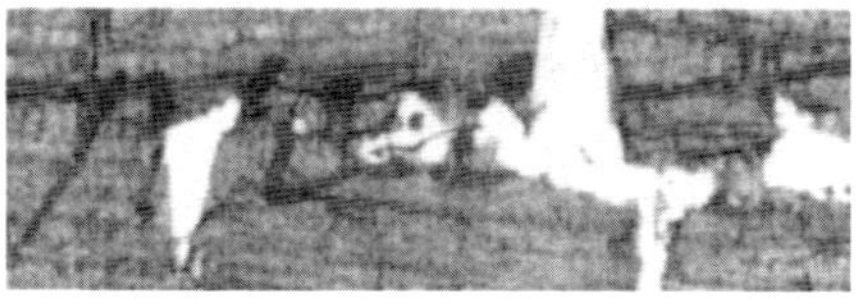

8 Πα̣ρ̣μ̣[̣]( ) ? Vgl. zu Kol. XXXII 12. — Zu dem rätselhaften περ( ) vgl. zu Kol. XLI 6.

8–9 Κον|νῶτοϲ gelesen von D. Hagedorn. Dieselbe Person vielleicht auch unten in Z. 18. Der Name findet sich auch in Kol. XXVIII 9.

11 Am Beginn der Zeile wohl (γίν.) (ἄρ.) λζ. Durch die Beschädigung des Papyrus erscheinen auf dem Photo Schatten als Tinte.

Nach Διọϲ̣κό(ρου) vermutlich Ψ[αμμη(τίχου)] wie in Kol. XLII 4.23, XLVI 16–17. Am Ende der Zeile könnte man den Vatersnamen zu Ἰϲχ( ) vermuten. Zu lesen scheint aber nur ἰδι( ) λο(γ-) zu sein.

12 λ̣ο̣(ιποὶ) τ̣ό̣π̣(οι)? Vgl. Kol. XV 13. — Vielleicht Παφο(ύνιοϲ).

13 πρ̣ε̣ϲ̣β(υτέρων) τῆϲ κώμ(ηϲ) gelesen von D. Hagedorn. Nach ξ (καὶ) *sovrapposto*, vermutlich (ἀρ.) ξ (καὶ) [ρ)]. Vgl. dazu die Anm. zu Kol. XLVII 22.

14 Νικ(ίου) Φιμ̄ auch in Z. 6. — Am Zeilenende wahrscheinlich Δ̣ι̣ο̣-[ϲ]κ̣(όρου) Διδύμ(ου) wie in Kol. XXXV 14, XLIV 8 und XLIX 10.

15 Ϲερήνου Κολλούθ(ου) auch in Kol. XXXI 7–8 und XLII 9.

16 Vielleicht wie in Kol. XXX 8 Ο̣ὐορϲ(άιϲ) [Ψιθνουπ( )].

17 Sicherlich der im Arsinoites des 2. Jh. n.Chr. nicht selten belegte Name Φο[υ]ῶνϲ(ιϲ), und nicht Φο[ρχ]ῶνϲ(ιϲ), wofür es nur thebanische Belege aus ptol. Zeit in Wilcken, Ostraka und O.Taxes II gibt. Φουῶνϲιϲ findet sich auch in einer anderen noch unveröffentlichten Rolle aus dem Bubastites (Hinweis von J. Frösén). — In Ἁρμ̣[.] ist das Alpha sicher. Diese Person ist also von Hermaios, Sohn des Nemesâs, in Kol. XLV 8 zu unterscheiden. Anstelle von (καὶ) Ἁρμ̣[.] ließe sich auch καὶ δι'] ἐ̣π̣(ιγραφῆϲ) Ἁρμ̣[.] lesen.

18 Am Zeilenende (ἄρ.) κλ( )?

20 Ἁρμ̣άιοϲ̣ <τοῦ> (καὶ) Κ̣ουκ̄ nach Kol. XXVII 2 und XLVIII 10. Hier aber ohne (πρότερον).

21 Ergänzt nach Kol. XXXIII 9 und XLIX 12–13. — Zu πρὸϲ μ(έροϲ), „anteilig“, vgl. PSI VIII 976, 13, P.Ent. 37, 10, UPZ II 223 A 9–10, BGU III 993 III 1.7.8 (alle Belege ptol.).

22 Vor Ἰϲχ am Zeilenbeginn wohl nicht [ὀν]ό̣μ(ατοϲ). — Man ist versucht, Ἰϲχυ̣ράμ(μων) zu lesen. Der Name wäre aber nicht belegt, außerdem scheint über dem fraglichen Ypsilon noch Tinte zu sein. Vielleicht ist Ἰϲχ(υ-ρίων) Ἡράμ(μωνοϲ) gemeint. Danach vielleicht Ϲ̣α̣ρ̣α̣[π.

Kol. XLIV

- - - - - - - - - - - - - - - - - - - -

] . [

2 [ὁ]μ(οίως) (*2. Hand?*) . . . .

3 πρὸς βο̣[ρρ(ᾶν) (τούτων) ἀνὰ] μ(έσον) [ὄντ]ο(ς) διαστή(ματος) ἐν τῷ̣
α̣ὐ̣(τῷ) κ[λ(ήρῳ) [ἀπὸ] μ(έρους)
4 ἐπ̣ι̣γ̣ρ̣(αφῆς) [Πα]α̣θρήο(υς) Πε̣τ̣[ο]σί(ριος) (ἄρ.) β̣ ἐξ ὧν [ἐ]μ̣ι̣σ̣θ(ώθη)
(καὶ) [δι' ἐπ(ιγραφῆς)] . ( )
5 Νεμ̣(εσᾶτος) ἀν(ὰ) κδ// (ἄρ.) adηις γί(τονες) τῶν ὅλ(ων) νότῳ̣
β[α]σ(ιλική) ς (ἔτους) [ἕως ι (ἔτους) ὁμ(οίως)]
6 ὁμ(οίως)

7 πρὸς λί(βα) (τούτων) ἀνὰ μ(έσον) ὄντο(ς) διαστή(ατος) ἀπὸ μ(έρους)
ἐπ(ιγραφῆς) ἐωνη(μένης) Ε . [
8 Πρωτ( ) (ἄρ.) ηdη) ἐξ (ὧν) ἐ̣μ̣ι̣σ̣θ(ώθησαν) (καὶ) δι' ἐπ(ιγραφῆς)
ὀνόμ(ατος) Διοσκό[(ρου)
9 Διδύμου ἀποτάκ(του) κδ// (ἄρ.) βLις[ρκ]η̣ καὶ ὀνόμ(ατος) Ν[ισθ?]
10 Μοναίμου ἀν(ὰ) Lκδ (ἀρ.) S´ (καὶ) ὀνόμ(ατος) Νοφορῶ(τος)
ν̣ε[ωτ(έρου)]
11 Πρωτ(ᾶτος) ἀν(ὰ) Lκδ (ἄρ.) adιςξδ ἄλ(λη) (ἄρ.) aḍηλβξδ *Spuren* [
12 (καὶ) ὀνόμ(ατος) Φθιάυ(τος) Λεοντᾶ̣τος ἀν(ὰ) α (ἄρ.) α̣η̣) (καὶ)
ὀ̣ν̣[όμ(ατος)
13 Ταaπολ(λῶτος) Φαβούλ(ου) ἀν(ὰ) α (ἄρ.) ad/ γί(τονες) αὐτ(ῶν)
(καὶ) *Spuren* [
14 ἀναπεπαυ(μένων) ἐν ἐκφ(ορίῳ̣) ὄντων νότῳ̣ . . [
15 οὐσ(ία?) (καὶ) ἄλλω̣ν̣ βορρᾷ̣ Μ[υ]ρ̣τ̣ίλ(ου) οὐσ(ία) λιβὶ [
16 Ἀπολλων(ίου) ἀπ(ηλιώτῃ) Θαψόιτο(ς) Ἥρωνος . [
17 ὁμ(οίως)

18 πρὸς λίβ(α) (τούτων) ἀνὰ μ(έσον) ὄντο(ς) διαστήματος ἐν [κλ(ήρῳ)
19 ἐωνη(μένη) Δημ(ητρίου) Ἀλε̣ξ/ (ἄρ.) ςLd/ Θέω[ν(ος)] Διδύ̣μ(ου) [
20 Πρωτ(ᾶτος) (ἀρ.) βd . . λ̣β (γίν.) (ἄρ.) βLις . . [
21 (γίν.) (ἄρ.) [ ] ηλβξδ ἐωνη(μένη) ἐν μισθ(ώσει) Θ . [.] . [

Ṇ[ ] . . . . . . ẹπ( ) ẹ . . [.] . . Πρ . [
Reste [

– – – – – – – – – – – – – – – – – – –

(3–6) [Davon] nach Norden [ ] mit Zwischenraum in der Mitte im selben Kl(eros) [– – –
– – –] Teilzuschreibung aus [Pa]athrês, S. d. Petosi(ris) Ar.: 2
Daraus wurde gepachtet auch [durch Zuschreibung vormals La]k(on)?,
S. d. Nem(esâs), zu 1/24, Ar.: 1 1/4 1/8 1/16
Anrainer von allem: im Süden: Königsland < >.
Im 6. [bis 10. Jahr ebenso]. Ebenso.

(7–16) Davon nach Westen, mit Zwischenraum in der Mitte Teilzuschreibung aus
verkauftem Land des (H)e-, S. d. Prot(âs), Ar.: 8 1/4 1/8
Daraus wurde gepachtet auch durch Zuschreibung unter dem Onoma
Diosko[ros], S. d. Didymos, zum festgesetzten (Pachtzins)
von 1/24, Ar.: 2 1/2 1/16 1/[12]8
und unter dem Onoma d. N[isth?], S. d. Monaimos, zu 1/2 1/24, Ar.: 1/2
und unter dem Onoma d. Nophorô(s), d. Jüngeren,
S. d. Prot(âs), zu 1/2 1/24, Ar.: 1 1/4 1/16 1/64
anderes Ar.: 1 1/4? 1/8 1/32 1/64 - - -
und unter dem Onoma d. Phthiays, S. d. Leontâs, zu 1, Ar.: 1 1/8
und unter dem Onoma der Taapoll(ôs), T. d. Phaboul(os), zu 1, Ar.: 1 1/4
Anrainer davon und [von Grundstücken] in Brache, die zu Ekphorionland gehören: im Süden: – – – Usia und von anderem; im Norden: Usia des Myrtilos; im Westen – – – des Apollon(ios); im Osten: Thapsois, T. d. Heron [ ].
[Im 6. bis 10. Jahr ebenso.] Ebenso.

(18–23) Davon nach Westen, mit Zwischenraum in der Mitte im [Kleros],
verkauftes Land des Dem(etrios), S. d. Alex( ), Ar.: 6 1/2 1/4
des Theon, S. d. Didymos, [] E. (?) d. Prot(âs), Ar.: 2 1/4 1/[ ] 1/32
Summe: Ar.: 2 1/2 1/16 – – –
Summe: Ar.: [ ] 1/8 1/32 1/64
verkauftes Land in Pacht durch Th[ ] – – – – – –

3 ἐν τῷ̣ α̣ὐ̣(τῷ̣) κ[λ(ήρῳ̣) gelesen von D. Hagedorn.

4 Paathres, des Sohnes des Petosiris, als Schuldner des Staates auch in Kol. XXXI 13. — Der letzte Buchstabe der Zeile ist κ( ), μ( ) oder ω( ). Ver-

mutlich, der Größe der Lücke entsprechend, (καὶ) [δι' ἐπ(ιγραφῆϲ) (πρότερον) Λά]κ̣(ωνοϲ) | Νεμ̣(εϲᾶτοϲ), vgl. Kol. XVIII 9, XXVIII 19, XXIX 12, XXX 4.16, XLVI 21.

5 Nach νότῳ β[α]ϲ(ιλικῇ) muss Text ausgefallen sein.

8–9 Διόϲκο(ροϲ) Διδύμου auch in Kol. XXXV 14, XLIX 10 und wohl auch in XLIII 14.

9 ἀποτάκ(του) gelesen von D. Hagedorn; s. zu Kol. XXVII 10.

9–10 Ν[ιϲθ] | Μοναίμου ergänzt nach Kol. XXXVII 9.

10–11 Νοφορῶ(τοϲ) ν̣ε[ωτ(έρου)] Πρωτ(ᾶτοϲ) ergänzt nach Kol. XXXV 12.

12 Φθιάυ(τοϲ) Λεοντᾶτ̣οϲ auch in Kol. XXXVI 20.

13–14 Zu erwarten ist γί(τονεϲ) αὐτ(ῶν) (καὶ) [ἑτέρων ἐδαφῶν] ἀναπεπαυ(μένων) ἐν ἐκφ(ορίῳ) ὄντων, vgl. Kol. XLVI 10–11, XXXVI 4–5 und XXXVII 10–11. Dieses Land war offenbar als Brachland langfristig verpachtet. Vermutlich wurde es als Weideland genutzt. Dass es nicht Gegenstand der Episkepsis ist, wird eine Folge der Art der Verpachtung — ἐν ἐκφ(ορίῳ) — sein. Es befand sich aber offensichtlich auch in staatlicher Verwaltung und gehörte zu dem von der örtlichen Verwaltung zu verpachtenden Areal, mit dem es eine Einheit bildete (s. oben die Einl. S. 21–24). Zur Formulierung vgl. z.B. P.Lips. II 129, 34 (8 n.Chr.) ἀνα[πεπαυμέναϲ εἰϲ] κατάβρο̣μαι (= κατάβρωμα) βοῶν, P.Mich. III 184, 20 (121 n.Chr.) τὸ ἥμιϲυ μέροϲ ἀναπ̣επαυμένο̣ν χόρτωι.

16 Θαψόιτο(ϲ) Ἥρωνοϲ auch in Kol. XLVI 12–13.

Kol. XLV

\- - - - - - - - - - - - - - - - - - - -

1 (καὶ) (πρότερον) πρεcβ(υτέρων) Φ̣[ανο( )
2 κ̣α̣ὶ ἰδιω(τικὴ) βορρ(ᾶ̣) ἐκκε[χω(ρημένη)] ̣επ( )
λιβὶ ̣ ̣ν̣ ̣ ̣ *Spuren*
3 Ψύ̣λλου (καὶ) Φι̣λ ̣ ̣[ ] ̣ριων̣ (καὶ) Ἀφρικανοῦ Δ̣ ̣ ̣( )
4 Φαή̣c̣ι̣ο̣c̣ τοῦ κ(αὶ) Ἀ̣[π]ολλωνίου Κολλούθ(ου) (καὶ) ̣̅
ς (ἔτουc) ἕ[ωc] ι (ἔτουc) [ὁ]μ(οίωc)
5 ὁμ(οίωc)

6 λ̣ι̣βὸc ἐχόμ̣(ενον) ἐ̣ν κλ(ήρῳ̣) < > ἐκκ̣ε̣χω(ρημέναι) ἀπὸ (*sic*) τῶν
περὶ Μάρ̣κ̣ε̣λλο̣(ν)
7 (ἄρ.) ςLdι[ς] ̣ς̣ ξδ (γίν.?) (ἀρ.) d/ (γίν.) (ἄρ.) ςLdιςλβ ἐ̣ξ ὧν
ἐμιcθ(ώθη)
8 δι' ἐπ(ιγραφῆc) ὀνόμ(ατοc) Ἑρμαίο(υ) Νεμεcᾶτο(c) ἀν(ὰ) κδ̣//
(ἄρ.) αηιcλβ
9 (καὶ) ὀνόμ(ατοc) Ἁρν̣ού(φιοc) ἐπ(ικαλουμένου) Νείλο̣υ ἀν(ὰ) κδ̣//
ἀπὸ (ἄρ.) ς (ἄρ.) δ (καὶ) ὀνόμ(ατοc)
10 Cαραπ(ίωνοc) το̣ῦ κ(αὶ) Cκυβάλ(ου) ἀν(ὰ) κδ// (ἀρ.) Lη) (καὶ)
ὀ̣ν̣ό̣μ̣(ατοc) Φαβούλ(ου)
11 Ἀπολλω( ) ἀν(ὰ) κδ// (ἄρ.) α γί(τονεc) νότῳ̣ βαcιλ(ικὴ) λιβὶ Κλ( )
Δη̣μ̣[
12 κ̣αὶ Ἀφρικανοῦ, βορρ(ᾶ̣) Φθ[ι]άυ(τοc) ἐν μιcθ(ώcει) (καὶ) ἄλ(λων)
ἀπ(ηλιώτη̣) ἀνειλ(ημμένη) γ[ῆ]
13 κ̣α̣ὶ ἄλλων ς (ἔτουc) ἕωc ι (ἔτουc) ὁμ(οίωc)
14 ὁμ(οίωc)

15 πρὸc λίβα (τούτων) ἀνὰ μ(έcον) [ὄ]ντο(c) διαcτή(ματοc) ἐν κλ(ήρῳ̣)
Δ̣η̣μητρ̣[ίου
16 [Δι]ο̣νυ̣c̣ίου Ἀπο̣λ( ) (ἄρ.) γdιcρκη ἐν μιcθ(ώcει) ὀνόμ(ατοc) ̣[
17 Ψιάθιοc ἀν(ὰ) αγ// γί(τονεc) ἐ̣κ γ̅ ἀνέμ(ων) ἰδιω(τικὴ) γῆ *Reste* [
18 ἐκκεχω(ρημένη) ἀπ[ὸ] μ̣(έρουc) ἐπ(ιγραφῆc)
ς (ἔτουc) ἕωc ι (ἔτουc) ὁμ(οίωc)
19 ὁμ(οίωc)

20 πρὸc λίβα (τούτων) ἀ̣ν̣ὰ̣ μ(έcον) ὄν̣[τ]ο̣c̣ δια̣c̣τ̣ή(ματοc) κληρ̣ο̣( ) κ̣α̣ὶ

[. . .] .λο( ) [

21 ἐκκεχω(ρημένη) ἀπὸ μ(έρους) [ἐπ(ιγραφῆς) (ἄρ.)]εS Φάσειτο(ς) Φθιάυ(τος)

22 *Reste*] .φαθ . . [.] παρ

– –

(6–14) Im Westen anschließend im Kl(eros) < des > zediert (aus dem Land) der Leute um Marcellus Ar.: 6 1/2 1/4 1/1[6] [ ] – – – 1/64, ergibt (?) Ar.: 1/4, ergibt Ar.: 6 1/2 1/4 1/16 1/32.

Daraus wurde gepachtet durch Zuschreibung unter dem Onoma des Hermaios, S. d. Nemesâs, zu 1/24, Ar.: 1 1/8 1/16 1/32

unter dem Onoma des Harnou(phis), genannt Neilos zu 1/24, aus Ar.: 6 Ar.: 4

unter dem Onoma des Sara(pion) alias Skybalos zu 1/24, Ar.: 1/2 1/8

unter dem Onoma des Phaboul(os), S. d. Apollo(nios) zu 1/24, Ar.: 1

Anrainer: im Süden: Königsland, im Westen: Kl( ) Dem[ ] und Aphrikanos, im Norden: von Phthiays in Pacht und von anderen, im Osten: zurückgenommenes Land und von anderem.

Im 6. bis 10. Jahr ebenso. Ebenso.

(15–19) Davon nach Westen, mit Zwischenraum in der Mitte im Kl(eros) des Demetrios [ ] des [Di]onysios, S. d. Apol( ) Ar.: 3 1/4 1/16 1/128

in Pacht unter dem Onoma [des], S. d. Psiathis, zu 1 1/3

Anrainer in drei Himmelsrichtungen Privatland, – – –, zediertes Land in Teilzuschreibung.

Im 6. bis 10. Jahr ebenso. Ebenso.

(20–22) Davon nach Westen, mit Zwischenraum in der Mitte Kleru(chenland) und – – – zediert mit Teilzuschreibung [Ar.:] 5 1/2 des Phaseis, S. d. Phthiay(s) – – –

1 (καὶ) (πρότερον) am Zeilenbeginn ist unsicher, es scheint aber die Senkrechte von (καὶ) noch zu sehen zu sein; daher wohl nicht Wortende auf ϲ̣ι̣ο̣υ oder ϲ̣ι̣α̣υ( ). — πρεϲβ(υτέρων) Φ̣[ανο( ) ergänzt nach Kol. XXIX 10, XL 15, XLVII 21, L 6.16, LI 2.

2 Nach der Lücke ἀπὸ] μ̣(έρουϲ) ἐπ(ιγραφή)? Was sich im Westen befand, ist nicht mehr zu lesen. Es könnte sich zumindest auch um das in Z. 6–14 beschriebene Areal gehandelt haben.

3 Nach Ψύ̣λλου offenbar (καὶ), ebenfalls breit geschrieben in Kol. XLVI 15, und danach in Ligatur φ. Wohl Φιλ- und nicht Φυλ-.

4 Nach Κολλούθ(ου) vielleicht δ̣η̣(μοϲία)?

6 ἀπὸ τῶν περὶ Μάρκ̣ε̣λλο̣(ν) ist sonderbar. In Kol. XLVIII 8 und wohl auch L 15 heißt es an entsprechender Stelle ὑπὸ τῶν περὶ Μάρκελλον, ebenso immer ὑπὸ Οὐαλερίου Μαρκέλλου (Kol. XXVI 11, XXXIII 14.19, XXXIV 19, XXXVI 10, XLII 8.20). Vermutlich ist auch hier ὑπό gemeint.

7 Es ist nicht gelungen, die Berechnung der Größe, aus der Verpachtungen δι' ἐπ(ιγραφῆς) vorgenommen wurden, nachzuvollziehen. Das Ergebnis, das vor ἐ̣ξ ὧν steht, (ἄρ.) ϛLdιϛλβ, ist vielleicht bereits am Zeilenbeginn zu ergänzen.

8 Das Epsilon in Ἑρμαίο(υ) ist sicher, aber auch das Alpha in Ἁρμ̣[.] Ν[ε]μεϲ(ᾶτοϲ) in Kol. XLIII 17–18 ist deutlich zu sehen. Es handelt sich also nicht um dieselbe Person, es sei denn, man nimmt auch hier eine Verschreibung an.

10–11 Φαβοῦλ(οϲ) Ἀπολλω( ) auch in Kol. XXXVI 11.14.19.

11 Vielleicht Κλ(αυδίου) Δη̣μ̣[. Vermutlich nicht nach Z. 15 κλ(ῆροϲ) Δη̣μ̣[ητ(ρίου).

12 Die im Osten angrenzende ἀνειλ(ημμένη) γ[ῆ] sollte der Angabe in Z. 6 entsprechend im Abschnitt der Zeilen 1–5 erwähnt gewesen sein.

16–17 Am Ende von Z. 16 wohl kein Ny, also nicht der in Kol. XLI 22 erwähnte Nisth( ), Sohn des Psiathis. Der Name Ψιάθιϲ ist neu. Belegt ist nur Ψιαθᾶϲ: P.Fay. 118, 11, P.Oxy. LXV 4479, 5, P.Ryl. II 113, 9, in SB VI 9370 III 22 ergänzt zu Ψιαθ(ᾶϲ) (alle 2. Jh. n.Chr.).

18 ἀπ[ὸ] μ̣(έρουϲ) ἐπ(ιγραφῆϲ) als Anrainerangabe auch in Kol. XXXIII 10.

20 Wahrscheinlich κληρ̣ο̣(υχική). Vgl. P.Thmouis 1 Kol. 138, 4–6 ἀπόρου ὀνόματοϲ ἀπὸ μέρουϲ ἐπιγραφῆϲ πρ̣ό̣τ̣ε̣ρ̣ο̣ν κληρουχ(ικῆϲ) (ἄρ.) βLηλβ. Danach vielleicht [ὑ]π̣ο̣λο[γ( )] ἐκκεχω(ρημεν-). Vgl. auch Kol. XXXI 3.

21 Phaseis, S. d. Phthiays, auch in Kol. XLVI 4–5. Sein gleichnamiger Sohn ist in Kol. XLVI 7 belegt.

Kol. XLVI

\- - - - - - - - - - - - - - - - - - - -

]. .[

2 [π]ρὸς λίβ(α) (τούτων) α .μ̄ β̄ οṿ[ ]. Διọκλέους

3 ἀπὸ μ(έρους) ἐπιγρ(αφῆς) [ ] Νικίου Θ[ ]¯ ἀπὸ (ἀρ.) ιγ
μετὰ τῶ̣ṿ (?)

4 ἐ̣ṿ μ̣ι̣ϲ̣θ(ώϲει) (ἄρ.) γηιϲξδρκη (γίν.) (ἄρ.) ιạ[ ]ηιϲξδρκη Φάϲειτοϲ

5 Φθιάυ(τοϲ) (ἄρ.) αLdηιϲξδ, ἄλ(λο) ἀπὸ μ(έρουϲ) [ἐ]π(ιγραφῆϲ)
(ἀρ.) S/ (ἀν)θ' (οὗ) Ἰọυλ( ) (ἄρ.) ιβLdηλβ

6 (γίν.) (ἄρ.) κζLηιϲ. . ἐξ (ὧν) ἐμιϲθ(ώθη) (καὶ) δι' ἐπ(ιγραφῆϲ)
(πρότερον) Ἁροννώφ(ρεωϲ)

7 Φιβήχιοϲ ἀπὸ μ(έρουϲ) ἐπιγρ(αφῆϲ) Φάϲειτο(ϲ) Φάϲειτοϲ Φθιάυ(τοϲ)

8 ἀν(ὰ) α (ἄρ.) γ ἄλ(λο) ἀπὸ μ(έρουϲ) ἐπιγρ(αφῆϲ) Ἰωνάθου ἀν(ὰ) α
(ἄρ.) α

9 (γίν.) (ἄρ.) αηιϲρκη (πρότερον) Ἡρακλ(είδου) Χαιρήμ(ονοϲ) ἀπὸ
μ(έρουϲ) ἐπιγρ(αφῆϲ).

10 γί(τονεϲ) ὅλων (ἀρ.) λϛLdηλβρκη ἐδαφῶν τῶν ἀναπεπ(αυμένων)

11 αὐ(τῶν) ἐν ἐκφο(ρίῳ) ὄντων νότῳ γ[ύ]ηϲ (καὶ) ἰδιω(τικὴ) βορρ(ᾶ)
Ϲαραπ(ίωνοϲ)

12 Πατ̣ερμο(ύθιοϲ) (καὶ) Μυρτίλ(ου) οὐϲία λιβὶ (καὶ) ἀπ(ηλιώτῃ)
Θαψόιτο(ϲ) Θαψόιτο(ϲ)

13 Ἥρων[ο(ϲ)] ϛ (ἔτουϲ) ἕωϲ ι (ἔτουϲ) ὁμ(οίωϲ)

14 ὁμ(οίωϲ)

15 [πρὸϲ] νότ(ον) (καὶ) ἀπ(ηλιώτην) (τούτων) ἀνὰ μ(έϲον) ὄντο(ϲ) διαϲτή-
(ματοϲ) ἐν κλ(ήρῳ) Νου-

16 [. .] .ιọυ ὑπόλ(ογου) ἐλ̣λ̣ιπ(ούϲηϲ) (ἄρ.) β̣ αἱ ο(ὖϲαι) δι' ἐπ(ιγραφῆϲ)
ὀνόμ(ατοϲ) Διοϲκό(ρου)

17 [Ψα]μμη(τίχου) ἀ̣ṿ(ὰ) η). γί(τονεϲ) νότῳ ὑφορβικὴ γῆ, βορρ(ᾶ)
κλ̣(ηρουχική)

18 [(καὶ)] ἄλ(λων), λιβὶ ἰδιω(τικὴ) (καὶ) ὑπόλ(ογοϲ)
ϛ (ἔτουϲ) ἕωϲ ι (ἔτουϲ) ὁμ(οίωϲ)

19 ὁμ(οίωϲ)

20 [πρὸ]ϲ ἀπ(ηλιώτην) (τούτων) ἀνὰ μ(έϲον) ὄ̣ντο(ϲ) διαϲτή(ματοϲ) ἀπὸ
χέρϲου (ἄρ.) .[. . .]. .

21 αἱ μ̣ι̣ϲ̣θ(ούμεναι) ὀνόμ(ατοϲ) Λ̣ά̣κ(ωνοϲ) Νεμ̣ε̣ϲ̣ᾶτ̣ο(ϲ) ἐν ἐκφ(ορίῳ̣) (ἄρ.) ιδ̅γ̅ι̅ϲ̅[ ]
22 γί(τονεϲ) νότ[ῳ̣ ὑ]φορβ(ικῆϲ) γῆϲ βο̣[ρρ(ᾶ̣)] βαϲιλ(ικὴ) (καὶ) ὑπόλ(ογοϲ) ἀπ(ηλιώτῃ) Μυρ[τ]ί̣λ̣(ου)
23] *Reste* [

— — — — — — — — — — — — — — — — — — — —

(2–14) Davon nach Westen, – – – – – – des Diokles, Teilzuschreibung aus Nikias, S. d. Th[– – – Ar. 8 (?) – – –] aus 13 Aruren, zusammen mit Ar.: 3 1/8 1/16 1/64 1/128 in Pacht,

ergibt:	Ar.: 11 (?) [ ] 1/8 1/16 1/64 1/128
Phaseis, S. d. Phthiays	Ar.: 1 1/2 1/4 1/8 1/1/16 1/64
anderes durch Teilzuschreibung	Ar.: 1/2
stattdessen Ioul( )	Ar.: 12 1/2 1/1/4 1/8 1/32
Summe:	Ar.: 27 1/2 1/8 1/16 ...

Daraus wurde gepachtet auch durch Zuschreibung vormals Haronoph(is), S. d. Phibechis, Teilzuschreibung aus Phaseis {Phaseis}, S. d. Phthiays zu 1, Ar.: 3
anderes: Teilzuschreibung aus Ionathes zu 1, Ar.: 1
ergibt: 1 1/8 1/16 1/128, vormals Herakl(eides), S. d. Charem(on), Teilzuschreibung.
Anrainer aller 36 1/2 1/4 1/8 1/32 1/128 Aruren, Grundstücke in Brache und Ekphorionland: im Süden: Katastergrenze und Privatland, im Norden: Sarap(ion), S. d. Patermo(uthis) und Usia des Myrtilos, im Westen und Osten: Thapsois {Thapsois}, T. d. Heron.
Im 6. bis 10. Jahr ebenso. Ebenso.

(15–19) Davon nach Südosten, mit Zwischenraum in der Mitte im Kleros des Nu[men]ius (?) , Hypologos, die übrig ist (?): Ar.: 2
durch Zuschreibung unter dem Onoma des Diosko(ros), S. d. Psamme(tichos) zu 1/8.
Anrainer: im Süden: Schweinehirtenland, im Norden: Kl(eruchenland) und von anderem, im Westen: Privatland und Hypologos.
Im 6. bis 10. Jahr ebenso. Ebenso.

(20–23) Davon nach Osten, mit Zwischenraum in der Mitte, aus Chersos Ar.: – – –, gepachtet unter dem Onoma des Lak(on), S. d. Nemesâs, Ekphorionland Ar.: 14 1/3 1/16 [ ].
Anrainer: im Süden: Schweinehirtenland; im Norden: [ ] Königsland und Hypologos, im Osten: Myrtilos – – –

2 ἀν̣(ὰ) μ(έcον), was aber nicht in der üblichen Weise geschrieben wäre? Sicherlich nicht ἀπ̣[ὸ] μ(έρουc), was eine Überlappung des Papyrus voraussetzte, die nicht zu erkennen ist — Am Zeilenende vermutlich der Klerosname, demnach also wohl ἐν] κ̣[λ](ήρῳ) Διο̣κλέουc.

3–4 μετὰ τῶ̣ν̣ (?) | ἐ̣ν̣ μ̣ι̣ϲ̣θ(ώcει)

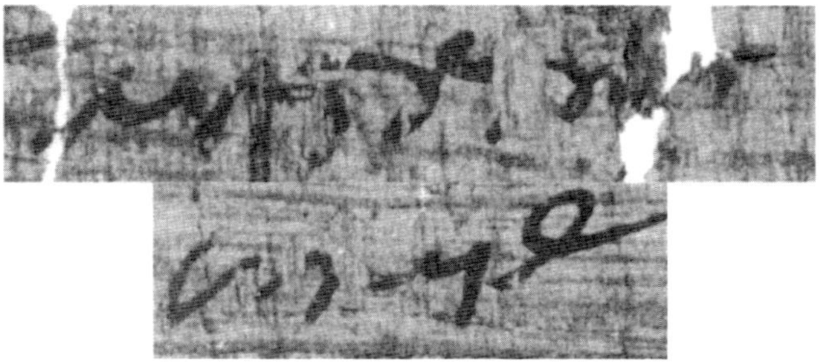

4 Ergänzt man die Summe zu 11 [1/2] 1/8 1/16 1/64 1/128 Aruren, so ergibt sich aus der folgenden Addition zwar nicht genau die Endsumme, die in Z. 6 angegeben ist, aber die Differenz zum dort vermerkten Ergebnis wäre gering. Anstelle der in Z. 6 errechneten 27 1/2 1/8 1/16 [ ] Aruren ergäben sich 27 1/2 1/32 1/128 Aruren.

4–5 Φάcειc Φθιάυ(τοc) auch in Kol. XLV 21 und unten in Z. 7.

5 ἄλ(λο) nach Kol. XXIX 14. Zur Lesung (ἀν)θ' (οὗ) vgl. oben zu Kol. XXVIII 9.

6 Zum Ergebnis der Addition, das nicht korrekt zu sein scheint, s. oben zu Z. 4.

7 Φάc̣ειτο(c) Φάcειτοc Dittographie? Zu Φάcειc Φθιάυ(τοc) vgl. oben zu Z. 4–5.

8 Wieder wie in Z. 5 ἄλ(λο) nach Kol. XXIX 14. Entweder Ἰωνάθου als Genetiv zu Ἰωνάθηc oder Ἰωναθοῦ als Genetiv zu Ἰωναθᾶc. Der erste Nominativ ist in den Papyri römischer Zeit belegt, der zweite in ptolemäischer und byzantinischer Zeit.

9 (γίν.) am Zeilenbeginn ist genauso ausgeführt wie am Beginn der Z. 6. Wird damit die Differenz zwischen einer in den Büchern vermerkten Größe und dem Ergebnis einer Nachmessung ausgedrückt?

Ἡρακλ(είδηc) Χαιρήμ(ονοc) ebenfalls mit (πρότερον) eingeführt in Kol. XXIII 10.

10–11 Vgl. zu Kol. XXXVI 4.

12 Die Lesung Πατ̣ε̣ρμο(ύθιος) ist unsicher, Schwierigkeiten macht vor allem das Tau. Aber ein Sarapion, Sohn d. Pathermuthis, ist auch in Kol. XXXIV 20 und XLIII 2.19 belegt. — Θαψόιτο(ς) Θαψόιτο(ς) Dittographie?

13 Ἥ̣ρων[ο(ς)] gesichert durch XLIV 16.

15–16 Wahrscheinlich Νου|[μη]ν̣ίο̣υ, das zweite Ny wäre aber breiter als üblich.

16 Vielleicht auch in Kol. XXXVIII 4 ὑπ̣ο̣λ(όγου) ἐλ̣(λιπούσης).

16–17 Zur Ergänzung zu Διοσκό(ρου) [Ψα]μμη(τίχου) s. zu Kol. XLII 4.

17 Die Lesung ἀ̣ν̣(ὰ) η) unsicher, man benötigt hier aber noch die Angabe des Pachtzinses, die z.B. auch in Kol. XLV 17 am Ende steht.

ὑφορβικὴ γῆ hier und unten in Z. 22 zum ersten Mal; ὑφορβικός ist ein *addendum lexicis*. Belege für die Schreibung ὑφορβός anstelle von ὑοφορβός sind bisher nur aus dem Arsinoites bekannt: P.Petr. II 33 A 30 (3. Jh. v.Chr.) und aus dem 1. Jh. n.Chr. P.Corn. 21, 384 und 23a, 33 und P.Princ. I 1 II 24; 2 III 7; 10 VII 32.

Vermutlich ist zu κλ̣(ηρουχική) aufzulösen, da am Beginn der nächsten Zeile ἄλ(λων) steht und davor nicht mehr als (καί) verloren sein wird; κληρουχική wohl auch in Kol. XXXI 3 und XLV 20, dort zu κληρο( ) gekürzt.

18 ἄλ(λων) und nicht ἀπ(ηλιώτη), auch wenn eine Angabe für die Ostgrenze fehlt.

20–23 Land, das als χέρσος und nicht als ὑπόλογος bezeichnet wird, sonst nur noch in Kol. XXV 16 und XXXIII 14. Ein Teil dieses Landes hat den Status γῆ ἐν ἐκφορίῳ (s. oben die Einleitung S. 21–24).

21 Die Lesung Λ̣ά̣κ(ωνος) ist gesichert, weil diese Person auch in Kol. XVIII 9–10, XXVIII 19, XXIX 12 und XXX 4.16 erwähnt wird.

Kol. XLVII

\- - - - - - - - - - - - - - - - - - - -

] *Reste* [
2 [ ] . . ο( ) ἄcπ(ορ) α . . . [ ]β̣αcιλ[ικ-
(καὶ) π̣[. .]η . ( ) τῷ διελ(θόντι) α (ἔτει) Ἀντωνί[νου . . . .]αλου
4 τοῦ [μ]εικ(ροῦ)·
Ἀν[τ]ω̣νῖνοc Ῥηγεῖν̣οc βαcιλ(ικῷ) γρ(αμματεῖ) Β̣ου̣β(αcτίτου) χαίρειν.
6 ἀρ̣[. . . . .] . c μοι ὑποτέτακται καιc̣[. .] . ν λόγοc
cυγ[. . . .]ω̣ν̣. ἐξ ὧν ἔγραψαc̣, δηλ . . ν ἐcτιν
8 μ̣ . [. . . .] . ο . . . ον cαυτον τοῖc ἐνάρχοιc ἐπι-
κεχ[ωρη]κ̣έναι εἰcάγειν ἐξ ὑπολόγου μόνο(ν) (ἀρουρ-) αS/
10 ε . . [. . .]ηc ἐπιγρα̣( ) τὸ λ̣ο̣ι(πὸν) εἶδοc καταπατεῖν
. . . [. . .]ι̣c̣μοι τοῖc τοιούτ̣[ο]ιc cυνκεχω( )
12 ν̣ . . θε . .
(ἔτουc) β′ [. . .]// Μεχεὶρ ε̅. κατὰ τὴν {τ̣ην} προκ(ειμένην)
14 c̣[. . . .] ὑπερετέθη εἰc ἐπίcκ(εψιν) τοῦ κρ(ατίcτου) ἐπιτρόπ(ου)
δ̣ε̣[. . . . . .] . . μ( ) τῷ ἐνεcτῶτι β (ἔτει) ὑπὸ Ἀκυλίου
16 . [. . . . . .]υ̣ τοῦ κρ(ατίcτου) ἐπιτρόπ(ου) ἐδηλ(ώθη) ὅ̣πωc ἐπὶ τῆc
[. . . . .] . . . ( ) . . . . ν̣ηc( ) ἐν τῇ̣ π̣ρ̣ο̣κ̣( ) (ἀρ.) ιβ
18 [. . . . .] ϛ (ἔτουc) ἕωc ι (ἔτουc) ὁμ(οίωc)
ὁμ(οίωc)

20 π[ρὸc . . .] . ἀνὰ μ(έcον) ὄντο(c) διαcτή(ματοc) ἐκκεχω(ρημένη)
ὑπόλογο(c)
[. . . . .] . . δι' ἐπ(ιγραφῆc) (πρότερον) πρεcβ(υτέρων) Φανο( )
(ἄρ.?) . . αLdη̅ι̅c̅
22 [. . . . .] (ἄρ.) ια ἐ̣ν̣ δὲ (ἀρούραιc) ξ (καὶ) πρ(ὸc) (ἄρ.) . [ ] Ld/
γί(τονεc) νότῳ
[. . . . .] . . . . [. .] . ( ) ὑπόλ(ογοc) (καὶ) . [. .] . λ̣( ) [ ] . ε . [.] .
\- - - - - - - - - - - - - - - - - - - -

4 μ]ικ(ροῦ) 5 Ῥηγείνῳ

(3–18) – – – und hat im vergangenen 1. Jahr des Antoninus [– – –], des Kleinen, ausgefertigt (?).
An[t]oninus an (?) Reginus, den Königlichen Schreiber des Bub(astites), Gruß.
In hinreichender Weise (?) ist mir unten eine Sammlung der Entscheide (?) der Kaiser (?) angefügt. Aus dem, was Du geschrieben hast, ist klar, dass sie (?) zugestanden haben denen, die die Amtsgeschäfte führen, aus Hypologosland – – – einzutreiben nur im Ausmaß von 1 1/2 Aruren, – – – der Epigraphe (?) – – – das übrige Objekt (Eidos) zu inspizieren – – –

2. Jahr [– – –], 5. Mecheir. Gemäß dem/der vorliegenden – – wurde verschoben bis zu einer Inspektion durch den Procurator, vir egregius – – – im gegenwärtigen 2. Jahr wurde durch Aquilius – – – Procurator, vir egregius, dargetan, dass (?) bei der – – – in der – – –
Im 6. bis 10. Jahr ebenso. Ebenso.

(20–23) [Davon] nach [ ] mit Zwischenraum in der Mitte, zediert, Hypologos, – – – durch Zuschreibung aus vormals Presb(yteroi) von Phano( ) – – – Ar.: 1 1/2 1/4 1/8 1/16
– – – Ar.: 11 – – – aber im Areal von 60 Ar. und mehr Ar.: [ ] 1/2 1/4
Anrainer: im Süden: – – – Hypologos und – – –

2 λ̣ο̣ι̣(π) oder Τρα]ι̣(ανὸc) π̣ο̣(ταμόc)? Danach offenbar ἄcπ(οροc) (vgl. zu Kol. XXXIX 7) und vielleicht ἀν̣ε̣ι̣[λ(ημμένη).

3 Vielleicht π̣[ρο]ή(κατο).

3–4 Zur folgenden Erklärung der Stelle hat mir D. Hagedorn den Weg gewiesen. Offenbar ist hier das erste Jahr des Elagabal gemeint, denn Caracalla hatte kein erstes Jahr. Demnach wird man Z. 4 zu τοῦ [μ]εικ(ροῦ) ergänzen dürfen. Vgl. die herabsetzenden Erwähnungen Elagabals in der Planetentafel P.Oxy. XLVI 3299, 2]ἀνοcίου Ἀντωνίνου μικροῦ und in der Herrscherliste P.Oxy. XXXI 2551 Verso I 20 (BL VII 151) [Ἀντωνῖνο]c μικρόc. Damit wird Elagabal von Ἀντωνῖνοc μέγαc = Caracalla unterschieden. Vgl. auch die Datierung eines Horoskops nach β (ἔτουc) Ἀντωνείνου τοῦ κορύφ(ου) in P.Oxy. XLVI 3298, 2 und A. Łukaszewicz, Antoninus the ΚΟΡΥΦΟΣ (Note to P.Oxy. XLVI 3298.2), JJP 22, 1992, 43–46. In Z. 3 würde zur Größe der Lücke die Ergänzung Ἀντωνί[νου Ἐλαγαβ]άλου oder Ἐλεγαβ]άλου passen. Wenn diese Ergänzung korrekt ist, wäre dies der früheste Beleg dafür, dass der Name des Gottes, als dessen Priester sich der Kaiser betrachtete (CIL X 5827 *sacerdos amplissimus dei Solis Elagabali*), in spöttischer Weise auf den Kaiser übertragen worden ist. Vielleicht sollte man aber eher an eine Ergänzung zu Ἀντωνί[νου Ἡλιογαβ]άλου denken.

Denn dafür, dass die Griechen den Kaiser spöttisch Ἡλιογάβαλος nannten, gibt es zahlreiche Belege in der Historia Augusta, so z.B. in Hist. aug. Opil. Macrin. 4, 1; 7, 6 *Varius Heliogabalus*; Hist. aug. Caracalla 9, 2 *Marcus Antoninus Heliogabalus*; Hist. aug. Opil. Marcrin. 3, 4 und öfter *Heliogabalus*, und so auch durchgängig in Hist. aug. Heliog. Daneben ist Ps.Aur. Victor Epitome 23, 1 der älteste Zeuge für die Übertragung des Gottesnamen *Heliogabalus* auf den Kaiser (S.C. Zinsli, Kommentar zur Vita Heliogabali, Bonn 2014, S. 297–299 und 327). Vgl. dazu jetzt auch PIR VIII 2 (2015) Nr. 273, S. 142–143.

5 Mit Ἀν[τ]ω̣νῖνοc scheint Elagabal bezeichnet zu sein (s. oben zu Z. 3–4). Danach ist offenbar Ῥηγείνῳ gemeint. Ein Ῥ̣ηγειν[ist auch in P.Bub. I 1 V 11 (224 n.Chr.), einem Schreiben des Dioiketen Claudius Severianus, erwähnt. Vielleicht handelt es sich um dieselbe Person. Das Schreiben des Claudius Severianus betraf auch die Landverwaltung. Nach der Erwähnung von ὑπόλογοc und ἐωνημένη ἔτι τε [καὶ] ἐξωμολογημένη (Z. 7–8), liest man dort in Z. 9–11: [Κλαύδι]οc Cεουηριανὸc [cτρατηγοῖc τῶν προγεγραμμένων ν]ο̣μῶν χαίρειν. [θεοῦ C]εουήρου ὅρον δεδωκ[ότοc – – – γ]ῆν ὑπὲ[ρ] τ̣αύτηc τελεῖν [τὸν πρ]ό`τερον´ χορηγηθέντα φό̣ρ̣[ον – – –] ̣ μετελθεῖν Ῥ̣ηγειν[.

6 ἀρ̣[κούντ]ω̣c? Vielleicht Καιc̣[άρ]ω̣ν λόγοc, so aber offenbar nicht belegt.

7 Dem Platz entspräche cυγ[κρίcε]ω̣ν̣. In Z. 14 könnte dann vielleicht c[ύγκρ(ιcιν)] zu ergänzen sein. Das Wort wäre aber in einer vergleichbaren Weise nur in den Papyri ptolemäischer Zeit belegt. Danach scheint mehr als δῆλόν ἐcτιν zu stehen.

Zu dem vermuteten cυγ[κρίcε]ω̣ν̣ könnte man vor allem BGU IV 1185, 27–28 (= M.-Th. Lenger, C.Ord.Ptol., 71; Kgl. Erlass von etwa 60 v.Chr.) vergleichen: ἀκολούθωc τοῖc (l. οἷc) ἀπὸ cυγκρίcειc (l. cυγκρίcεων) καὶ ἐπὶ ἄλλα ἐπικεχωρήκαμεν, „entsprechend dem, was wir aufgrund unserer Entscheide auch bei anderem zugestanden haben“. Das Wort wird in ptolemäischer Zeit bei Steuerfestsetzungen und -überprüfungen bei Land gebraucht, so in P.Tebt. I 79, 4–6 (148 v.Chr.) ἀπὸ τῶν τεθέντων (sc. ἀρουρῶν) διὰ τοῦ [ἀπολο]γιcμοῦ τοῦ λβ (ἔτουc) ἐν οἷc δεῖν cυγκριθῆναι διὰ τὸ [ἀπολε]λύcθαι κατὰ πρόcταγμα. Vgl. auch die zahlreichen Erwähnungen von Land ἐν cυγκρίcει in P.Tebt. I.

8 Man sieht am ehesten cαυτόν, was keinen Sinn zu ergeben scheint. Vielleicht ist daher cεῖτον zu lesen oder zumindest gemeint. Davor könnte

man dann ὁ]μ̣όλ̣ο̣γον („eintreibbar“; Th. Kruse, Der Königliche Schreiber I, S. 277–79 und II, S. 701–2) erwägen.

10 Am Beginn der Zeile könnte man ἐγρ̣α̣[oder εν̣ ̣[erkennen. Vermutlich ist aber ἐγ δ̣[ὲ τ]ῆc ἐπιγρ̣α̣(γῆc) herzustellen. Anstelle von ἐπιγρ̣α̣( ) könnte man vielleicht auch ἐπιπ̣ε̣π̣( ) lesen.

Wohl nur τὸ λ̣ο̣ι(πὸν) und nicht τὸ λ̣ο̣ι(πογραφούμενον) εἶδοc. Εἶδοc muss das Steuerobjekt bezeichnen. Als Objekt zu καταπατεῖν ist also offenbar die zu inspizierende Fläche gemeint. In der Regel steht in den Papyri εἶδοc, wenn es sich auf Land bezieht, im Plural, so z.B. auch in P.Thmouis 1 Kol. 69, 11–14 in Hinblick auf Lasten, die auf einem Grundstück ruhen, das Gegenstand der Episkepsis ist: καὶ οἱ τὰ αὐτενιαυτὰ εἴδη τοῦ̣ αὐτοῦ {του} η (ἔτους) ἐπισκεψάμ(ενοι) ἔγρα(ψαν) πεφηνέναι αὐτοῖc εἶναι ἐν χέ[ρ]cῳ̣ und Kol. 109, 5–7 τοὺc ἐπισκ̣(εψαμένουc) τὰ αὐτενιαυτὰ εἴδη γεγραφ[έν]αι ἐν χέρcῳ̣ διὰ παλαίωcιν [εἶν]α̣ι (in Hinblick auf einen alten Weingarten). Vgl. zum Gebrauch von εἴδη in Hinblick auf Land die ausführliche Anmerkung in R.-L. Chang, Dossier, S. 114–15.

11 cυνκεχω( ) gelesen von D. Hagedorn. Zu verbinden wäre dann wohl τὸ λ̣ο̣ι(πὸν) εἶδοc καταπατεῖν τοῖc τοιούτ̣[ο]ιc cυνκεχω(ρη-). Der Zeilenbeginn bleibt rätselhaft. Ist ε̣ι̣τ̣ρ̣[oder ε̣ι̣π̣[zu lesen?

12 ν̣ ̣ ̣θε ̣ ̣

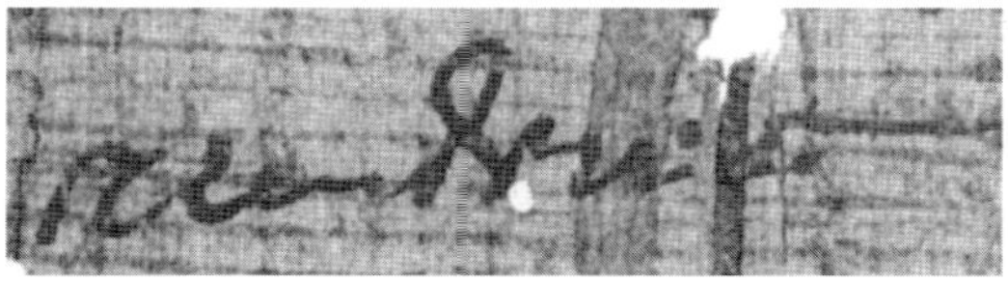

Man könnte vielleicht erwägen, Ν̣κ̣ῴθεωc zu lesen. Ν̣κ̣ῶθιc könnte dann ein bisher unbelegter Ortsname sein. Stattdessen erwägt D. Hagedorn die Lesung προcθεcμ(ίαν) mit falschem Sigma anstelle von προθεcμ(ίαν), was gelegentlich belegt ist (z.B. in P.Sarap. 90, 11).

13–14 Zu κατὰ τὴν προκ(ειμένην) könnte das vermutete übergeschriebene προ{c}θεcμ(ίαν) gehören. Alternativ ließe sich erwägen, dass zu κατὰ τὴν προκ(ειμένην) das Wort gehört, das am Beginn der Zeile 14 zu ergänzen ist, in diesem Fall vielleicht c̣[ύγκρ(ιcιν)] (vgl. oben zu Z. 7).

14 Die Lesung ὑπερετέθη verdanke ich D. Hagedorn, der in diesem Zusammenhang auch auf P.Amh. II 63, 8 verweist, wo anstelle von οὐδ᾽ εἰcὶν ἀπὸ καθαρᾶc γῆc cπορίμηc οὐδὲ τῶν ὑπερτεθέντων εἰc̣ [̣]ν̣ι̣ ̣ ̣[̣ ̣] vielleicht auch εἰc̣ [ἐ]π̣ί̣[cκεψιν hergestellt werden darf.

14–15 Man könnte τοῦ κρ(ατίςτου) ἐπιτρόπ(ου) | [τῶν ἐπιςκέψεων] erwarten; das lässt sich aber am Beginn der Z. 15 nicht lesen.

15 Wohl Ἀκυλίου (vgl. das Ypsilon des ersten Λουκίου in Kol. XLVIII 5) und nicht Ἀκηλίου. Gemeint ist jedenfalls Aquilius.

17 π̣ρ̣ο̣κ̣(ηρύξει)? D. Hagedorn. Etwa ὅπ̣ωc ἐπὶ τῆc | – – – φ̣α̣ν̣ή̣c(εται) ἐν τῇ π̣ρ̣ο̣κ̣(ηρύξει) (ἀρουρῶν) ιβ ?

20 Anstelle von ἐκκεχω(ρημένη) ὑπόλογο(c) wäre vielleicht nach Kol. XLVIII 3.15 und XLIX 3 eher ἐκκεχω(ρημένον) ὑπόλογο(ν) zu schreiben.

21 Wahrscheinlich [ἐξ ὧν ἐμιc]θ̣(ώθη) κ̣α̣ὶ̣ δι᾽ ἐπ(ιγραφῆc). — (πρότερον) πρεcβ(υτέρων) Φανο( ) auch in Kol. XXIX 10, XL 15, L 6.16, LI 2, vgl. auch Kol. XLV 1.

22 (ἀρ.) ξ (καὶ) ρ) auch in Kol. L 7.16 und vielleicht auch in Kol. XLIII 13; ρ) wird zu πρ(όc) aufzulösen sein. An allen Stellen folgt ein zweiter Arurenbetrag, der geringer als 60 Aruren ist, so sicherlich auch hier, wo man nach (καὶ) ρ) noch den oberen Teil eines Arurenzeichens erkennen kann.

Kol. XLVIII

\- -

] . . . ιϛλβ γί(τονες) ἐκ δ ἀ̣ν̣[έμ(ων)] ϛ (ἔτους) ἕ[ω]ϲ ι [ἔτους) [

2 [ὁμ(οίωϲ)]

πρὸϲ λίβ(α) (τούτων) [ἀ]νὰ μ(έϲον) ὄντο(ϲ) ἐκκεχω(ρημένου) ὑπ̣[ολ(ό-
γου) τῶ]ν (πρότερον) ὑπολ(όγων) (ἀρουρῶν) γ

4 αἱ ο(ὖϲαι) ἐν μ̣[ιϲ]θ̣(ώϲει) (καὶ) δι' ἐπ(ιγραφῆϲ) ὀνόμ(ατοϲ)
Μιύϲι(οϲ) Ἀρχήβ̣ιο(ϲ) Ἁρμάιο̣(ϲ) ἀν(ὰ) α S/

5 (ἄρ.) ιδ̣ . [ ] γ̣ί̣(τονεϲ) ν[ό]τῳ Λο̣υκίου Λο̣υ̣κίου Π̣ρίμου βορρ(ᾶ̣)
Τα̣φ . [

6 γητο(ϲ) Π̣[αν]τβ(ωοῦτοϲ) λιβὶ χῶ(μα) Τραι(ανὸϲ) πο(ταμὸϲ) (καὶ)
ἄλ(λων) ϛ (ἔτουϲ) ἕ[ω]ϲ ι (ἔτουϲ) ὁμ(οίωϲ)

7 ὁμ(οίωϲ)

8 πρὸϲ βορ[ρ(ᾶν)] ἐκκεχω(ρημέναι) ὑπὸ τῶν περὶ Μάρκ[ελ]λον ὑπὸ
Λάγου (*sic*) (ἄρ.) γdι[ϛ

9 ἐξ ὧν [ἐμιϲθ(ώθη)] ὑ̣πὸ Ψόιτο(ϲ) Ἰϲιδώ(ρου) ἀπὸ (ἀρ.) βLdξ̅δ̅ρ̅κ̅η̅ ἀν(ὰ)
S/ (ἄρ.) αL̅ι̅ϛ̅ρ̅κ̅η̅ [ ]

10 (καὶ) ὑπὸ . [. . . .] . Ἁρμάιο(ϲ) τοῦ κ(αὶ) Κουκ̅ Πετενεφώ(του)
Ϲαραπ(ίωνοϲ) ἀν(ὰ) ϛ[

11 (ἀρ.) Ld[. . . . .] . (πρότερον) Ἰϲιδώ(ρου) ἐπ(ικαλουμένου) Φαήϲι(οϲ)
ἀπὸ (ἀρ.) αL̅ι̅ϛ̅ξ̅δ̅ρ̅κ̅η̅ ἀν(ὰ) S/ (ἄρ.) α̣[ ]

12 γί(τονεϲ) ν[ότῳ Πα]ντβ(ωοῦτοϲ) Πετοϲί(ριοϲ) ἐκκεχω(ρημένη) βορρ(ᾶ̣)
(πρότερον) Ἀτίλιοϲ λιβὶ̣ [ ] . ι( )

13 ϛ (ἔτουϲ) ἕωϲ ι (ἔτουϲ) ὁμ(οίωϲ)

14 ὁμ(οίωϲ)

15 πρὸ[ϲ] ἀ̣ν̣ὰ̣ μ̣(έϲον) ὄντο(ϲ) ἐκκεχω(ρημένου) ὑπολ(όγου) τῶν
(πρότερον) Μ̣ . [

16 . [ ]θ̣ αἱ ο(ὖϲαι) δι' ἐπ(ιγραφῆϲ) ὀνόμ(ατοϲ) Μιύϲι(οϲ)
Ἀρχήβ̣ιο(ϲ) Ἁρμ̣ά̣ιοϲ

17 . [ ] . (ἄρ.) ιζLη) . . . . γί(τονεϲ) ἐκ (τριῶν) ἀνέμ(ων) ὀρινοῦ
τό̣[πο]υ̣

18 [ ] Π̣ανιχώθ(εωϲ)

19 [ ] *vacat* Παθρήο(υϲ) ϛ (ἔτουϲ) ἕωϲ ι (ἔτουϲ) ὁμ(οίωϲ)

20 [ ] *vacat*

21 π̣ρὸϲ ν[ότ(ον) (ὧν) ἀνὰ] μ̣(έϲον) ὄν[το(ϲ)] διαϲτή(ματοϲ)

Λογ'[γ . . . . .] . . κ̣ιου Πρίϲκου̣[

22 [ ] *Reste*

– –

(3–7) Davon nach Westen, wo sich in der Mitte das zedierte Hypologosland der ehemals drei Aruren Hypologos befindet:

in Pacht auch durch Zuschreibung unter dem Onoma d. Miysis,

S. d. Archebis, E. d. Harmais, zu 1 1/2, Ar.: 14 [ ]

Anrainer: im Süden: Lucius Lucius (?) Primus; im Norden: Taph-, [im Osten:] – – – des P[an]tb(oous), im Westen: Damm, Tajanskanal und von anderem.

Im 6. bis 10. Jahr ebenso. Ebenso.

(8–14) Nach Norden [ ] zediert von den Leuten um Marcellus:

von Lagos (*sic*) Ar.: 3 1/4 1/16 [ ]

Daraus [gepachtet] von Psois, S. d. Isido(ros), aus Ar.: 2 1/2 1/4 1/64 1/128

zu 1/2, Ar.: 1 1/2 1/16 1/128

und von – – – , S. d. Harmais alias Kouk( ), <und> Petenepho(tes), S. d. Sarap(ion)

zu 1/6 [ ], Ar.: 1/2 1/4 [ ]

vormals Isido(ros), auch Phaesis genannt, aus Ar.: 1 1/2 1/16 1/64 1/128

zu 1/2, Ar.: 1 [ ].

Anrainer: im Süden: Pantb(oous), S. d. Petosi(ris), zediertes Land, im Norden: vormals Atilios, im Westen: – – –

Im 6. bis 10. Jahr ebenso. Ebenso.

(15–19) Davon nach [ ] in der Mitte zediert, Hypologos von den vormals – – –

Ar.:]9

durch Zuschreibung unter dem Onoma Miysi(s), S. d.Archebis, E. d. Harmais

[zu], Ar.: 17 1/2 1/8 ...

Anrainer: in drei Himmelsrichtungen: Felsland; [– – –] Panichoth(is).

(*Nachtrag*) [ ] Pathrês.

Im 6. bis 10. Jahr ebenso. [Ebenso.]

3 Zur Ergänzung vgl. unten Z. 15 und Kol. XLIX 3.

4 Miysis auch unten in Z. 16, vgl. ferner Kol. XLI 18 Anm. und Kol. L 9.

5 Λο̣υκίου Λο̣υ̣κίου Π̣ρίμου ist sonderbar. An zweiter Stelle erwartet man das Gentiliz. Der Schreiber scheint sich verschrieben zu haben.

5–6 In der Lücke nach Τα̣φ .[erwartet man ἀπ(ηλιώτη̣). Man wird also Τα̣φ .[nicht mit dem Beginn der nächsten Zeile zu Τα̣φα̣|γῆτο(c) verbinden dürfen, was eine bislang unbelegte Erweiterung des Namen Φαγῆc ergäbe. In Kol. XXXI 18 ist eine Ταφαῆcιc belegt.

8 ὑπὸ Λάγου verschrieben anstelle von ὑπολόγου? Vgl. unten Z. 15, Kol. XLIX 3 und wohl auch XLVIII 3.

9 Ψόιτο(c) Ἰcιδώ(ρου) auch in Kol. XXX 18 und XXXIV 13.

10 Ἁρμάιο(c) τοῦ κ(αὶ) Κουκ̄: auch in Kol. XXVII 2 und XLIII 20.

Wohl Πετενεφώ(τηc), ein in Oberägypten gut bezeugter Name. Dieselbe Person vielleicht in Kol. XXXIV 14, wo man jedoch eher Πετενωφ( ) liest. In beiden Fällen handelt es sich um den Sohn eines Cαραπ(ίων). Der Name Πετενεφώτηc (Gen. Πετενεφώτου) auch in einer anderen unveröffentlichten Rolle aus dem Bubastites (Hinweis von J. Frösén).

11 Isidoros alias Phaesis vielleicht auch in Kol. XLII 3.

12 [Πα]ντβ( ) Πετοcί(ριοc) ergänzt nach Kol. XXXIX 17. — In den Papyri aus dem Delta ist der Name Ἀτίλιοc in P.Ryl. II 220 (s. Einleitung) belegt.

15 Vielleicht τῶν (πρότερον) Μα̣[ρκέλλου.

18 Offenbar Πανιχωθ( ):

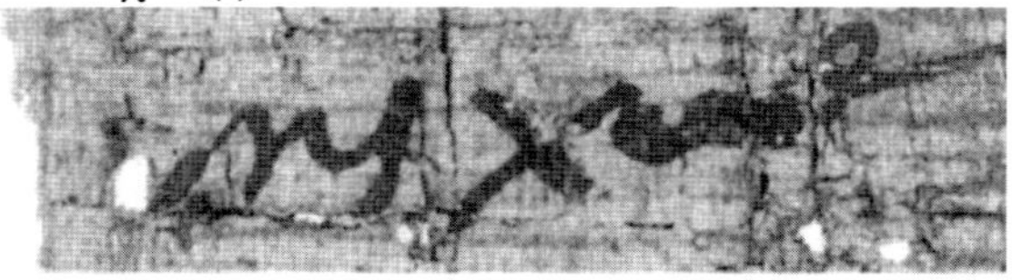

Gelesen nach Kol. XLIX 5:

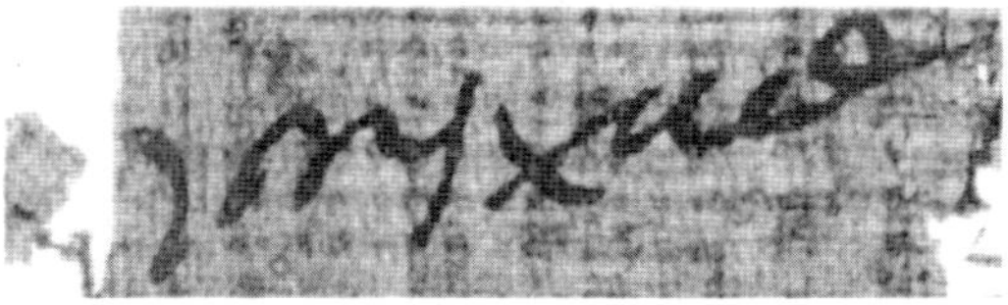

Der Name Πανιχῶθιc findet sich in P.Ryl. II 220, S. 362 (Thmouis).

19 Belege für den Namen Παθρῆc aus dem Delta sind SB XXIV 16085, 19.51 und SPP XVII p. 13ff., 167.310.312.315. In der Rolle sonst Παα θρῆc.

21 Λογ’[γ- D. Hagedorn. Danach wieder Λου]κ̣ίου Πρίcκου wie in Kol. XLIII 9?

Kol. XLIX

– –

]λ̣ιβὶ [ ].[ ]. . .[

2 ὁμ(οίωc)

3 [πρὸc] βορρ(ᾶν) (καὶ) ἀπ(ηλιώτην) (τούτων) ἀν̣ὰ̣ μ(έcον) ὄντο̣c̣ [ἐ]κ̣κε-
χω(ρημένου) ὑπ̣ο̣λ(όγου) τ̣ῶ̣[ν]

4 [περ]ὶ Μάρκε̣λλον (ἄρ.) αδ̣ξδ ἀcπ(ορ) ὀν[ό]μ(ατοc) Ἀρχίβι(οc)
Ἁρμά̣ϊ̣(οc) [ ]

5 [ ] S/ ὀρινοῦ τόπ(ου) λιβὶ κληρο( ) Π̣αν̣ιχώθ(εωc) π.ρ. .[ ]

6 [ ] ὁμ(οίωc)

7 [λιβὸc] ἐχό̣μ(ενον) ἀνὰ μ(έcον) ὄντο(c) διαcτή(ματοc) Λουκίου Φ̣ιβίου

8 [. .].κου (ἄρ.) ζS/ ἄλ(λη) (ἄρ.) αS/ (γίν.) (ἄρ.) θ [ἐ]ξ̣ ὧν ἐμιcθ(ώθη-
cαν) δι' ἐπ(ιγραφῆc)

9 [ὀνό]μ(ατοc) Διοc̣κό(ρου) τοῦ κ(αὶ) Ἀρχ̣ι̣β(ίου) κα (ἔτει) εἰc (ἔτη) ε
ἀν(ὰ) γ// (ἄρ.) δ̣

10 [καὶ] Διοcκό(ρου) Διδύμ(ου) Ἰcᾶτοc̣ ἀπὸ Νεικίου ιζ (ἔτει) εἰ[c]
(ἔτη) ε

11 [ἀν(ὰ) .]// (ἄρ.) . S/ (καὶ) (πρότερον) Αἰλουρίων(οc) τοῦ κ(αὶ)
Λεων̣ίδου

12 [ἀπὸ C]κηνῶν ιθ (ἔτει) εἰc (ἔτη) ε ἀν(ὰ) η) (ἄρ.) αS/ ἥ̣πε̣ρ π̣ρ̣ὸ̣c
μ(έροc)

13 [ἐλογ]ί̣[c]θ(η) κατὰ τὴν διάταξ(ιν). γί(τονεc) νότῳ̣ Ὥρου Φαcι.[

14 [ ].ο̣ ἐκκεχω̣ρη(μένη) λιβὶ Τρ̣[α]ι̣(ανὸc) πο(ταμὸc)
ἀπ(ηλιώτη) ἢ ἐπ(άνω)

15 ὁμ(οίωc)

16 [πρὸc βο]ρρ(ᾶν) (καὶ) ἀ̣π(ηλιώτην) (τούτων) ἀνὰ μ(έcον) ὄντ[ο(c)]
ὀλίγου διαcτή(ματοc)

17 [ ].( ) (πρότερον) Οὐαλερίου Φλάκκου ἐν (ἀρ.) νς (ἄρ.) ε

18 [ ].τω( ) μ̣[.].[.].S ὑπὸ Δείου Λεπτείνου (καὶ) Cα̣ρ̣απ̣( )

19 [ ]. .[ο]υ ἀν(ὰ) γ (ἄρ.) βS/ (καὶ) τῷ κβ (ἔτει) ὑπὸ μὲν

20 [ ]. . . .[ ].ου ἀν(ὰ) S/ (ἄρ.) .[ ]// ὑπὸ δὲ Φαήcιοc

21 [ ] *Reste*

– –

(3–6) Davon nach Nordosten, in der Mitte die zedierte Hypologos derer um Marcellus
Ar. 1 1/4 1/64, unbesät
unter dem Onoma d. Archibis, S. d. Harmais [ ] [zu] 1/2
< Anrainer: > Felsland, im Westen: Kleros des Panichoth(is) – – –
Ebenso.

(7–15) [Im Westen] angrenzend, mit Zwischenraum in der Mitte, (Land) des Lucius
Phibius ? [Pri]scus, Ar: 7 1/2, anderes Ar.: 1 1/2, Summe: Ar.: 9
Daraus wurde gepachtet durch Zuschreibung unter dem Onoma Diosko(ros)
alias Archib(ios), im 21. Jahr für fünf Jahre, zu 1/3 Ar.: 4
[und] Diosko(ros), S. d. Didymos, E. d. Isâs aus Neikiou, im 17. Jahr
für fünf Jahre, [zu], Ar.: [ ] 1/2
und vormals Ailourion alias Leonides [aus S]kenai, im 19. Jahr
für fünf Jahre, zu 1/8, Ar.: 1 1/2,
was anteilig [berechnet wurde] nach der Diataxis.
Anrainer: im Süden: Horos, S. Phasi-, – – –, zediertes Land, im Westen: Trajanskanal, im Osten: die oben genannte (Parzelle).
Ebenso.

(16–21) Davon [nach] Nordosten, in der Mitte ein geringer Zwischenraum, [ ] vormals
(Land) des Valerius Flaccus innerhalb von 56 Aruren Ar.: 5.
– – – (gepachtet) von Deios, S. d. Lepteines, und Sarap(ion), [– – –] zu 3 Ar.: 2 1/2
und im 22. Jahr einerseits von – – – zu 1/2 Ar.: [ ]
andererseits von Phaesis, – – –

3 ἀ̣ν̣ᾰ̣ μ(έϲον) ὄντο̣ϲ̣ [ἐ]κ̣κεχω(ρημένου) ὑπ̣ο̣λ(όγου): vgl. Kol. XLVIII 3. 15.

3–4 Zediertes Land der περὶ Μάρκελλον wie in Kol. XLV 6, XLVIII 8, L 14.

4 Ἀρχῖβιϲ Ἁρμά̣ι̣(οϲ) auch in Kol. XLVIII 4.16.

5 Zur Lesung Π̣αν̣ιχῶθ(εωϲ) s. zu Kol. XLVIII 18. — κλῆρο(ϲ) oder κληρο(υχική)?

7 [λιβὸϲ] ἐχό̣μ(ενον) wegen Z. 14 ἀπ(ηλιώτῃ) ἡ ἐπ(άνω).

7–8 Λουκίου Φιβίου | [Πρί]ϲ̣κου? Vgl. Kol. XLIII 9 und XLVIII 21. Φιβίου ist sonderbar. Das Phi ist eigentümlich geschrieben und *Fibius* ist kein römischer Name. An dieser Stelle erwartet man das Gentiliz. Ist Φιβίου verschrieben aus Λιβίου (erwogen von D. Hagedorn)?

8–13 Das Land ist durch Epigraphe verpachtet. Bei solchem Land steht in der Regel keine Befristung. Hier ist aber in allen drei Fällen eine Befristung auf fünf Jahre angegeben. Siehe zu Kol. XLII 8–13.

9 Ἀρχ̣ιβ(ίου) gelesen von D. Hagedorn.

10 Διόϲκο(ροϲ) Διδύμ(ου) auch in Kol. XXXV 14, XLIV 8 und wohl auch in XLIII 14. Nach Iϲατο eine geschwungene Linie, die unter die Zeile reicht. Gemeint ist sicherlich Ἰϲᾶτοϲ. Zu Νεικίου, das im südwestlichen Teil des Delta lag, zuletzt Daris, Diz. Suppl. 5, S. 67.

12 [ἀπὸ C]κηνῶν D. Hagedorn. Zu den verschiedenen Cκηναί, die in den Papyri belegt sind, Daris, Diz. IV, S. 289–291 und Suppl. 4, S. 120. — πρὸϲ μ(έροϲ), „anteilmäßig“, ebenso in Kol. XXXIII 9 und XLIII 21.

13 Ergänzt nach Kol. XXXIII 7.9 und XLIII 21. Lesen ließe sich Φαϲιω̣[, was unbelegt wäre. Vielleicht daher eher Φάϲιο̣ϲ̣[. Der Genetiv von Φάϲιϲ ist aber sonst immer Φάϲιτοϲ.

14 Vielleicht ἀπ̣ὸ ἐκκεχω(ρημένηϲ). — Zu ἡ ἐπ(άνω) (sc. ϲφραγίϲ), „die oben genannte Parzelle“, s. zu Kol. XIII 8.

17 Οὐαλερίου Φλάκκου auch in Kol. L 1.5.20.

19 (καὶ) τῷ̣ κβ (ἔτει) ὑπὸ μέν gelesen von D. Hagedorn.

Kol. L

Auf dem Photo sieht man links einen Papyrusstreifen mit Resten einiger Zeilenanfänge, die dem Text nicht zugeordnet werden konnten. Er wurde deshalb in der Transkription nicht berücksichtigt.

– – – – – – – – – – – – – – – – – – – –

[Ο]ὐ̣αλερίου Φλάκκ(ου) [ ] . . [
2 [εἰ]ϲ (ἔτη) ε ἀν(ὰ) α γί(τονεϲ) νότῳ̣ . [.] . . . (καὶ) ἐκ (τριῶν) ἀ̣ν̣έ̣μ(ων) [
3 [. . .]λ( ) ἐν μιϲθ(ώϲει) (καὶ) ἄλ(λων) ϛ (ἔτουϲ) ἕωϲ ι (ἔτουϲ) ὁμ(οίωϲ)
4 ὁμ(οίωϲ)

5 [ ] . ( ) ὑπόλ(ογοι) ἐκκ̣[ε]χω(ρημέναι) ὑπὸ Οὐ̣[αλερ]ίου Φλ̣ά̣[κκο]υ
6 [(ἄρ.)]αηιϲ . [.] ἐν μ̣ι̣[ϲ]θ̣(ώϲει) κ̣α̣ὶ̣ δι' ἐπ(ιγραφῆϲ) [ ] . . . . . . πρ̣ε̣ϲ̣β̣(υτέρων) Φ̣α̣ν̣[ο( )
7 [ ] (ἀρ.) ξ (καὶ) πρ(ὸϲ) (ἄρ.) βLdιϛ̣ξδ [ ] ϛ̣ (ἔτουϲ) ἕωϲ ι (ἔτουϲ) ὁμ(οίωϲ)
8 ὁμ(οίωϲ)

9 [ὀ]ν̣ό̣μ(ατοϲ) Μ̣ιύϲ(ιοϲ) Ἀρχήβιο(ϲ) Ῥορωοῦτο(ϲ) ἀν(ὰ) S/ (ἄρ.) δ (καὶ) ὀν̣[ό]μ(ατοϲ) . .
10 [ ] Ἰϲιδώ(ρου) ἀν(ὰ) S/ (ἀρ.) S/ γί(τονεϲ) . . . [ ] ἐ̣ν ἐκφο(ρίῳ̣) βορρ(ᾶ̣) [ ] . . [
11 [ ] . . . ( ) λιβὶ Τραι(ανὸϲ) π(οταμὸϲ) ἀνὰ μ(έϲον) . . . . Α[.]ου[
12 [Οὐ]αλερίου Φλάκκ[ου] *Tintenreste* ὁμ(οίωϲ)

14 [πρὸϲ β]ορρ(ᾶν) (τούτων) ἀν(ὰ) μ(έϲον) ὄντο(ϲ) δ[ι]αϲ[τ]ή(ματοϲ) ἐκκεχω(ρημέναι) ὑπὸ τ[ῶν]
15 [περὶ] Μ̣ά̣ρ̣κ̣ε̣λλ̣ο̣ν (ἄρ.) κγLηλβ ἄλ(ληϲ) ὑπολ(όγου) (ἀρ.) S/ (γίν.) (ἄρ.) κδ̣[
16 [. . . .] . . . ( ) πρεϲβ(υτέρων) Φανο( ) (ἀρ.) ξ (καὶ) πρ(ὸϲ) (ἄρ.) ιϛ̣λβ [
17 [. . . .] . ο̣τω θ[ ] . [.] . . . . π( ) κηπουροῦ Θουώνϲιοϲ [
18 [. . . .] . . [ ] Τιθοηο(ῦτοϲ) εἰϲ (ἔτη) ε ἀν(ὰ) γ ἐν (ἄρ.) ζ (ἄρ.) . . [

19 [. . . .]ατο( ) εἰϲ (ἔτη) ε ἀν(ὰ) γ// (ἄρ.) αS/ γί(τονεϲ) νότῳ χῶ(μα) [
20 [. . . .]ν β̣ο̣ρρ(ᾶ̣) ϲυνορί(α) Τῷ̣(εωϲ?) λιβὶ̣ [ ]χ̣ω̄ Τραι(ανὸϲ)
π̣(οταμὸϲ) [ ] ̣
21 [ ] ϛ (ἔτουϲ) ἕωϲ ι (ἔτουϲ) ὁμ(οίωϲ)
22] ̣ ̣[

– –

(1–4) – – – des Valerius Flaccus [(gepachtet) von – – – – – – im Jahr x]
für fünf Jahre zu 1
Anrainer: im Süden: – – –, und in drei Himmelsrichtungen: – – – – in Pacht und von anderem.
Im 6. bis 10. Jahr ebenso. Ebenso.

(5–8) [ ] Hypologos, zediert von Valerius Flaccus [Ar.:] [.]1 1/8 1/16 [ ],
in Pacht auch durch Zuschreibung – – – Presb(yteroi) von
Phano( ) [– – –] von 60 Aruren und mehr Ar: 2 1/2 1/4 1/16 1/64.
Im 6. bis 10. Jahr ebenso. Ebenso.

(9–13) [– – –] unter dem Onoma d. Miys(is), S. d. Archebis, E. d. Rhorooûs, zu 1/2, Ar.: 4
und unter dem Onoma des – – –, S. d. Isido(ros) zu 1/2, Ar.: 1/2
Anrainer: im Süden – – – Ekphorionland, im Norden: – – –, im Westen: Traianskanal, in der Mitte – – – des Valerius Flaccus.
[Im 6. bis 10. Jahr ebenso.] Ebenso.

(14–21) Davon [nach] Norden, mit Zwischenraum in der Mitte zediert von den Personen
um Marcellus Ar.: 23 1/2 1/8 1/32, anderes: Hypologos Ar.: 1/2,
Summe: Ar.: 24 [1/8 1/32]
[Daraus] – – – Presb(yteroi) von Phano( ) von 60 Ar. und mehr Ar.: 10 1/16 1/32 [ ]
– – – – – –, Gärtner des Thouonsis [– – –]
[– – Besarion?, S. d.] Tothoeo(us), für fünf Jahre zu 3, in 7 Ar. Ar.: . .
– – –, S. d. – – –, für fünf Jahre zu 1/3, Ar.: 1 1/2.
Anrainer: im Süden: Damm, – – , im Norden: Gemarkung von Tois?, im Westen [ ]cho( ), Trajanskanal.
Im 6. bis 10. Jahr ebenso. [Ebenso.]

1 [O]ὐ̣αλερίου Φλάκκ(ου) auch in Kol. XLIX 17 und unten in Z. 5 und 12.

3 Wahrscheinlich [ὑπό]λ(ογος) ἐν μιcθ(ώcει) wie in Kol. LI 20.

6 Nach ἐν μ̣ι̣[c]θ̣(ώcει) κ̣α̣ὶ δι' ἐπ(ιγραφῆc) erwartet man ὀνόμ(ατος), was sich aber nicht nachvollziehen lässt. Danach wohl πρ̣ε̣c̣β̣(υτέρων) Φ̣α̣ν̣[ο( ), gelesen von D. Hagedorn, worauf (ἀρ.) ξ (καὶ) πρ(όc) in der nächsten Zeile zu weisen scheint. Vgl. auch unten zu Z. 16.

7 (ἀρ.) ξ (καὶ) πρ(όc), auch unten in Z. 16, vgl. zu Kol. XLVII 22.

9 Μ̣ιῦc(ιc) Ἀρχήβιο(c) auch in Kol. XLVIII 4.16, vielleicht auch in Kol. XLI 18. — Ῥορωοῦc wäre, wenn richtig gelesen, ein unbelegter Name. Darf man Ἀροβρωοῦc vergleichen? Oder liegt hier eine Verschreibung für das in der Rolle häufige Ἁρωοῦτο(c) vor?

11 Am Beginn] Π̣α̣θ̣̄ oder anstelle von α̣θ̣̄ ein My? Nach ἀνὰ μ(έcον) [ist ein kleines Fragment plaziert, das nicht hierher zu gehören scheint. Auf ihm ist vielleicht zu sehen:] .( ) θ (ἄρ.) . . [. — Am Ende der Zeile wäre Ἀ[ν]οῦ[φιc (s. zu Kol. LI 18) eine Möglichkeit.

12 Land des Valerius Flaccus auch oben in Z. 5 und in Kol. XLIX 17, wo der Name mit dem Zusatz (πρότερον) steht. Vielleicht muss man das auch hier ergänzen.

16 πρεcβ(υτέρων) Φανο( ) wohl schon oben in Z. 6, ebenso in Kol. XXIX 10, XL 15, XLVII 21, LI 2; vgl. auch XLV 1.

17 Zu Θουώνcιοc vgl. Kol. XXVIII 18 [Cεν]θουών̣cιοc und Ψονθουῶνcιc in Stud.Pal. XXII 33, 1.17 (1./3. Jh. n.Chr.). Gut belegt ist die Schreibung Θουῶνιc, belegt ist auch Θοωνᾶc, Θοῶνιc, Cενθῶνιc (PSI XIII 1331, 1.35; 3. Jh. n.Chr.).

18 Am Beginn vielleicht [Βηcαρί]ω̣ν̣[ο(c)] nach Kol. XXXII 11 und XXXVII 5.

20 cυνορί(α) Τώ̣(εωc) vermutet auf Grund von Kol. LI 19:

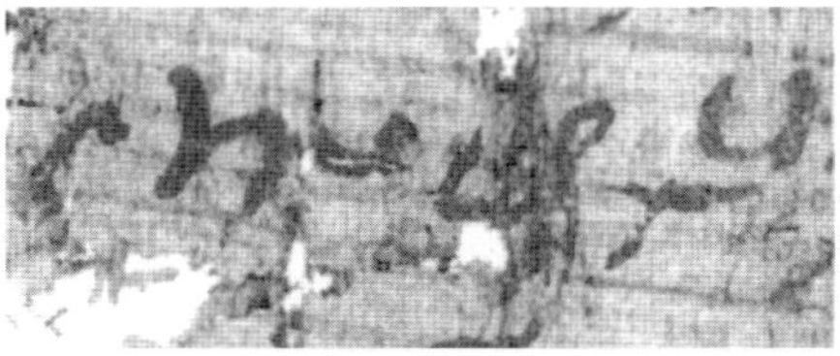

Danach λιβὶ̣ [ἐκκε]χῶ̄? Nach Τραι(ανὸc) π̣ο̣(ταμόc) ein Fragment, das auf dem Papyrus aufliegt und nicht hierher gehört.

21–22 Das Ende dieser beiden Zielen ist von einem Fragment mit Resten dreier Zeilen verdeckt, auf dem in der ersten Zeilen vermutlich ανα]μ̄ [oder ονο]μ̄ [zu lesen ist und darunter] γί(τονεc) ν[ότῳ.

Kol. LI

Kleine Fragmente am rechten Rand, die auf dem Photo zu sehen, aber nicht sicher zu plazieren sind, blieben unberücksichtigt.

\- - - - - - - - - - - - - - - - - - - -

1] . . . [ ]. (ἄρ.) ε[ ] ̣ ὀνόμ(ατος) ̣[ ] ἐν
(ἄρ.) ξ (ἄρ.) [
2] (καὶ) ὀν[ό]μ(ατος) Λεω[νί]δο̣(υ) Ψοσναῦτος (πρότερον)
π[ρεσ]β(υτέρων) Φανο( ) ̣[
3] (ἄρ.) αS/ κ̣[α]ὶ̣ ὀνό̣[μ(ατος)] Ὀννώ̣φ̣(ριος) μη̣(τρὸς)
Ϲ̣αραπ(ιάδος) ἀν(ὰ) κδ// (ἄρ.) [
4] Ϲερήνου ̣[̣ ̣] ̣τ̣α̣ ἀν(ὰ) γ// (ἄρ.) β (καὶ) ὑπὸ Κεφαλ( ) [
5]πρὸς α( ) α ̣ ̣ ̣ ̣ (ἄρ.) κ (γίν.?) αη) καὶ ὑπὸ [
6 Ἁ]ρμ̣άιο(ς) Ἁρμιύς̣ιος εS πρὸς α( ) (ἄρ.) ̣ ̣ ̣ ̣[
7](καὶ) ὑπὸ Λε̣ω̣ν̣ίδ(ου) Ν̣ισθ (ἄρ.) β (πυροῦ) (ἀρτ.) σι( )
(ἀρτ.) α ̣ [
8]α̣σα α[] μισθ( ) ια (ἔτει) εἰς (ἔτη) ε ἄλ(λης) (ἀρ.) η) (ἄρ.) ς̣[
9]σβ̣( ) (καὶ) Ϲερήνου Ε̣ὐδαίμ(ονος) (πρότερον)
πρεσβ(υτέρων) Α ̣ ̣[
10] γ[ί(τονες)] ἐ̣κ (τριῶν) ἀν̣έ̣[μ(ων)] ὑπόλ(ογος) ἀπηλ(ιώτη̣)
ὀ̣ρινοὶ τόπ(οι) ̣[
11 ὁμ(οίως)

12 [πρὸς] ̣ (τούτων) ἀνὰ μ(έσον) ὄντο(ς) διαστ̣ή(ματος) πρὸς
βορρ(ᾶν) [
13 [ ] ̣( ) καὶ χῶ(μα) Τ̣ω̣ ̣ ̣ ̣( ) ἀπα̣ ̣[ ] *Spuren*
14 [ ] ̣μούνιο(ς) Ἀρχιβίου λεγ[ο]μ̅ (?) Ἀρσιν(όου) [̣ ̣ ̣] ̣ ̣ ̣ [
15 [ ] ̣χω̣( ) (ἄρ.) εd/ ἀπὸ (ἄρ.) κβ̣Ldηιςλβξ[δ]ρκη ̣ ̣ ̣[
16 [ ] (ἄρ.) ζd/ ἐπὶ δὲ κοι(νωνία̣) (ἄρ.) ιLη) (ἄρ.) ̣ Ldη) [
17 [ ] ̣ις̣λβ̣ρ̣κ̣η̣ ὧν

18 [ ] ̣ὑπόλ̣(ογος) πρὸς νότ(ον) (καὶ) λίβα Τραι(ανὸς)
πο(ταμὸς) Α̣ ̣ουφ( ) ̣ [
19 [ ]ν[ό]τ̣(ῳ̣) (καὶ) ἀ̣π̣(ηλιώτη̣) Ταψαχῶ(ν) βορρ̣(ᾶ̣) συνορί(α)
Τώεω[ς
20 [ ] ἄλ(λων) (καὶ) ὑπόλ(ογος) ἐν μισθ(ώσει) (καὶ)

Μυρ̣τίλ(ου) [

21 [ ] . . ὁμ(οίως)

22 [ ]π̣( ) χ[ ] . τρ . . . . ( ) ἐ̣ξ ἀπηλ(ιώτου) [(ἄρ.)] μζδ̄ις̄ [

23 [ ] Τ̣αψαχῶ[(ν) β]ορρ(ᾶ̣) cι(τικὴ̣?) . . . [ ] . . . . . [

24 [ ]ζ . . [

– –

(1–11) – – – Ar.: 5 [ ],

unter dem Onoma des [NN] in 60 Aruren Ar.: [ ]

unter dem Onoma d. Leonides, S. d. Psosnaus, vormals Presb(yteroi)

von Phano( ) – – – [zu], Ar.: 1 1/2

und unter dem Onoma d. Onnoph(ris), S. der Sarap(ias) zu 1/24, Ar.: [ ]

[und unter dem Onoma (?)] d. Serenos, S. d. – – – zu 1/3, Ar.: 2

und von Kephal( ), S. d. – – – – – –

– – – (aus ?) Ar.: 20 Ar.: 1 1/8

und von – – – – – – Harmais, S. d. Harmais, 5 1/2, – – – Ar.: – – –

– – –

und von Leonides, S. d. Nisth, Ar.: 2, Art., in Weizen – – – Art.: 1 [ ]

– – – – – – gepachtet im 11. Jahr für fünf Jahre 1/8 einer anderen Arure (?), Ar.: 6 [ ]

[– – –]sb( ) und Serenos, S. d. Eudaimon, vormals Presb(yteroi) von A- – – – .

Anrainer: in drei Himmelsrichtungen: Hypologos, im Osten: Felsland.

[Im 6. bis 10. Jahr ebenso.] Ebenso.

(12–21) Davon [nach] mit Zwischenraum in der Mitte, gegen Norden – – – und Damm,

– – – – – –

– – –]mounis, S. d. Archibios, genannt (?) Arsin(oos) – – – [– – –] – – –

Ar.: 5 1/4 aus Ar.: 22 1/2 1/4 1/8 1/16 1/32 1/64 1/128

– – – – – – Ar.: 7 1/4

gemeinsam Ar.: 10 1/2 1/8, Ar.: [ ] 1/2 1/4 1/8

– – – – – – [ ] 1/16 1/32 1/128.

Davon

[– – –] Hypologos, nach Süden und Westen, Trajanskanal. Anouph(is)? [– – –]

[– – –] im Süden und Osten: Tapsachon, im Norden Grenze von Tois [– – –]

[– – –] von anderem und Hypologos in Pacht und Myrtilos [

[Im 6. bis 10. Jahr ebenso.] Ebenso.

2 Zu π[ρεϲ]β(υτέρων) Φανο( ) vgl. Kol. XXIX, 10 Anm.

4 Nach Cερήνου vielleicht Λ̣[εο]ν̣τᾳ̣. — Der Name Κεφάλων auch in P.Bub. I und II und in anderen noch unveröffentlichten Rollen aus dem Bubastites (Hinweis von J. Frösén).

5 πρὸϲ α( ). So auch in Z. 6:

Was damit gemeint ist, ließ sich nicht eruieren. Vgl. Kol. XXI 5–6.

6 Ist ε (ἔτει) gemeint?

7 Zu (πυροῦ) (ἀρτάβη) s. oben die Anm. zu Kol. XXV 7. Darauf folgt offenbar nicht Stigma, sondern ϲι( ) und eine zweite Sigle für (ἀρτάβη):

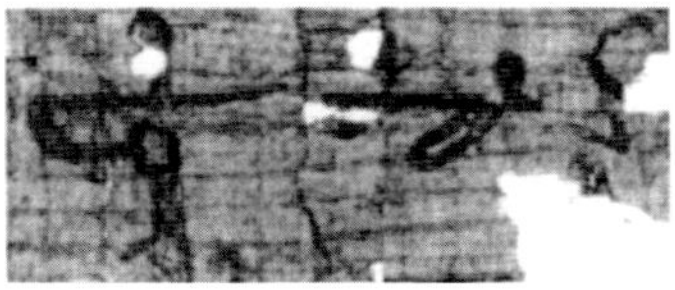

Somit ergibt sich sonderbarerweise (πυροῦ) (ἀρτ.) ϲι( ) (ἀρτάβη) α .[. Vielleicht darf man unsere Stelle mit P.Pher. vergleichen, wo wiederholt (πυροῦ) ϲ( ) zu finden ist, z.B. in P.Pher. 259 (danach wieder in Z. 262) ἀν(ὰ) (πυροῦ) ϲ( ) δ. Wenn auch dort (πυροῦ) ϲ(ι) gemeint ist, dann sind die in der Anmerkung zu Z. 8 vorgeschlagenen Ergänzungen nicht zutreffend. Ist (πυροῦ) ϲι(τ-) sc. μέτρῳ gemeint? Vgl. P.Oxy. IV 740, 17 (ca. 200/1) μέτρῳ ϲιτολ(ογικῷ?), Stud.Pal. XXII 14, 1–2 (2. Jh., Arsinoites) τῷ̣ μέτρῳ̣ ϲιτικῷ̣ τῆϲ Ν[ε]ί[λου] πόλεωϲ.

8 ια (ἔτει): Das Iota befindet sich auf einem Fragment, das um eine Zeile nach unten zu verschieben ist. Zur Jahreszahl vgl. zu Kol. XXXIII 8.

ἅλ(ληϲ) (ἀρ.) η) ist an dieser Stelle sonderbar und vielleicht eine Verschreibung. Man erwartet stattdessen ἀν(ὰ) η).

9 Ε̣ὐδαίμ(ονοϲ) gelesen von D. Hagedorn. — Απ̣ .[oder Αν̣ .[. J. Frösén vermutet hier den Dorfnamen Ἀνδρῶν, der in unveröffentlichten Bubastos-Rollen öfter belegt ist.

10 Es ist ungewöhnlich, dass ein Areal in drei Himmelsrichtungen an Hypologos grenzt. Der Grund ist wohl seine Randlage, die daran zu erkennen ist, dass es im Osten an Felswüste grenzt.

13 Vielleicht Τραι(ανὸς)] π̣(οταμὸς) καὶ χῶ(μα). — χῶ(μα) Τω . . .( ), offenbar nicht Τώεως:

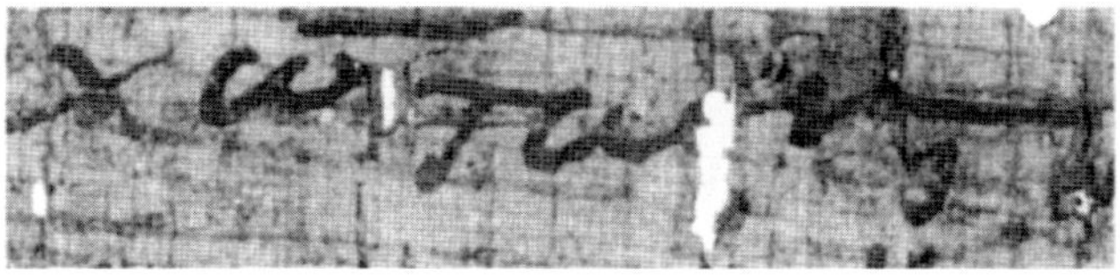

14 Vielleicht eher]ε̣μούνιο(ς) als]α̣μούνιο(ς), gelesen von D. Hagedorn. — Λεγόμενος wäre auffällig, da es üblicherweise bei Toponymen, z.B. bei κτήματα, steht. Beinamen von Personen werden in der Rolle hingegen mit ἐπικαλούμενος eingeführt. Danach vermutlich Ἀρσιν(όου), vgl. Ἀρσιν[in Kol. XLI 5.

16 Üblicherweise ἐπὶ κοινωνίᾳ (z.B. P.Cair. Isid. 74, 5; P.Col. VII 179, 7; P.Princ. II 37, 7.19). Daneben gibt es aber auch Belege für ἐπὶ κοινωνίαν (BGU II 586, 11 und P.Cair. Isid. 107, 4).

18 Wohl Ἀνοῦφ(ις), das Ny wäre aber ungewöhnlich.

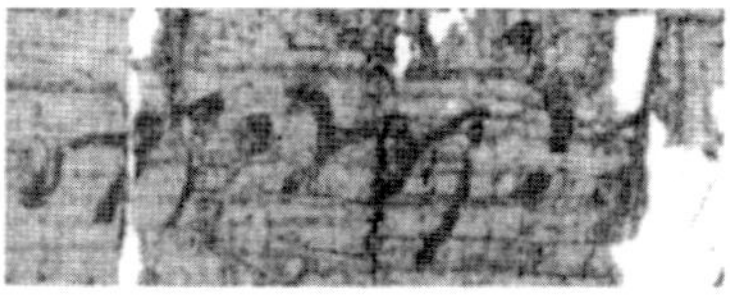

19 συνορί(α) Τώεω[ς:

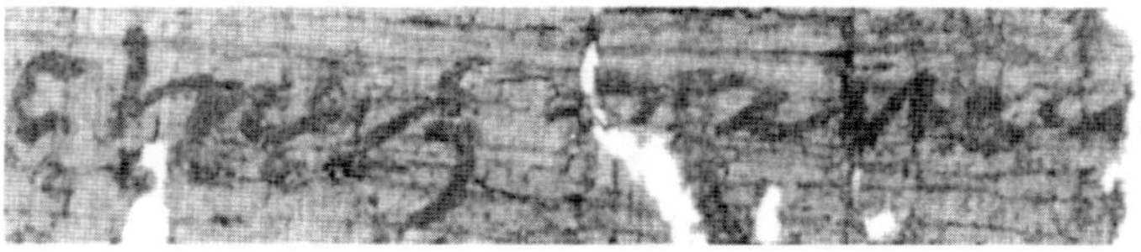

Vgl. Kol. L 20. In Kol. VIII 8 liest man συνορί(α) Νώεω[ς, ebenso in Kol. XXVII 12. Das scheint hier nicht zu stehen. Das Dorf Τῶις ist bereits aus P.Bub. II 5 und Kol. XXXV 3.4 bekannt und auch in anderen, noch unveröffentlichten Bubastos-Papyri belegt (Hinweis von J. Frösén).

23 β]ορρ(ᾶ) σι(τική) oder σι(τοφόρος)? Vgl. Kol. XL 5.

Kol. LII

Abgeschrieben wurden nur die Zeilenanfänge. Nicht berücksichtigt sind geringe Reste von Zeilenenden, die vor Kol. LIII zu sehen sind.

– – – – – – – – – – – – – – – – – – – –
ἀν(ὰ) ̣ [(ἀρ.)] S (καὶ) ̣ ̣[
2 ̣ ̣ ̣[ ] ̣ (γίν.) (ἄρ.) κδ ̣[
[]θ (ἔτει) εἰ[ϲ] (ἔτη) ε (ἄρ.) α ἀν̣(ὰ)[
4 ὀ̣ν̣όμ(ατοϲ) ̣ ̣ ̣ ̣φ̣ο̣μ̣ ̣ ̣ ̣[
̣ ̣ ̣η̣ ̣ ̣[̣] ̣θ̣ ̣ ̣ ̣ ̣ ̣ ̣[
6 κα̣ὶ̣ ̣ ̣α̣τ̣ ̣[̣]νου Ἡλε̣ῖ̣τοϲ [
Τραι(ανὸϲ) πο(ταμὸϲ) ἀν(ὰ) γ// ὑπολ(όγου) οὖ(ϲαι) ̣[ ] κ̄ [
8 μιϲθ( ) ἀν(ὰ) S/ (γίν.?) d/ (ἄρ.) [̣] (καὶ) ̣ ̣[
ἐν (ἀρ.) η ἀν(ὰ) κδ// (ἄρ.) βS/ (καὶ) ̣[
10 εἰϲ (ἔτη) ε ἐκ τοῦ πρὸϲ λίβα ̣[
(καὶ?) ἀ̣ν̣(ὰ) ̣ ̣// (ἀρ.) S/ ἄλ(λ-) ἀν(ὰ) κδ// (ἄρ.) ̣ ̣[
12 ̣κ̣ ̣ (καὶ) Μ̣υρτίλ(ου) οὐϲ(ία) ̣ ̣ [Τραι(ανὸϲ)] π̣(οταμὸϲ) ̣[
[̣] ̣ ̣ ̣ ̣ [Τα]ψα̣χῶ(ν) βορρ(ᾶ̣) ̣υ̣[
14 ̣ ̣[̣ ̣ ̣] ̣ ἐν μιϲ̣θ(ώϲει) (καὶ) χ ̣[
ὁμ(οίωϲ) [

16 [ ] ̣[ ] ̣ ̣( ) ὁμοίωϲ ̣β[
[π]ρὸϲ̣ λίβα κω̣μ̄ [̣]α̣νο̣( ) [
18 [ὄ]ντ̣[ο(ϲ)] διαϲ̣τήμ(ατοϲ) ̣[ ] ̣χα̣μ( ) [
[ ] ̣ ̣ ̣( ) ̣ ̣ [̣]α̣τα ἐ̣ν̣[ ]παρα ̣[
20 ̣ ̣ μετα ̣[̣ ̣]υπεϲ̣ ̣( ) ἐν̣ μιϲθ(ώϲει) [
[̣ ̣ ̣] ̣ ̣ι̣ ̣[̣] ἐ̣ν (ἄρ.) ρ[ ] β̣ κ̣α̣ὶ̣ ̣[
– – – – – – – – – – – – – – – – – – – –

3 [ι]θ (ἔτει) (210/11) oder θ (ἔτει)? Im zweiten Fall wäre es wohl eher das 9. Jahr des Severus Alexander und damit eine der ganz wenigen Jahresangaben aus der Regierungszeit dieses Kaisers in der Rolle.

6 Vielleicht nicht κα̣ὶ̣ Κ̣ρ̣α̣τ̣ε̣[ί]νου, da Rho kaum zu lesen wäre. Dieselbe Person vielleicht in Kol. XXXII 4.

14 Nach Chi kaum Tinte. Vielleicht χῶ̣[μα, kaum χέ[ρϲοϲ.

16 Wahrscheinlich [καθ’] ἑ̣α̣υ̣(τὰ) ὁμοίωϲ. Vom Kappa ist vielleicht noch die Oberlänge auf einem getrennten Fragment zu sehen, so dass man κ̣[αθ’] ἑ̣α̣υ̣(τὰ) ὁμοίωϲ schreiben könnte. Καθ’ ἑαυτὰ ὁμοίωϲ, „für sich getrennt in gleicher Weise“, gleichsam als Überschrift auch in P.Pher 170 (D. Hagedorn, Gnomon 69, 1997, 45), P.Petaus 44, 57 Anm., Stud.Pal. XX 44 r 1. — Danach vor dem Bruch vielleicht ι̣β. Möglichkeiten wären ι̣β [(ἔτει) oder ’Ι̣β[ιῶνοϲ.

17 Vielleicht κω̣μ̄ [Φ]α̣νο̣( ) D. Hagedorn (vgl. zu Kol. XXIX 10).

20 μετὰ τ̣[ὰϲ] ὑπεϲ̣χ̣( )? D. Hagedorn (vgl. Kol. XXIX 7, XXXVI 10–11. 13.18, XLI 10).

Kol. LIII

Erhalten sind nur die Zeilenanfänge. Auf dem Photo sind außerdem zwei Fragmente mit geringen Schriftresten zu sehen, die in der Transkription nicht berücksichtigt sind. Das Datum am Ende der Kolumne zeigt, dass es sich hier um die letzte Kolumne des zweiten Rollenteils handelt.

\- -

[β]ορρ(ᾶ) .[
α̣. . Μυ̣ρ̣τ .[
.[. . .]μ .[
.[. .]. κ̣α̣ὶ̣ Ν. . ς̣[
. .[. .] .ω̣ν ἀν(ὰ) η) [
. .[.]ττ. . .[
. .[.]. .εωc [

Freiraum im Ausmaß von etwa 7 Zeilen

(ἔτουc) ια[/ Α]ὐτοκράτ[οροc Καίcαροc Μάρκου]
Αὐρη[λίο]υ Cεουήρο[υ Ἀλεξάνδρου]
εὐcεβ[οῦ]c εὐτ[υχοῦc]
Cεβ[αc]τ̣ο̣ῦ [
vacat? [

\- -

7 cυνο]|ρ̣ί̣(α) Τ̣ώ̣εωc wie in Kol. LI 19 und wohl auch L 20?
8–11 Schlussdatum wie in Kol. XXV 19–20.

Fragmente des ersten Teils der Rolle

Fragment 1

– – – – –
] . . [
]β/ μιcθω̣[c
] ἐν μιcθ(ώcει) (ἄρ.) ι[
βαc]ι̣λ(ικὴ) γῆ *vacat* [
] *vacat* [
– – – – –

1]λ̣β̣[?

Fragment 2

– – – – –
] . [.] . [
]τ̣οcπ̣ε̣ . ρ[
] . Ψαθιο̣[
]τουc β/ [
ἀπ]ὸ ὑπολ(όγου) [
– – – –

3 Zu Ψάθιc s. zu Kol. XXVIII 21.

Fragment 3

– – – – –
] . [. . . .] . [
]λ̅β̅ξ̅δ̅ γί(τονεc) νότ̣[ω̣
]/ Δωρ̣ίων [
] *ἐπ(εcκέφθη)* [*ὁ*]*μ(οίωc)* [
]ξ̅δ̣̅ γί(τονεc) νότ̣[ω̣
] . μ̣[] α̣π̣ . [
] *ἐπ(εcκέφθη)* [*ὁ*]*μ(οίωc)* [
– – – – –

3 Vgl. Fr. 4, 10 und Fr. 6, 2.

Fragment 4

– – – – –
] . . [
β]αcι(λική) *ἐπ(εcκέφθη)* [*ὁμ(οίωc)*
] [
] . ω̣c̣ιο . [
Αὐ]ρήλιοc . [
]μ̣ιcθ( ) τῷ̣ ιη (ἔτει) εἰ[c (ἔτη)
]ξ̣δ̣/ κατὰ (ἄρουραν) . [
] . μιc̣θ( ) τῷ̣ ιη[(ἔτει) εἰc (ἔτη)
] . ε̣ . . . α (γίν.) (ἄρ.?) . [
]/ Δωρίω[ν
] [
] . [
– – – – –

Fragment 5

Links ist ein kleiner Streifen nicht berücksichtigt.

– – – – –
κ]αὶ δη(μ) [
] [
] [
] . ( ) δια . [
] ὑπολ(όγου) (ἄρ.) α̣[
?νό]τω̣[
] *Spuren?* [
]μιcθ[
] [
] [
] . . [
– – – –

1 Vielleicht δη(μοcία) sc. γῆ, belegt in Kol. XXVI 14.19 und XXXI 18.

Fragment 6

– – – – –
] . . [
]/ Δωρ . [
] . ταλου Ạ[
] *vacat* [
ἄ]φο(ροc) γῆ καὶ ἄλλ̣[η
] . ἀφέλκε̣ι̣ [
] *vacat* [
] . ο . . διαc̣[
] . ιου[
– – – – –

5 ἀφέλκε̣ι̣ Das Verbum ist in den Papyri selten und in diesem Kontext überraschend.

7 Vielleicht ἀνὰ μ]ẹ́(cον) ὄν̣τ̣(οc) διαc[τήματοc.

Fragment 7

– – – –
] *vac.* [
]Π̣ρωταρχ̣[
] . η . [
– – – –

Fragment 8

– – – – –
] . . . [ ] . . [
] . [ ] . . . [
βαc]ι̣λ̣(ικὴ) βορρ(ᾷ̣) [ ] . . . ( ) [
] . . . Ἡλ[ ]π̣ολ( ) π̣[
]π̣ι . . [ ]νου [
] [ ] *ἐπ(εcκέφθη)* [*ὁμ(οίωc)*
] [ ] . . . [
– – – – –

3 βορρ( ) [καὶ ἀ]π̣η̣λ̣( )?

4 ϲυν]ο̣ρ̣ί(α)? Vgl. Kol. XIV 16 β]ορ̣ρ̣( ) ϲυνορία̣ Ἡλ[, Kol. XIII 11–12 νότῳ̣ ϲυνο̣ρ(ία) Ἡλίου̣ und die Anm. zu Kol. XII 11.

Fragment 9

– – – – –
] *Reste* [
Δ]ι̣οϲκόρου μ̣ι̣[ϲθ
]ατοϲ̣ ἀπὸ Τ ̣[
]χ̣αι ̣[̣ ̣] ̣ ̣ ̣[
] ̣ ̣( ) ἀπηλ(ιώτη̣) ̣[
] ̣ ̣[
– – – – –

3 Vielleicht Τα̣[ψαχώ(ν) wie wiederholt in der Rolle (vgl. zu Kol. XVIII 6).

Fragment 10

Auf der Abbildung ist links ein Fragment angeschlossen, das hier nicht berücksichtigt ist, da seine Position unsicher ist. Die Schrift wie in Fr. 4.

– – – – –
] ̣/ [
]α ̣[
]α̣λ( ) ̣ ̣ ̣[
Βου]βαϲτ[
]]
] ̣ ̣ω̣ϲ̣ *ἐ̣π̣(εϲκέφθη)* [*ὁμ(οίωϲ)*
– – – – –

Fragment 11

– – – – –
] ̣γ̣ι̣β̣ ̣[
] ̣ϲ ̣ νο̣[̣] ̣ [
] ̣ (ἀρ.?) Ld ̣ / [̣]α (ἀρ.) [
] ̣οὐϲι(ακὴ) γῆ β[ορρ(ᾶ̣)?
2. Hand]*ε̣π̣( ) τω̣ν̣*[

]νοc Πρ[
]ο̣ιοc[
] . ν[
– – – – –

5]ἐ̣π̣( ) τω̣̑ν̣ [oder]ε̣ι̣τω̣ν̣[?

Fragment 12

– – – – –
ἀν(ὰ)]κδ[/]/ (ἄρ.) ε d[
ἐκ] (τεccάρων) ἀνέμω(ν) [
] *ἐπ(εcκέφθη)* [*ὁμ(οίωc)* [
] *vacat* [
]λ̣ω̣( ) καὶ Ἀπο . [
]αι . ιο( ) (ἄρ.) β . [
] . κδ// γί(τονεc) [
– – – – –

INDICES

I. Kaiser

II. Regierungsjahre

Monate

III. Personen

[1] Ausgeschrieben in XIX 9–10.

IV. Geographische Namen

Kleroi

V. Religion, Kult

VI. Funktionäre

VII. Maße

VIII. Steuern, Abgaben

IX. Allgemeiner Wortindex

X. Vorschläge zur Lesung und Interpretation von Urkunden (D. Hagedorn)

P.Amh. II 68, 8: Kol. XLVII 14 Anm.
P.Fay. 339: Kol. XXVII 14 Anm.
P.Oxy. VI 918 III 3: Kol. XXVII 14 Anm.
P.Oslo III 111, 191: Kol. XXVII 14 Anm.
SB XVIII 14068, 14: Kol. XIII 8 Anm.